번역,
권력,
전복

번역, 권력, 전복

TRANSLATION, POWER, SUBVERSION

Román Álvarez &
M. Carmen-África Vidal 엮음
윤일환 옮김

도서출판 동인

* 이 번역학 총서는 2단계 두뇌한국(BK)21 사업에 의하여 지원되었음
 (부산대 영상산업 번역전문인력 양성사업단 번역학 총서)

감사의 말

우리 편집자는 기고가들이 이 책에 보여준 지지와 격려에 감사드린다. 수잔 바스넷(Susan Bassnett) 교수와 앙드레 르페브르(Andre Lefevere) 교수가 지난 2년 간 이 연구에 대해 지속적으로 후원한 것과 매우 소중한 비판과 조언을 아끼지 않은 것에 대해 특히 감사드린다. 우리는 또한 스페인 살라망카대학 번역연구 분야의 초대 의장을 역임한 페르난도 토다 (Fernando Toda) 교수가 이 책의 내용에 대해 명쾌하고 통찰력 있는 논평을 해 준 것에 감사드린다. 라몬 로페즈 오르테가(Ramon Lopez Ortega) 교수의 번역 심포지엄은 에스트레마두라대학에서 매년 개최되며 수많은 번역가, 교사 그리고 학생들이 참석하는 행사이다. 이 행사를 통해 라몬 로페즈 오르테가 교수가 스페인의 이 지역에 관심을 고조시키는 데 많은 공헌을 한 것에 대해 감사한다.

R.A. and M.C.A.V.

C O N T E N T s
차례

1.

번역하기: 정치적 행위

학문 자체에 없어서는 안 될 하나의 학문으로서 번역은 다른 문화 공간으로 지속적으로 나아가는 움직임이다. 번역이 지속적인 움직임인 이유는 언어의 수준이던 기호의 수준이던 우리가 다른 문화에 대해 실제적인 지식을 얻기 어렵기 때문이다. 번역은 또한 앞으로 나아가는 움직임인데, 이는 번역이 목표를 암시하고, 이상(ideal)에 대해 충분히 증거 자료를 암시하기 때문이며, 또한 문명사회의 변방이 지속적으로 확대되는 추상적인 공간을 암시하기 때문이다. 따라서 이외의 다른 어떤 공간도 미덥지 못한 기의에 불과하다.

– 로렌스 베누티(Lawrence Venuti)

20세기의 후반 동안, 번역 연구는 서구 사회의 변화와 발전에 따라 진화해 왔고 그 진화를 반영해 왔다. 대중매체들로 인해 나날이 세계가 점점 더 좁아지고 있으며 번역가들은 더욱 필요한 존재가 되었다. 번역을 과학으로 생각하려는 열정에서 벗어나, 혹은 한정적이고 규정적이며 유일한 번역물을 만들어 내려는 강박관념에서 벗어나, 우리는 기술적(記述的, descriptive) 전망을 향해 지금까지 왔다. 이 전망은 좋든 싫든 정치적이다. 수잔 바스넷(Susan Bassnett)이 이 책에서 언급한 것처럼, 20세기 말 번역에 관한 태도는 급격히 변했다. "전 세계적으로 지금은 대중매체의 시대이며 멀티미디어 세상의 시대이다. 현재 우리가 살고 있는 곳에서는 여러 문화에 파급되는 텍스트가 영화, 노래 혹은 노래이던 가장 최신 텍스트를 공유하려 한다. 세계어로서의 영어가 확산되는 것도 번역 추세를 늦추지는 못한다. 반면에 문화 정치의 문제가 중요한 의제로 떠오르면서, 영어의 확산은 번역의 중요성을 오히려 강조하고 있다. 번역 연구와 실행을 위해서는 텍스트 작업 내에서의 권력 관계를 불가피하게 탐구하게 되며, 이 권력관계는 좀 더 넓은 문화적 맥락 속에서 권력구조를 반영한다."

번역은 두 문화 간에 발생하는 충돌의 가장 대표적인 패러다임의 하나이다. 번역의 이러한 기능에 관해서는 이미 조작학파(Manipulication School)에서 시작되었던 여러 우수한 연구 논문들이 있다. 그러나 번역이 가지고 있는 기호상의 그리고 해석상의 문제점들에 관해 해결해야 할 일이 많이 있다. 최신의 번역 연구논문들은 기존문화에서의 지식 생산을 탐구할 필요성이 있으며 목표 문화에서 그 지식의 전달, 재배치, 재이해의 관계에 대해 자세히 조사할 필요성이 있음을 주지하고 있다. 이것은 명백히 권력의 생산과 권력의 드러남과 관련이 있다. 그리고 다른 문화를 나타내기 위해 이런 권력에 사용된 전략과도 관련이 있다. 번역은 문화와 밀접한 관련이 있다. 에드워드 사이드가 진술했듯 번역은 우리로

하여금 비지배적이고 비억압적인 지식이 정치, 사상, 권력의 위치와 전략으로 깊이 새겨진 환경에서 어떻게 생성되는지에 대해 생각하게 한다. 번역가는 주어진 텍스트의 수용 문맥을 인공적으로 만들어 낼 수 있다. 그는 권위를 가지고 목표 문화 내에서 문화, 정치, 문학을 취급하고, 이것들의 수용(또는 수용이 없거나 부족함)을 다룰 수 있다. 번역가는 그 지역 특유의 복잡성, 고유한 변수, 그리고 역사를 지니고 있는 원천 언어의 뒤로 숨을 수 있다. 번역가는 종종 원천 텍스트를 다른 말로 바꾸고 이를 통해 원천 텍스트를 풍경, 보고된 관습과 단순화된 역사의 특질(거의 비언어적인 특질)로 간주한다.[1] 번역가는 다음과 같은 것을 인식하고 있다.

> 차이점을 경험하는 것, 그리고 특정한 저항과 다름의 물질성에 대해 구체적으로 느끼는 것은 정체성을 다시 경험하는 것이다. 개인의 고유한 공간은 그 외부를 둘러싸고 있는 것으로 설정된다. 이 공간은 외부의 압력으로부터 그 일관성과 구체적인 형상을 이끌어낸다. 특히 '타자성'은 풍부하고 영향력 있는 언어를 지니고 있을 때 그 '존재'를 명확히 드러낸다.[2]

그러므로 번역가는 '원천 텍스트의 "타자성"을 정확하게 위치시켜 있는 그대로를 전해야 한다.'[3] 그러나 목표 문화에 대한 번역가의 지식이 객관적으로 사용되지 못할 수도 있다. 반대로 번역가는 자신의 문화가 목표 문화와 맺고 있고 권력의 관계에 영향을 받을지도 모른다고 생각한

---

1) George Steiner, *After Babel. Aspects of Language and Translation* (New York: Oxford University Press, 1976 [1975]), p. 380. 스타이너(Steiner)의 관점에 대한 비판으로는 Samia Mehrez, 'Translation and the Postcolonial Experience: The Francophone North African Text,' in Lawrence Venuti (ed.), *Rethinking Translation: Discourse, Subjectivity, Ideology* (London: Routledge, 1993), p. 121. 참조.

2) Steiner, *op. cit.*, p. 381.

3) *Ibid.*, p. 413.

다. 분명 문화의 헤게모니는 번역에 있어서 중요한 역할을 한다.[4] '…다른 이에 대해 축적된 지식을 한 사람이 설명하는 것은 단계적으로 드러나는 객관적인 사실의 기록이 될 가능성이 거의 없다. 객관적 지식은 배움 자체를 위해 배움을 공평 정대하게 탐구할 때만 얻어지기 때문이다.'[5] 테오 허만스(Theo Hermans)가 자신의 글에서 말한 것처럼, 번역의 목표는 원천 텍스트를 가다듬고 조작하여 목표 텍스트를 특정한 모델에 합당하게 하고 이를 통해 어떤 올바른 개념을 생산하여 이것이 사회적으로 용인되고 심지어 환영받을 수 있게 하는 것이다.

냉정한 태도로 어떤 문화에 접근하는 것에서 번역 과정이 시작된다. 문화에의 접근은 명백한 번역 문제를 유발할 수 있는 여러 가지 제도가 있고 문화상의 용어들이 존재한다는 차원에 단순히 머무르지 않는다.[6] 때때로 어떤 공백이 있을 수 있다. 왜냐하면 어떤 것은 다른 문화에 존재하지 않을 수도 있고 또 어떤 것은 매우 다른 의미를 띠고 있기 때문이다.(에스키모인의 '횃불의 신'은 잘 알려진 예이다.) 번역이 존재하기 위해서는, 하나의 '더 나은' 문화가 다른 문화에 대해 압력을 가하지 않으면서, 언어내용뿐 아니라 문화경험에 대해 완벽하게 동화됨이 분명 존재해야 한다. 오늘날의 번역은 몇몇 중요 문화적인 문제들을 해결하려 한다. 이 문제들에는 다음의 것들이 있다. 리오타르(Lotard)가 '메타서사'(Grand

---

4) 다음 참조. Richard Jacquemond, 'Translation and Cultural Hegemony,' in Lawrence Venuti (ed.), *Rethinking Translation: Discourse, Subjectivity, Ideology*, pp, 139-158.

5) P. J. Marshall, 'Taming the Exotic: The British and India in the Seventeenth and Eighteenth Centuries,' in G. S. Rousseau and Roy Porter (eds), *Exoticism in the Enlightenment* (Manchester: Manchester University Press, 1990), p. 52.

6) 다음 참조. Peter Newmark, *Approaches to Translation* (Oxford: Pergamon Press, 1981), pp. 70-83.

Recits)라고 부른 것의 종말이라는 문제, 다른 문화의 해석에 동반되는 식민지화라는 문제, 배타주의와 민족 우월감의 재등장으로 인한 문제, 이국적인 것을 잘못된 상상으로 구축한 관점으로 이해하는 것이 아니라 계층적 문화 경계에 관계없이 그 자체로 존중되는 역사의 현실로 이해하는 문제 등이 있다. 벤야민(Benjamin)의 말을 빌리자면, 번역이란 임시적으로 언어들의 낯설음과 접하는 방식이라 할 수 있다. 비록 주어진 문화에 대해서 고정관념이 있다면 번역이 통제의 한 형태가 될 수도 있을 지라도 말이다.

잡종이나 혼혈과 같은 후기 식민주의 문학 번역은 특징적인 예가 된다.[7] 이국적인 담론을 잡종이나 혼혈 내에서 조작된 인공의 지형 내지 이데올로기로 구성된 상상의 공간(동양화된 동양)으로 인식하거나 때로는 인식하여야 한다고 흔히 사람들은 말하지만, 에드워드 사이드가 언급한 것처럼[8] 사실은 그렇지 않다. 번역할 때, 한 단어를 다른 단어 대신

---

7) 이른바, '그들 안에 존재하는 문화 – 언어적인 적층 때문이다.' 이러한 종류의 문학은 다른 언어로 쉽게 번역할 수 있는 "외래" 텍스트의 개념에 저항하는 새로운 언어를 창조해 왔었다. 이 문학으로 인해 우리는 번역 이론에서 오랜 기간 동안 심사숙고해 왔던 문제인 언어적 동등성에 관한 전통적인 개념 또는 번역상의 득과 실에 관한 생각들을 더 이상 받아들일 수 없다. 후기 식민주의의 2개 국어를 아우르는 주제들로 채워진 이러한 텍스트는 "양 사이"(in between) 언어를 만들고 "양 사이" 공간을 영유한다. 대부분의 경우에, "양 사이에" 있는 그런 공간에 대한 도전은 두 겹이어왔다. 이러한 텍스트는 즉시 두 억압자들에서 벗어난다. 그 텍스트의 존재를 순진하게 자랑하며 결국 재취하는 이전의 서구 식민통치자들이 하나이고, 다른 하나는 그 텍스트와 억압자들의 중요성을 근시안적으로 무시하고 따라서 주변화하는 "전통적이고", "국가적인" 문화이다. Samia Mehrez, 'Translation and the Postcolonial Experience: The Francophone North African Text,' in Lawrence Venuti (eds.), *Rethinking Translation. Discourse, Subjectivity, Ideology,* p. 121
8) 다음 참조. Edward Said, *Orientalism* (London: Penguin, 1991 [1978]), pp. 66-68.

선택하거나 그 문화의 익숙한 부분 또는 가장 이국적인 면을 더 강조함으로써 하나의 자아가 이상화될 수 있다. 자연주의와 대비되는 이국주의의 예에서 볼 수 있는 것처럼, 이국주의를 바탕으로 우리는 이상화된 자아에 더 가까이 가거나 자신을 우월한 자아로 간주한다.[9]

그러므로 텍스트 번역을 언급하는 것은 더 이상 가능하지 않다. 차라리 "문맥에 바탕을 둔 해석"과 그렇지 않는 번역 사이의 대립은 거짓이며 그러하기에 번역은 문맥을 항상 염두에 두어야 한다. 어떤 것도 "고립된" 의미를 지니지 않는다. 문제는 항상 어떤 종류의 문맥인가이다. 정말로 문제는 어떤 종류의 문맥인가이다.[10] 누가 그것을 선택했는가? 그것은 왜, 어떻게 선택되었는가? 이런 질문에 대한 대답들은 기존의 수많은 번역 이론을 변화시켰다.[11]

각 언어에 대한 문화적 환경의 중요성은 원천언어와 목표언어처럼 언어학적 수준이 아니라 제 3의 수준에서 찾아야한다는 논쟁에서 알 수 있다. 이 제 3의 수준은 두 문화의 충돌(이상적으로는 문화의 교차) 사이에서 발생하는 문화의 공간에서 발생하며 충돌하고 있는 만큼 복잡한 문화 공간이다. 번역은 독서 경험에 없어서는 안 될 부분이다.[12]

---

9) 다음 참조. Richard Jacquemond, 'Translation and Cultural Hegemony: The Case of French-Arabic Translation,' in Lawrence Venuti (ed.), *Rethinking Translation. Discourse, Subjectivity, Ideology*, p. 150.

10) Tala Asad, 'The Concept of Cultural Translation,' in James Clifford and George E. Marcus (eds), *Writing Culture. The Poetics and Politics of Ethnography* (Berkeley: University of California Press, 1986), p. 148.

11) 다음 참조. Samia Mehrez, 'Translation and the Postcolonial Experience: The Francophone North African Text,' in Lawrence Venuti (ed.), *Rethinking Translation. Discourse, Subjectivity, Ideology*, p. 121.

12) *Ibid*, p. 122.

이 경우, 번역가는 최종 번역물과 원천 번역물의 잠재적인 의미가 무엇인지를 결정함으로써 진정한 저자가 될 수 있다. 분석가처럼 번역가가 대상의 의미를 결정하는데 최종 권한을 가지고 있다면, 원천 번역물의 실제 저자는 최종적으로 번역한 이가 되는 것이다. 이러한 관점에서 "문화번역"은 잠재적인 의미를 결정하는 문제이다.13) 예를 들면, 『한 겨울밤의 여행자』(Se una notte d'inverno un viaggiatore)에서 주인공 에르메스 마래나(Ermes Marana)는 번역가이다. 그는 원천 텍스트를 조작하여, 그의 기호대로 번역을 재구성한다. 그에게 주어진 과제의 하나는 정치적인 의미를 지니고 있다. 이슬람 군주의 젊은 아내는 서양국가의 책들이 제공된다는 조건 하에서 그와 결혼했고, 덕분에 쉽게 그 책들을 읽을 수 있었다. 그러나 그 군주는 소설의 행간에 혁명의 발단이 되는 지침이 숨겨져 있다고 의심하기 시작한다. 공모자가 혁명의 시작신호를 기다리고 있지만, 책을 읽는 동안만큼은 방해하지 말라는 아내가 지시를 내렸다는 사실을 군주는 아내에게서 알게 된다. 이러한 상황에 비추어서 번역가 에르메스 마래나는 한 가지 전략을 생각해냈다. 바로 정치적인 목적으로 원천 텍스트를 번역으로 조작하는 것이다. 그러므로

> ...그는 가장 흥미 있는 부분들 중 한 곳에서 번역을 중단할 것이다. 그리고 그는 다른 소설을 번역할 것이고, 어떤 근본적인 방법을 통해 첫 번째 소설 안에 이 번역을 삽입할 것이다. 예를 들면 첫 번째 소설의 등장인물이 책을 펴고 읽기 시작한다. 또한, 두 번째 소설이 중단되고 세 번째 소설이 삽입될 공간을 남겨놓는다. 세 번째 소설은 곧 네 번째 소설로 넘어간다. 이런 식으로 계속된다. 에르메스 마래나는 소설의 지상낙원으로 살금살금 기어가는 한 마리 뱀과 같다. 소설의 시작을 유보한 채, 신의(信義

---

13) Talal Asad, 'The Meaning of Translation,' in *Writing Culture*, p. 162.

없는 번역가가 놓은 덫이 여기에 있다. 공모자들은 명백한 공범자와 소통하지만, 부질없이 기다리는 동안 그 소통이 유보되는 혁명처럼 덫이 놓여 있다.14)

번역은 언제나 하나의 문화가 다른 문화에 압력을 가할 수 있는 힘 사이의 불균형을 의미한다. 번역은 하나의 텍스트와 동등한 또 다른 텍스트를 만들어 내는 것이 아니다. 번역은 다시쓰기의 복잡한 과정이며 이과정은 사람들이 역사를 통해 획득한 언어와 타자성에 대한 종합적인 생각과 관련이 있다. 그리고 두개의 문화 사이에 존재하는 힘의 균형 및 영향과 관련을 맺는다. 비야레알 프랑코(Javier Franco)가 언급한 것처럼, 우리는 번역할 때 네 가지 기본 형태의 문제에 직면한다. 이것은 언어학적문제, 해석학적 문제(번역이 과학이 될 수 있다는 가능성을 부인한다), 화용론적 혹은 상호텍스트적 문제(사회마다 다르지만 어떤 유형의 이야기를 표현하는 관습에 기초한다), 문화적인 문제(역사적 거리에 따라 변이를 지닌다)이다. 또한 한 언어의 공동 사회는 모두 자신만의 가치, 표준, 그리고 분류 체계를 지닌다. 이것들은 목표 문화와 다를 수도 있고 때로는 같을 수도 있다. 프랑코에 의하면, 이것은 변이의 요소를 발생한다. 번역가는 이 요소를 해결해야 하는데, 이 요소는 받아들일 수 있는 정도에 따라 다르다. 그 정도는 차이를 보존하거나 수용하는 것(토리가 말하는 것처럼 "원본으로 읽기")에서부터 다른 것을 같은 것으로 만드는 자국어화까지 그 범위가 넓다.

그러므로 번역가의 행위는 결코 순수 할 수 없으며 문화 변용까지 해

---

14) Italo Calvino, *Si una noche de invierno un viajero* . . . *(Madrid: Siruela, 1989)*, pp. 143-144 (편집자의 번역)

야 한다. 변용을 통해 번역가는 대상이 되는 언어의 독자들이 번역되는 문화를 쉽게 이해하고 그 문화에 친숙해져, 문화적 타자를 인식하는 자아 도취적인 경험하게 하며, 외국어 텍스트를 쉽게 이해하게 한다.15) 번역은 특히 원본이 어떤 것인지 경험해보지 못했던 사람들에게 원본의 이미지를 만들어 낸다. 이 이미지는 번역가가 실제를 왜곡하고 조작하는 한에 있어서는 확실히 진실과는 많이 다를 수 있다. 왜냐하면 번역가는 (르페브르(Lefevere)가 이데올로기적인, 시적인, 그리고 경제적인 것으로 표현했던) 자신이 속한 전형적인 문화로 인해 제한되기 때문이다.

그러므로 언어를 조작하는 데에 따른 결과와 번역이 가져다 줄 수 있는 힘의 남용 문제를 인식하는 것이 중요하다. 이 조작과 남용으로 무엇이 재기입되고 어떻게 기입되는 가(번역되는 것, 문학 선집에 포함된 것, 문학의 역사에서 배우는 것)를 아는 것이 중요하다.16) 이는 특정 문화의 비전문적인 독자들이 문학평론가, 번역가, 편집자들이 제공하는 것에 따라 형성되는 경우에 있어서도 그러하다. 르페브르에 의하면, 원본을 의식하던 아니던 그 개작은 조작을 암시하기에 경계심을 가져야 한다.17)

우리가 '번역하기'를 하나의 텍스트를 다른 것으로 전환하는 것, 하나의 용기에 있는 단어들을 다른 용기로 옮기는 것뿐만 아니라 하나의 모든 문화를 다른 문화로 전하는 것임을 알고 있다면, 번역이 근거로 하고 있는 이데올로기를 의식하는 것이 얼마나 중요한지 깨닫게 될 것이다. 번역가가 추가했던 것, 생략했던 것, 선택한 단어들, 그리고 그것들을 어떻게 배치했는지를 아는 것은 필수적이다. 번역가가 선택했던 것 뒤에는

---

15) Venuti, 'Introduction,' *Rethinking Translation*, p. 5.
16) 다음 참조. M. Carmen Africa Vidal, 'Traducir por la izquierda,' *Ensayos sobre traduccion*, Ramon Lopiz Ortega, ed. (Caceres: Univeridad de Extremadura, 1994),
17) 다음 참조

자신의 역사를 드러내기 위한 자발적인 행위가 있고 그 번역가를 둘러싸고 있는 사회·정치적인 환경, 다시 말하면 그 자신의 문화가 있기 때문이다.

권력과 지식의 대립에 대한 푸코식의 전형적인 이분법적 본질을 나타내는데 번역은 탁월한 수단이다. 권력은 궁극적으로 지식, 정보와 관련이 있으며, 특히 정보를 옮기는 방식과 목표 텍스트 안의 광범위한 담론적 요소를 나타내는 방식(극도로 정교한 전략에 따라 이루어진다)과 연관된다.

조작으로 특징지어지던 역사시대에는 로버트 스콜즈(Robert Scholes)가『텍스트의 힘』(Textual Power)에서 언급한 것처럼, 우리는 사람들이 이야기한다는 사실과 그 이야기가 무한정 부풀려진다는 사실에서 위험은 무엇인지를 푸코식으로 자문해야 한다. 이런 조작을 인식하고, '모든 종류의 미디어에서 모든 종류의 텍스트를 조작하고 있다는 것을 간파하기 위해 최선을 다하는 것'은 중요하다.[18) 누구나 '어떤 문화의 양상을 다른 문화로 번역하는 것은 간단한 의미의 치환이 아님'을 알아야 한다. 오히려 두 가지 문화의 자아상은 그 문제와 관련을 가지며 충돌하기도 한다.... 그러므로 번역을 통해 우리는 한 문화의 특정 양상에 대해 많은 것을 알 수 있다.'[19)

번역가들은 여러 사실들에 영향을 받는다. 예를 들면, 이데올로기에, 텍스트 번역에 사용하는 언어에 대한 우월감이나 열등감에, 그 시대에

---

18) Robert Scholes, *Textual Power* (New Haven and London: Yale University Press, 1985), p. 15.

19) Andre Lefevere, 'Holy Garbage, tho' by Homer cook't', *Traduction, terminologie, redaction* 1, 2 (1988), p. 26.

우세했던 시적인 규칙에, 번역하고 있는 텍스트에서 쓰고 있는 실제 언어에, 권력을 장악한 기관이나 이데올로기가 번역가에게서 기대하는 것에, 번역이 염두에 두고 있는 대중에 영향을 받는다.

이 책에 편집된 글들은 이러한 모든 양상과 그 양상과 관련된 여러 것들을 다룬다. 예를 들면, 바스넷은 수세기에 걸쳐 심히 오해받아왔던 번역가의 모습을 회고한다. '순수한 원천 텍스트를 배신하는 존재로 번역가를 인식했던' 낡은 사고에 반대하여, 최근의 번역 이론은 해석과정에서 번역가의 중대한 역할을 강조해 왔다. 번역가는 번역시 일어나는 바꿈과 상호교환의 과정에서 없어서는 안 되는 존재이다. 작가와 함께 원천 텍스트 또한 사라진다. '다체계 이론'의 등장으로, 번역은 문학의 다체계를 형성하는데 중요한 역할을 하게 된다. 성경 번역과 후기-식민주의와 페미니즘과 관련된 텍스트에서 볼 수 있는 것처럼, 번역은 중요한 전복적인 힘을 지니고 있다. '원천 텍스트를 축소하거나 배신하는 것을 번역'이라 여겼던 예전의 개념과는 반대로, 어떻게 번역이 원천 텍스트와 연장선에 있는지를 명심해야 한다. 그러므로 번역은 텍스트의 생(生)을 낳으며 생존을 보장하는 활동이 된다. 순수한 원천 텍스트를 무시하는 것이 아니라, 번역은 새 생명의 피를 주입하여 다른 언어권에 있는 독자라는 새 세계에 대한 관심을 불러일으킨다. 바스넷에 의하면, 90년대의 키워드는 '가시성'이다. 오늘날 번역은 개입이 중요시되는 과정이다. 번역가의 역할이 '실로 눈에 띈다.'

테오 허만스는 번역 표준의 사회적인 측면에 대해 서술했다. 그의 글은 번역 규범이 정신적이고 사회적인 실체들이라는 관찰로부터 시작하여 사회 내에서 권력 구조의 일부분으로서 규범을 논의하기에 이른다. 번역규범은 체계 안에서 위치와 성취 목표에 따라, 지배적인 규범에 순응하거나 아니면 벗어나려 한다. 더 나아가 심지어 지배 규범들을 전복하려 한다. 규범은 특히 번역과 연관이 있다. 왜냐하면 규범은 문화 또는 문화 속에 있는 어떤 요소들이 문화상품에 대한 수입과 수출을 어떻게 규제하는지를 보여주기 때문이다.

기술(description)의 관점에서, 비야레알 프랑코는 번역할 때 개입하는 특정 문화 항목의 본질에 주목하여 『말타의 매』(The Maltes Falcon)라는 책을 스페인어로 번역한 몇몇 결과물에서 나타난 조작을 연구했다. 오비리오 칼보넬(Ovidio Carbonell)은 이슬람에 관한 사항들을 조사하면서, 번역과 관련하여 '타자(Other)'의 문제를 분석했다. 엔리케 알카라즈(Enrique Alcaraz)는 언어학적 조작의 가능성에 근거하여 '화용론(pramatics)과 번역'을 적는다. 에드윈 겐츨러(Edwin Gentzler)는 미셸 드 세르토(Michel de Certeau)의 개념과 관련되어있는데, 번역의 전복적인 면을 사회적 상호작용의 보다 큰 틀 속에서 위치시키는 더 큰 모델로서 일상생활의 '실천'과 생존능력에 관해 적는다. 그는 머윈(Merwin)의 초기 스페인 민요 번역과 머루다(Meruda), 마차도(Machado) 그리고 하이메네즈(Jimenez)와 같은 블라이(Bly)의 시 번역물을 모두 예로 들며, 이 경우에 당시의 '약한' 문화가 '강한' 문화에 영향을 미칠 수 있었다는 결론을 내렸다. 마지막으로, 앙드레 르페브르는 번역이 문학 규범을 해석하는데 어떻게 영향을 미치고 미치는지를 1900년에서 1988년 사이에 미국에서 편찬된 드라마 선집을 예로 들어 설명한다.

이 모든 글의 공통점은 주어진 사회가 작품, 작가, 문학 혹은 문화를 수용하는 방식에 영향을 미치는 한 요소로서 번역을 본다는 것이다. 바스넷과 르페브르가 『번역, 역사, 그리고 문화』에서 기술하듯이 모든 (다시)쓰기처럼 [번역]은 절대 순수하지 않다. 항상 번역이 발생하는 상황이 있으며, 하나의 텍스트가 나타나고, 또 전용되는 것에서 나타나는 역사가 있다. 번역단위로서 단어의 의미를 제한하는 것은 이제 더 이상 가능하지 않다. 누구나 번역가가 연관되어 있는 원래의 문화와 대상이 되는 문화, 이 모두를 고려해야 한다. 언어 사용은 조작을 내포하고 있으며 이러한 활동의 결과는 바르트적인 '내부 지지'(encratic) 담론(권력 안에서 힘을 얻는다)이거나 '외부 지지'(acratic) 담론(외부에서 힘을 얻는다)이 될 수 있다. 중요한 것은 '타자'를 동화시킬 때 번역가가 사용하는 언어의 허용 한계를 확인하는 것이다. 우리는 기술적(descriptive)이면서도 비기술적인 실천으로 여겨지는 '문화 번역'의 과정 속에 권력이 어떤 식으로 자리 잡는지를 분석해야 한다.[20] 논점은 말하고 번역하는 주체가 무엇을 말하는가에 책임이 있다는 것이 아니라, 무엇을 말하지 않으며 어떻게 말하고 있는가에 대해 책임이 있다는 사실을 분명히 하는 것이다.

---

20) Talal Asad, 'The Concept of Cultural Translation in British Social Anthropoly,' in James Clifford and George E. Marcus (eds), *Writing Culture: The Poetics and Politics of Ethnography*, p. 163.

2.

약자 혹은 강자 : 번역가의 역할 재검토하기

번역가와 번역전문가들에게는 오래되고 뿌리깊은 충동이 있다. 이 충동
은 지위나 신분이 낮지만 우리가 하는 일이 중요한 일이라는 복음을 전
파하거나 설교하는 것이다. 우리가 사람들에게 끊임없이 일깨우는 사실
은 번역은 상당히 높은 기술을 요구하는 작업이지만 종종 너무 낮은 대
우와 보수를 받고 있다는 것이다. 번역에 평생을 보냈던 사람도 '단지 번
역가'로 무시되곤 한다. 또한 번역가가 다른 종류의 집필로 명성을 얻은
경우, 편집자는 그 작가의 번역을 초기작품이나 습작류의 범주에 넣는다.
번역은 흔히 본격적인 글쓰기와는 달리 일종의 노력을 덜 들인 활동, 또
는 실제 글쓰기를 위한 연습정도로 간주되어 왔다. '번역가의 자백'이라
는 글에서 랄프 넬슨(Ralph Nelson)은 집필과 번역을 구별하는 문제에 대

해 다음과 같이 심사숙고하고 있다.

> 나는 작품에 칼을 들이대기에는 너무 어려서 스스로 질문할 수 없었다.
> 시인이 번역하는 것은 합당한 일인가? '영감의 도달을 기다리는 동안 번
> 역하고 있는 것은 훌륭한 작품이나 시에 비해 열등한 것이 사실일까?[1]

이러한 의문은 아주 오랜 시간동안 작가 겸 번역가들의 마음을 뺏어왔
다. 로스코몬 백작(The Earl of Roscommon)(1633-85년)은 두 가지 유형
의 글쓰기를 구별하려 애썼고 중요한 결론에 이르렀다.

> 그렇다, 글을 쓰는 일이 더 고매한 부분이다.
> 그러나 훌륭한 번역은 쉬운 일이 아니다.
> 번역거리들은 오래 전에 발견되지만
> 당신의 환상과 두 손은 묶여있었다.
> 이전에 썼던 글을 개선함으로써,
> 창조는 줄어들지만 판단력은 높아진다.
> 다른 재능을 가진 각 시인이 시를 쓴다.
> 어떤 이는 칭송하고 어떤 이는 가르치고 또 다른 이는 헐뜯는다.
> 호라티우스는 서사시의 영역까지 우뚝 솟지 못했다.
> 또한 고귀한 마로는 서정시까지 내려오지 못했다.
> 너의 기질이 어디로 향하는지를 살펴라.
> 그리고 너의 마음 속에 지배적인 감정은 어느 것인지 살펴라.
> 그런 다음 당신이 친구를 선택하듯
> 공감할 작가를 선택하라.
> 너는 익숙해지고, 가까워지고, 즐기게 된다.
> 너의 생각, 너의 말, 너의 스타일, 너의 영혼이 동조한다.

---

1) Ralph Nelson, 'Confession of a Translator,' *Translation Review* 32/33, 1990.

너는 더 이상 그 책의 번역가가 아니라 그 저자가 된다.[2]

이 유명한 언문은 번역 활동과 완전히 새로운 글을 쓰는 활동 사이의 차이점을 말해주고 있지만 강한 어조로 번역을 옹호하고 있다. 그렇다. 가장 큰 칭찬은 글을 쓰는 일에게 돌아갔지만, 번역과정과 관련된 기술은 특별한 것이다. 로스코몬은 번역가의 업무는 원천 텍스트를 개선시키는 것이라고 생각했고, 이런 일에 필요한 재능은 창조력이라기보다는 판단력이라고 했다. 대체로 번역가를 옹호하고 글쓰기의 다양성을 지적하면서 번역에 관심 있는 사람들에게 조언을 하였다. 번역가는 그가 '공감대'라 명명한 것, 즉 공감할 수 있는 작가를 선택해야만 한다. 이런 관계를 통해서, 그리고 원 작가가 쓴 작품을 면밀히 읽는 것으로써, 공생 관계가 발생하고, 번역가와 원천 텍스트의 작가는 신비의 유기적 관계 속에 녹아든다. 또한 그들은 분리된 존재를 그만두고 하나가 된다. 마지막 행이 그 모든 것을 말하고 있다. 번역가는 해석가를 그치고 목표 언어의 독자들에게 원저자가 된다.

작가-번역가 관계에 대한 이 관점은 작가-독자-번역가 관계에 관한 포스트모던 학설과 많은 유사성을 띤다. 최근의 번역 이론은 해석과정에서 번역가의 중대한 역할을 역설했다. 그리고 번역가를 순수한 원천 텍스트의 배반자로 치부하던 낡은 생각으로부터 벗어났다. 데리다에 따르면, 번역은 우리에게 절대적인 의미는 없으며 논쟁의 여지가 없는 원본은 없다는 것을 상기시켜준다. 번역 활동은 텍스트에 다양한 의미를 불어 넣어

---

2) Dillon Wentworth, Eearl of Roscommon, 'Essay on Translated Verse,' reprented in André Lefevere (ed.), *Translation/History/Culture: A Sourcebook* (London: Routledge, 19920, pp. 43-5.

준다는 의미에서 역동적이다.

> 차이는 순수하지 않으며 번역도 그렇다. 번역의 개념을 변형의 개념으로
> 바꾸어야 할지 모른다. 한 언어에서 다른 언어로 한 텍스트에서 다른 텍
> 스트로 규제된 변형으로 말이다. 번역은 한 언어에서 다른 언어로 혹은
> 한 언어나 동일한 언어 내에서 순수한 의미가 '전이' 되는 것과는 전혀 관
> 계가 없을 것이고 사실 관계가 없다. 번역은 의미화 도구가 순결하고 흠
> 없이 존재한다는 것과는 상관이 없다.3)

　데리다가 번역에 접근하는 방식은 로스코몬 백작의 관점과 상당히 공
통적인 면을 가지고 있는데 둘 다 번역할 때 생길 수 있는 바꿈이나 교환
의 과정에 주의를 기울이며, 자신의 주장을 나타내기 위해 인간관계에 관
한 은유적인 언어를 사용하기 때문이다. 로스코몬의 묘사에 따르면, 번역
가가 점차적으로 원저자와 깊이 관련되어 신비한 '변형'이 일어나고 두
사람은 새로운 하나가 된다. 데리다는 발터 벤야민의 수사를 사용하여 번
역이 원본의 축소 또는 배반으로 생각하는 낡은 개념에서 벗어나 어떻게
원천 텍스트의 연속성을 보장하는지 보여준다. 이를 위해 그는 *überleben*
(생존하기)와 *fortlebe*(계속 살아가기)의 차이점을 이용한다. 그러므로 번역
은 텍스트의 삶을 약속하는 활동이고 그것의 생존을 보장한다. 순수한
원천 텍스트를 무시하는 것에서 벗어나, 번역은 다른 언어권에 있는 독
자들에게 새로운 세계가 있다는 것을 알려주는 텍스트에 새 생명의 피를
주입한다. 옥타비오 파스(Octavio Paz)는 우리가 살고 있는 다면적인 세
상을 이해할 수 있도록 도움을 준다고 번역을 예찬한다.

---

3) Jacques Derria, *Positions,* trans. Alan Bass (Chicago: University of Chicago Press, 1981),
　 p. 20.

한편으로 세상은 우리에게 유사한 것들의 집합으로 표현된다. 다른 한편으로 세상은 그 전에 우리에게 다가왔던 것과는 약간 다른, 점점 늘어나는 텍스트의 더미로 표현된다. 각 텍스트는 유일하지만, 동시에 다른 텍스트를 번역한 것이다. 텍스트는 완전히 독창적일 수 없다. 왜냐하면 언어 그 자체가 본질적으로 언어가 없던 최초 세계로부터 이미 번역된 것이기 때문이다. 또한 각 기호와 어구는 다른 기호와 어구의 번역이기 때문이다.4)

번역에 관한 이와 같이 명확하고 단호한 시각은 번역을 좀 더 부정적인 입장에서 생각했던 긴 시간이 지난 다음에야 수용된 변화이다. 번역에 관한 논의는 그 부정성을 강조하는 경향이 있었다. 번역은 부차적이고, 기계적이고, 파생된 것으로 묘사되어 왔다. 번역은 복사물, 대용물, 또는 우수한 원본의 보잘 것 없는 개작쯤이라 생각되었다. 이 논의는 처음부터 번역가의 운명을 정해버렸다. 왜냐하면 번역업은 다른 형태의 집필보다 가치가 없다고 생각되기 때문이다. 이런 패러다임 속에서 번역은 독창성이 없는 활동이고 번역된 텍스트는 원천 텍스트의 지배적인 위치보다 상대적으로 낮은 위치에 위치한다.

번역 학문의 발전과 작가와 독자의 권력 관계 재고와 더불어, 부차적이고 아류의 활동이라 보는 번역 개념에 대해 저항이 늘어나고 있다. 작가의 죽음과 같은 개념은 원천 텍스트의 죽음에 이르게 한다. 원본이 사라지게 되면, 번역은 모든 힘을 쥐고 있는 원본으로부터 해방된다.

1970년대 다체계 이론의 발전은 번역분석의 법칙을 변화시키고 번역

---

4) Octavio Paz, 'Translation: Literature and Letters,' trans. Irene del Corral, in Rainer Schulte and John Biguenet (eds), *Theories of Translation. An Anthology of Essays from Dryden to Derrida* (Chicago: University of Chicago Press, 1992), pp. 152-63.

연구 분야에서 거대한 팽창을 이끌었다. 다체계 접근법의 중심에는 번역에 관한 어떤 중요한 가설들이 있었다. 그것의 가장 중요한 부분은 문학의 다체계를 형성하는데 있어서 번역이 했던 역할을 재인식하는 것이었다. 주변 활동으로 생각되던 것으로부터 벗어나, 번역은 문학과 문화의 역사에서 기초적인 부분을 담당하고 있는 것으로 인식되었다. 번역이 파괴적이고 혁신적이며 급진적이었던 활동이었다는 것은 역사적으로 종종 발생하는 사건이었다. 번역의 파괴적 힘에 대한 좋은 예는 중세시대에 자국의 언어로 성경을 번역한 경우를 들 수 있다. 당시 신성한 텍스트를 이단적으로 해석하는 행위에 대한 벌은 사형이었다. 번역의 혁신적인 힘은 번역가들의 노력을 통해 문화적으로 미개척 영역에 새로운 형식, 새로운 재료, 새로운 생각들이 소개된 수많은 경우에서 증명된다. 번역이 사회적 저항의 급진적인 형태가 된 사례는 19세기 초 중남부 유럽의 많은 나라들이 국가 정체성을 주장하기 위해 투쟁하는 동안 많은 번역 활동이 있었다는 것에서 찾을 수 있다. 번역이 아니라 모방이라고 스스로 정의를 내렸던 「단테의 예언」 서문에서 바이런(Byron)은 하나의 민족으로서 이탈리아인에게 남겨진 모든 것 즉 문학을 부러워한다고 말한다.5) 여기에서 그가 당대의 민족주의의 사유를 형성했던 언어와 정체성의 관계를 꿰뚫고 있음을 알 수 있다. 이탈리아어를 영어로 번역을 하지 않음으로써 바이론은 이탈리아 독립 명분에 대해 자신이 동조한다는 것을 효과적으로 선언했다. 문학이 한 민족에 속한다면, 번역은 절도행위 다시 말해 문학을 지키려는 언어의 권리를 침해하는 것으로 인식될 수 있다.

원천 텍스트의 권위를 재평가하려는 시도와 함께, 다체계 이론가들과

---

5) George Gordon, Lord Byron, 'Preface' to *The Prophecy of Dante*, 1819.

그 계승자들이 소개했던 새 역사기술법은 2세기가 넘는 기간 동안 번역계를 지배해왔던 발판을 마침내 무너뜨렸다. 우리는 지금 유럽언어를 번역하는데 있어서 통시성을 고려하고 있다. 그리고 번역 논쟁에서 주로 논의되었고 번역가 자신의 지위에도 영향을 미쳤던 부정성과 부차 지위에 관해 논의가 시발된 지점에 대해 우리는 의문을 표하고 있다.

어떤 언어를 다른 언어로 쉽게 번역하는 방법에 관한 에티엔 돌레 (Etienne Dolet)(1509-49년)의 책 『하나의 언어를 다른 언어로 번역하는 법』(*La maniere de bien traduire d'une langue en aultre*)은 일반적으로 현대 유럽 언어 번역에 관한 최초의 전문서적으로 여겨진다. 1540년에 출판된 이 책은 번역가가 따라야 할 5가지 기본적인 규칙을 서술하고 있다. 첫째, 번역가는 "번역하는 작가의 의도와 주체 내용을 완전히 이해해야 한다." [6] 번역가는 애매한 표현을 쓰지 말고 명확하고 이해가 쉬운 번역물을 생산해야한다. 둘째, 번역가는 원천 언어에 관해 완벽한 지식을 가지고 있어야 하며 '그가 번역하려는 언어에 대해서도 동등하게 탁월한 실력'을 가지고 있어야 한다. 이것은 어떤 식으로라도 양쪽의 언어가 사라지는 것을 막는데, 이는 급진적인 관점이다. 왜냐하면 번역은 특히 원천 언어에 관한 전문적인 지식의 필요를 주장하기 때문이다. 셋째, 무엇보다도 번역가는 단어 대 단어로 번역하는 굴종적인 작업을 하지 말아야 한다. 이 은유는, 번역가의 역할은 능동적인 것이며 작가와 번역가의 관계는 동등해야지 복종의 관계가 되어서는 안 된다는 돌레의 주장을 뒷받침해 준다. 이를 바탕으로 네 번째 규칙으로 나아가는데, 이는 르네상스의 인문주의 유럽시대에 매우 중요한 문제였던 자국 언어의 발달과 관계가 있

---

6) Etienne Dolet, 'La manière de bien traduire d'une langue en aultré', in Lefevere (ed.) *op. cit.*, pp. 27-8.

다. 번역가는 현재 통용되는 일상어를 사용하는데 있어서 거침이 없어야 하며, 고어나 과도한 라틴어를 쓰지 말아야 한다고 돌레는 주장했다. 번역가는 호기심에서 신조어를 사용하지 말아야 하며 불가피한 경우에만 희귀한 언어를 써야한다. 마지막으로, 번역가는 어형에 주의를 기울여야 하고, 영혼을 만족시키고 귀를 즐겁게 하는 달콤함이 묻어나는 단어들을 써야한다. 번역가가 조화롭고 독자들을 기쁘게 하는 텍스트를 창조하는 것은 중요하다. 이 규칙을 고려하지 않는다면, 모든 번역물은 무겁고 딱딱하게 될 것이다.

훌륭한 번역을 위한 5가지 규칙을 출판한지 6년이 지난 후, 돌레는 교수형에 처해지고 그의 시신은 화장되었다. 이 5가지 규칙은 운문학에서 연구과제의 일부분을 형성해왔었다. 돌레를 비난했던 사람들은 그가 기독교적 텍스트가 아니라 플라톤의 텍스트를 번역했기에 이교도적이라고 여겼다. 테오 허만스(Theo Hermans)는 돌레가 기독교 텍스트에서 다른 곳으로 눈을 돌린 것은 이미 5가지 규칙에서 그 씨앗을 볼 수 있다. 왜냐하면 돌레는 번역가들을 위한 일련의 실용적인 지침뿐만 아니라 급진적인 문화정책도 옹호하고 있기 때문이다.[7] 문체의 조화와 일상어의 사용을 강조함으로써, 돌레는 현대 언어도 고대 언어가 누렸던 것과 같은 지위를 누릴 권리가 있다고 주장하였다. 라틴어나 그리스어 원작의 우월에 대한 교회 당국의 믿음이 널리 퍼져있었음에도 불구하고, 돌레는 자국의 언어도 같은 무게감이 있다고 주장했었다. 그가 5가지 규칙으로 효과적으로 제안하고 있었던 것은 민족 문화를 창조하는데 중요한 요소로서의 번역 개념 때문이었다.

---

7) Theo Hermans, unpublished lecture, University of Warwick, Spring 1993.

돌레와 아주 닮은 영국의 인본주의자인 토머스 모어 경(Sir Thomas More)(1477~1535년)도 마찬가지로 문화를 형성하는 힘으로서의 번역의 힘을 인식하였다. 이단적인 번역활동으로 앤트워프(Antwerp)에서 화형에 처해졌던 성경 번역가 윌리엄 텐데일(William Tyndale)(약 1494~1536년)에 대한 그의 반론에서 모어는 언어의 교묘한 사용이 어떻게 성서의 해설을 바꾸는지 보여주었다.

> 그는 church(교회)라는 단어를 congregation(집회)로 바꾸었다. 왜냐하면 그는 어느 것이 교회였는지 의문이 들었으며, 우리 모두가 믿고 복종해야 하는 교회는 흔히 알려져 있듯이 예수의 믿음 안에 남아있는 모든 크리스찬 왕국들의 모임이 아니라는 루터(Luther)의 이설을 천명했기 때문이다... 그리고 그는 priest(신부)를 senior(원로)로 바꾸었다. 왜냐하면 그는 성직이 신성한 것이 아니라 설교하도록 사람들에 의해 임명된 보통 사람들이 신성하다는 루터의 이설을 천명했기 때문이다. 그리고 그는 penance(고해성사)를 repenting(회개)로 바꾸었다. 왜냐하면 penanace(고해성사)는 신성한 것이 아니라는 루터의 이설을 천명했기 때문이다.[8]

틴데일에 대한 모어의 공격은 번역 기술의 이데올로기적인 관련성을 드러낸다. 르페브르(Lefevere)는 문화가 번역되고 있는 텍스트가 그 문화 내에서 중요한 것으로 인식되는 곳에서는 어디든지 특별한 관심을 가지고 번역을 면밀히 살펴보아야 한다고 주장한다.[9] 특히 종교 개혁의 시대에 성경은 특별한 감시 하에 있었고, 이미 인정된 표준 의미들을 심각하게 훼손했다고 여겨진 번역가는 엄벌에 처해졌다. 틴데일이 자국어를 사용하는 것은 언어의 교묘한 사용으로 성경에 어떤 교리적 변화를 가져오

---

8) Sir Thomas More, 'Confutation of Tyndale's Answer,' in Lefevere, op. cit., pp. 71-2.
9) Lefevere, op. cit., p. 70.

는 수단이 되기에 모어에게는 수용 불가능한 이단으로 여겼다. 틴데일의 입장에서 보면, 자신은 훌륭한 번역가가 되기 위한 돌레의 충고를 따랐을 뿐이며 일상어의 사용에 만족하려 했다고 주장할 수 있다. 그럼에도 영어로 성경을 옮기는 것과 종교개혁가의 입장에서 성경을 다시 쓰는 것 사이에는 미묘한 경계선이 존재하였다. 그것은 삶과 죽음 사이의 차이를 의미하는 경계선 위에 번역가가 서있다는 것이었다. 물론, 마르틴 루터 (Martin Luther)은 *übersetzen*(번역하다)과 *verdeutschen*(독일어로 옮기다)을 구별했다. 그리고 북유럽에서, 언어적이고 문화적인 정치학에 대한 문제는 궁극적으로 종교와 관련되어 있었다.

돌레의 저서 『하나의 언어를 다른 언어로 번역하는 방법』은 번역 방법론에 대해서 자국 언어로 서술한 최초의 체계적인 언급이었을 뿐만 아니라 번역이 이데올로기적인 성격을 가진다는 것으로 최초로 인식한 저서였다. 특히 언어의 경계를 넘어 텍스트를 단순히 전이하는 것이 아니라 번역을 할 때 훨씬 많은 것들이 일어남을 깨닫고 있었다. 프랑스의 종교 재판소는 이를 잘 알고 있었고 따라서 돌레는 비참한 최후를 맞이했다.

돌레는 번역가의 자유를 선언했으며, 원천 텍스트에 노예화되는 것을 거부했다. 원천 텍스트와 원본 작가에게 복종을 해야 한다는 생각, 즉 번역가가 원천 텍스트의 노예라는 생각은 16세기와 17세기에 형성되었다. 그 시기는 유럽 밖으로 식민지주의가 널리 확산되고 있던 시대였다. 『아이네이드』(*The Aeneid*)(1697)에서 드라이든은 번역가들은 노예이며 '다른 사람의 농장에서의 일'해야 한다는 사실에 불만을 토로했다. 이러한 번역의 주종 모델은 이전 시대에 생각하던 것과 대조를 이루며, 이것은 문화 상품에 대한 인식과 평가의 변화와 관련되어 있다. 인쇄기술의 발명은 작가에게 자신의 책에 대한 소유자라는 새로운 지위를 가져다주었다. 15세기 후반에 쓴 맬러리(Mallory)의 『아서왕의 죽음』(*Morte d'Arthur*)과 같은 텍스트에서 예증되듯이, 작가들이 생각해 낼 수 있는 자료의 일반 저장고라는 개념은 원본의 개념으로, 즉 원본에 대한 분명한 요점, 분명한 소유자, 그리고 분명히 구별된 변경지역을 가지고 있는 텍스트의 개념으로 대체되었다. '원본'이라는 개념이 팽배해질수록 번역이 원본이 아닌, 일종의 파생물 또는 복사물이라는 개념도 커졌다.

번역물과 원본에 대한 개념의 변화는 식민지와 그 유럽의 통치 국가의 인식 변화와 함께 변한다. 라틴어 *colonia*(멕시코인 거주지)에서 파생된 colony(식민지)라는 용어의 어원을 생각해보면, 매우 짧은 기간에 의미가 상당히 변했다는 것을 알 수 있다. 돌레가 처형 당한지 2년이 지난 1548년에 colony는 단순히, 새로운 나라에의 정착지를 의미했다. 1550년에는 고향에서 떠한 사람들의 정착지를 지시하기 위해 사용되었다. 1612년에는 이러한 방식으로 사람들이 거주하는 영토를 의미하기에 이르렀고, 1711년에 이르면 다른 장소에 거주하는 단일한 국적을 가진 사람들을 묘사하기 위해 사용되었다. 이러한 의미의 교묘한 변화는 사회현실에서의 변화와 헤게모니를 반영한다. 소거주지라는 초기의 의미는 확장되었고, 그 출발지점과 관련하여 훨씬 복잡해졌다. 원본은 어떤 번역보다 본래 우수한 어떤 것이라는 생각이 점차적으로 발전함에 따라 텍스트적인 것이든 식민지적인 것이든 출발지가 가장 유력한 파트너로 성립되었다. 그리고 또한, 번역가에 의해서 개작된 어떤 변형도 배반적인 것으로 분류되었다. 번역이나 텍스트 행위의 다른 형태를 말할 때, 그 지배는 성의 용어(gender term)로 자주 묘사되었다.

페미니스트 연구는 17세기부터 두드러지기 시작한 '정절 없는 미녀'(belles infideles)라는 성편견에 의문을 제기했다. 지배하는 (남성) 파트너와 지배받는 (여성) 파트너 간의 성행위로 번역을 자주 비유하는 은유를 명료하게 살핀 글에서, 로리 체임벌린(Lori Chamberlain)은 번역가의 정절이라는 생각이 어떻게 성적인 용어들로 묘사되는지를 보여준다.10) 여성과 같이, 번역은 그것/그녀가 아름답다면, 정숙하지 못하다. 이 은유는 여성이 남성 파트너에 비해 열등한 위치에 놓는 것과 번역이 원천 텍스트에 비해서 하급의 위치에 놓는 이중의 효과를 지닌다. 우리는 '돌레의 이상형,' 즉 언어를 확장시키며 아름답고 영속적인 어떤 것을 만들어내는 자유로운 번역가라는 이상형으로부터 너무나도 멀리 왔다.

그러나 노예 또는 착실한 아내로서의 번역가에 대한 생각은 르네상스 후반기에 급격히 증가했고 몇 세기 동안 계속되었지만, 겉으로 보기에는 모순처럼 보이는 번역과 번역가의 역할에 관해 또 다른 관점이 있었다. 드라이든은 스스로를 다른 사람의 농장에서 일하는 자로 묘사했다. 그러나 그는 과감하게 자신의의 독립성을 선언했고 다음과 같이 말했다.

> 원본의 어떤 힘과 정신을 가지고 집필하는 번역가는 그 작가의 단어에 머물러서는 안 된다. 그는 스스로 그 작가의 정신과 의식, 대상의 본질, 그리고 다루는 작품이나 대상과 관련되는 용어를 완벽하게 소유하고 이해해야 한다. 그러면 그는 자신이 원본을 쓰는 것처럼 생생하고 공정하게 스스로를 표현할 수 있는 것이다. 반면에 자구 대 자구로 모방하는 사람은 지루한 옮겨 놓기의 과정에서 모든 영혼을 잃을 것이다.11)

---

10) Lori Chamberlain, 'Gender and the Metaphorics of Translation,' in Lawrence Venuti (ed.) *Rethinking Translation. Discourse, Subjectivity, Ideology* (London: Routledge, 1992), pp. 57-75.

11) John Dryden, 'The Life of Lucian, in George Watson (ed.), *John Dryden: Dramatic Poesy and Other Essays*, vol. II (London: Dent, 1962). Extracts reprinted in Schulte and

여기에서 드라이든의 주장은 자구 중심 번역과 의미 중심 번역 사이의 구별이라는 낡은 관점에서 제시되지만 새 관점을 또한 드러낸다. 번역가는 스스로 작가로서의 능력을 갖추어야 하며, 노예-주인 관계를 전환시킴으로써 실제로 독창적이어야 한다. 이것은 로스코몬이 제안 논의와 같은 맥락에 있지만, 드라이든이 제시한 번역전략이 서로 상반된 것처럼 보이는 점은 흥미롭다. 드라이든은 한편으론 번역가를 원천 텍스트와 노예관계에 있는 것으로 묘사하고 다른 한편으론 번역가가 단어를 넘어 원본을 완전히 소유하기를 촉구한다.

이런 명백한 모순은 17세기에 '번역'이라는 용어가 다양하게 사용됨으로써 혼란을 야기한 텍스트 행위를 구별하지 못하고 혼동하고 있기 때문이다. '번역'이라는 용어의 다양한 사용은 세 개의 경향으로 나누어 볼 수 있다. 첫째, 시 번역을 위한 규칙을 세우는 논의에서 보는 것처럼, 번역가의 지위와 권리에 대한 많은 관심이 존재했다. 드라이든, 드 라 모테(De La Motte), 페로(Perrot d'Ablancourt), 체사로티(Cesarotti), 보드메(Bodmer) 등은 번역가가 따라야 할 일련의 급진적인 전략들을 제안했다. 예를 들면, 드 라 모테는 호머(Homer)의 저작을 축소하면서 『일리아드』(*Iliad*)의 가치 있는 부분들은 보존하고 받아들일 수 없는 부분들은 개작했다고 주장했다. 아베 프레보(The Abbe Prevost)(1697~1763년)는 리처드슨(Richardson)이 쓴 『파멜라』(*Pamela*)의 영문판 7권을 4권으로 줄이면서 프랑스 독자들이 영국의 관습을 받아들이는데 어려움이 있기 때문이라고 설명했다.

나는 다른 나라 사람들에게 충격일지도 모르는 영국 관습을 삭제하거나 그것들을 나머지 유럽국가에서 널리 퍼져 있는 관습으로 바꾸어 묘사했

Biguenet, *op. cit.*

다. 낡고 투박한 영국의 이러한 잔재인 습관이 (영국인만 알아차리지 못한다) 고귀하고 가치 있는 책의 명예를 손상시킬 지도 모른다는 생각이 들었다.12)

번역에 관한 이런 접근법을 비판하면서, 요한 야코프 보드머(Johann Jakob Bodmer)(1698~1783년)는 프랑스와 영국의 기호뿐만 아니라 두 민족을 대비시켰다. 그는 민족은 계층이나 개인들을 통해서 파악할 수 있는 대상이라고 주장하며 '거칠고 호전적인 민족'과 '약하고 여자 같은 민족'은 언어를 통하여 자신들의 차이점을 드러낸다고 말했다.

> 영국의 특징이자 언어로 표현된 힘차고 풍부한 성격에 누구나 감탄한다. 피나 죽음들과 같은 것에서 그렇게 많은 비유적 표현을 가져온 이유를 쉽게 알 수 있다. 다른 나라에서는 혐오하는 이미지를 영어에서는 쉽게 사용할 수 있다. 어린 시절부터 자살, 삶의 경멸, 인간의 싸움이나 동물의 싸움 등을 일상적으로 보아왔다. 이런 이유로, 영국의 비극작가는 비극적 결말을 무대에 올려야 (최소한 비슷한 효과를 내야) 할 의무를 느낀다. 반면에 쉽게 놀라고 심장이 약한 프랑스인은 이것을 허락지 않을 것이다.13)

보드머의 접근은 대상 독자층의 기대를 원천 텍스트의 권위와 같은 정도로 고려한다. 민족의 정신 또는 영혼에 관한 그의 일반화된 가정이 오늘날 받아들일 수 없을 정도로 파벌적이지만, 그는 번역 행위를 더 넓은 문화의 맥락에 위치시킴으로써 문화 지향의 번역이론의 선구자로서 지위를 확고히 했다. 이 기간 동안의 논의들은 다양한 입장을 보이지만, 시

---

12) Antoine Prévost, 'Preface to his translation of *Pamela*,' in Lefevere, *op. cit.,* pp.39-40.
13) Johann Jakob Bodmer, 'Ninety-fourth Letter in *der Maler der Sitten*,' in Lefevere *op. cit.,* pp.124-8.

종일관 원본을 고치고, 개선하고, 바꾸고, 요약하는 등과 같은 번역가의 권리는 옹호된다.

시 번역에 관한 논쟁 외에도 번역에 관한 또 다른 생각이 있었다. 이 다른 관점은 번역을 교육의 도구, 즉 언어 습득 과정의 고유한 부분으로 보았다. 교실 안에서의 번역은 평가되어야 했고, 따라서 원천 텍스트에 대한 믿음은 중요한 것이었다. 사전(dictionary)의 시대에, 번역가를 위한 도구로 2개 국어 사전은 등가를 언어의 접경지역을 넘어서는 같음으로 단정했다. 차이는 이런 번역의 관점에서 생략되었다. 하나의 언어로 말해지는 것은 그것이 무엇이건 간에 다른 언어로 바뀌어야만 한다. 그리고 그 바뀜의 성공은 원본을 얼마나 잘 필사했는가에 따라 평가되었다. 학교 교과서는 언어들 사이의 이분법적인 관계를 미리 가정하였다. 종속적인 활동으로서의 번역의 목표는 원본을 이해하고 원본을 목표 언어에서 받아들일 수 있는 것으로 바꾸는 학생의 능력을 보여주는 것이었다. 번역가가 원천 텍스트의 정신을 스스로 소유해야 한다는 생각은 언어 습득 교실에서는 전혀 받아들여지지 않았다. 교실에서 완벽한 필사가 모든 것을 지배했다. 그럼에도 용어 '번역'은 양쪽 활동에서 모두 사용되었다.

번역은 문학 활동의 제 3의 유형으로 사용되었다. 즉 빠른 속도로 그리고 특별한 상업적 목적으로 어떤 언어로 되어 있는 텍스트를 다른 언어로 바꾸는 것에 번역이 사용되었다. 17세기 말, 신생한 중산층을 겨냥한 대중 출판업이 확대됨에 따라, 소비자의 필요를 충족시키기 위한 소재의 수요가 늘어났다. 마찬가지로, 새로운 중산층을 위한 극장의 급증은 프로그램을 충당하기 위한 새로운 연극이나 번안극의 수요를 필요했다. 드라이든은 상업세계가 문학의 가치와 지위에 어떠한 중요성도 부여하지 않음에 주목하면서 번역물을 보급하는 서적상들의 역할에 관해 언급했다.

> 서적상들은. . . 공적인 명예보다는 자신들의 이익에 더 열중한다. 그들은
> 자신들이 고용한 불쌍한 잡문가들에게 보수를 주는데 매우 인색하며 번
> 역 업무가 어떻게 진행되는지에 관심이 없고 단지 일을 처리할 뿐이다.
> 그들은 책이 아닌 직함을 팔아서 밥벌이한다. 이득을 얻는다면, 자신들과
> 작가가 받을 저주 따위는 아랑곳하지 않는다. 번역물이 서적상들의 임의
> 에 달려있다. 더 나은 전문가의 판단이나 번역에 대해 더 나은 보상이 없
> 는 한, 사태가 나아질 가능성은 없다.[14]

　대중 출판업의 빠른 흐름 속에서, 번역가의 역할은 질과 상관없이 단
순히 기본적인 자료를 공급하는 것이었다. 돈벌이 작가로서의 번역가가
등장하면서 종종 '실제' 작가들과 대비되어 부정적인 모습으로 그려졌다.
존 덴함경(Sir John Denham)은 잔인할 정도로 번역가를 경멸했다.

> 　그러한 것이 우리의 자부심이자 어리석음이며 운명이다.
> 　글을 쓸 줄 모르는 극소수만이 번역한다.

　세 가지 구별되는 활동인 시적인 활동, 교육 활동, 상업 활동에는 모두
번역이라는 용어를 쓸 수 있는데, 이 활동들은 동시에 실행되었고 각 담
론은 서로 얽혀 있었다. 저울추의 한쪽 끝에서는 교육 활동이 원본에의
충실이라는 엄격한 규범을 고수하고 있었고 다른 한쪽에서는 번역가가
원본을 마음대로 다룰 수 있는 절대적인 자유를 가지고 있었다. 그러나
시적 활동과 상업적 활동의 차이는 일부 번역가들이 우선 미적인 효과에

---

14) Dryden, *op. cit.*

관심을 갖고 원본과의 관계를 철저히 고려하려 애쓴 반면에, 미적인 것은 시장이 번역가들에게 가한 압박으로 우선순위에서 뒤쪽을 차지하였다. 번역가들은 종종 돈벌이 작가로 멸시받았고, 무능력하고 나약하며 충실하지 못하다고 공격받았다. 번역에 대한 저서에서 드라이든이 보여주었던 이분법도 여기에서 기인한다. 번역가는 정말 노예일 수 있지만 그가 작업하는 대상에 의존하면서도 원본과 동등한 관계를 누릴 수 있었다.

계몽주의 시대에 가장 분명하게 보여주었던 번역에 관련된 혼란은 이후 자주 표현되었던 번역에 관한 정신 분열적인 태도를 설명하는데 도움을 주었다. 돌레의 시대에는 번역가의 힘이 원천 텍스트를 다른 것으로 만드는 힘, 즉 매우 전복적인 힘으로 인식되었다. 드라이든의 시대에 와서 그 인식은, 번역이 이중 언어 습득의 한 방법으로 사용함으로써 (습득의 성공여부는 목표 텍스트가 원본에 충실한 정도에 따라 정해졌다) 모호해졌고 시장이 번역에 가하는 압력으로 애매해졌다. 작가가 이제까지 원본의 소유자였다면, 번역가는 좀 더 낮은 위치에 놓였으며 그에 따라 보수를 받으며 하인처럼 대우받았다.

저급한 종류의 글쓰기라는 번역에 관한 생각은 수세기 동안 지속되었고, 오늘날에도 어느 정도 존재한다. 전 세계에 걸쳐서 수많은 저명한 작가들이 번역의 복잡성과 중요성을 주장함에도 불구하고, 번역이 열등한 일이라 여겨져 낮은 보수를 받는다. 19세기 대학에서 문학 연구 분야의 발전과 더불어, 번역의 역할은 분류되지 않은 채 변두리에서 난처한 자리를 차지하고 있었다. 대혁명의 시대 동안 유럽과 미국에서는 번역 업무가 급증했음에도 불구하고 말이다. 비교 문학의 출현도 이 상황을 별로 변화시키지 못했고 번역이 실제 연구되었다하더라도, 문학사에서 하위 범주에 머물러 있었다.

그러나 20세기의 끝자락에 가까이 다가섬에 따라 이런 태도는 몇 가지 이유로 변했음이 분명하다. 전 세계적으로 이 시대에는 대중 매체와 멀티미디어 세상이다. 이 세상에서 독자들은 영화든, 노래든, 책이든 여러 문화권의 최근 텍스트를 공유하고자한다. 또한 세계적인 언어로서 영어의 발전도 번역의 진행과정 속도를 늦추지는 못했다. 반대로 문화정치에 관한 문제들이 이슈화되면서, 영어의 발전은 번역의 중요성을 강조하고 있다. 왜냐하면 후기 식민주의 이론이 명백하게 보여주는 것처럼 언어와 권력은 궁극적으로 연관되어 있기 때문이다. 돌레의 시대에도 그러했던 것처럼, 월등한 원본을 투명하게 복사한 것이 번역이라는 생각은 더 이상 유효하지 않다. 브라질의 헤럴드 사이먼(Haraldo Simon), 인도의 하리쉬 트리베디(Harish Trivedi), 케나다의 쉐리 시몬(Sherry Simon)과 같은 후기 식민주의 번역 이론가들 중 상당수에 따르면, 번역연구와 행위는 어쩔 수 없이 텍스트 행위 내에서의 권력관계를 탐구하는 것인데, 텍스트 행위는 더 넓은 문화 문맥 내의 권력 구조를 반영하기 때문이다. 바스넷과 르페브르는 주장한다.

> 다른 모든 것과 마찬가지로 (다시)쓰기는 순수하지 않다. 항상 번역이 발생되는 상황이 있으며, 텍스트가 나타나고 또 텍스트가 옮겨지는 역사가 있다.[15]

번역이 식민지의 이야기를 반영하는 방식을 조사한, 테자스비니 니란자나(Tejaswini Niranjana)는 번역이 전통적으로 견제 전략을 세워왔다고

---

15) Susan Bassnett and André Lefevere (eds), *Translation, History and Culture* (London: Printer, 1990), p. 11,

주장한다. 그녀는 계몽주의 시대가 종속화 행위를 인정하는데 번역이 사용된 시기였으며 현재에 이르며 비로소 그러한 과정들을 재고하게 되었다고 주장한다. 니란자나에게 지금이 번역 행위를 후기 식민주의로 분석할 때인데, 그녀는 번역행위가 번역가는 편견 없고 투명한 매개자이며 텍스트는 이 매개자를 통해 소위 지평의 축을 따라 통과한다는 그릇된 생각을 폭로한다.

> 행위로서의 번역은 내부에서 식민지주의 하에서 작동하는 힘의 비대칭적인 관계를 형성하고 구체화한다... 조리 있고 명쾌한 텍스트와 주제를 만드는 과정에서 번역은 식민화된 문화를 고정하는데 기여하며, 그 문화가 역사적으로 구성된 것이 아니라 고정되고 변하지 않는 것처럼 보이게 한다. 번역은 이미 존재하는 어떤 것을 투명하게 나타내는 기능을 한다.16)

그러므로 번역은 식민 경험을 반영하는 것으로 볼 수 있다. 원본/기원은 권력을 가지고 식민/복제는 권력을 빼앗기지만 투명성의 신화와 번역의 객관성을 통해 회유된다. 말하자면 '식민'은 결코 원본이 아닌 번역으로 인식되지만 이 인식은 등가의 텍스트 관계라는 약속으로 덮힌다. 따라서 후기 식민지 사회의 많은 번역 학자들의 현관심사는 번역의 지위와 관련된 사항을 재고하는 것과 번역 과정에 관한 유럽 계몽주의 관점에 대하여 대안을 설정하는 것이다.

1970년대 번역 연구의 키워드는 '역사'였다. 다체계 이론으로 문학사에서 번역의 역할에 대해 재고하게 되었고 그 결과는 일반적으로 받아들이는 지식을 놀랍도록 변화시켰다. 이 과정은 여전히 진행 중이며, 이론적

---

16) Tejaswini Niranjana, *Siting Translation. History, Post-Structuralism and the Colonial Text* (Berkeley and Los Angeles: University of California Press, 1992), p. 3.

인 면과 실제적인 면에서 번역의 역사는 학자들에게 중요한 연구 분야이다. 이는 젠더 연구에서 있었던 단계와 비교할 수 있는데, 번역연구는 젠더 연구에서 여성이 젠더 주류에 의해 잊힌 남녀 작품의 흔적들을 역사로부터 들춰내는 과업을 시작했던 때와 유사한 상황에 처해있다. 1980년대에 잘 나가던 문화 역사와 문학 정전(典正)의 형성을 재고하게 되면서, 젠더 연구와 후기 구조주의에서와 마찬가지로 관심사는 작가, 번역가 그리고 독자 사이의 권력 관계로 옮겨갔다. 기원에 대한 생각이 면밀히 조사되고 데리다와 드 캄포스(De Campos)가 벤야민(Benjamin)을 다시 읽어, 원본 이후 존재함으로써 번역은 비로소 원본이 된다는 개념을 체계화했다. 벤야민에 따르면, 번역은 원작 이후에 나오는 것이고 텍스트는 원본이 탄생할 시점에는 정해둔 번역가가 있을 수 없음으로, 번역은 텍스트가 다른 시간에 생명력을 지속하게 하는 힘이다. 번역에 관한 이런 관점이 젠더 규범과 지배적인 문화 규범을 해체시키는 것으로써 번역의 전제를 재검하려는 학자들에게 큰 영향 준 이유를 쉽게 알 수 있다. 벤야민의 견해에 따르면 번역은 해방 활동이며, 번역가는 해방자이다.

1990년대인 현재 지난 20년 간의 과업을 돌이켜 보면, 그 키워드는 "가시성"이다. 번역가의 역할은 언어 전환 과정에서 번역가가 개입하는 것을 분석하는 관점 하에서 재평가 될 수 있다. 한때 번역은 텍스트가 더럽힘 없이 통과할 수 있고 통과해야만 하는 투명한 필터로 여겼다면, 이제 번역은 개입이 필수적인 과정으로 볼 수 있다. 바바라 존슨(Barbara Johnson)은 중요 텍스트를 다시 읽을 필요가 있다고 주장했는데, 이는 '그간 간과된 채 기능해왔던 억압, 생략, 모순, 언어적 실수를 인식하기 위해서이다.'[17] 이 주장은 또한 번역학자들이 번역에서 반영된 번역과정을 재고하여 번역이 이루어진 시대의 모순들을 드러낼 필요가 있음을 밝힌다.

여태껏 번역을 공부하기에 지금보다 나은 시기는 없었다. 문학 연구의 변두리와 언어학의 변방에서 그리고 인류학, 민족지학 및 철학의 무관심에서 벗어나 번역은 현재 새롭게 인식되고 있으며, 이종 문화 간의 전이 과정에서 번역의 근본적인 중요성은 점점 명백해지고 있다. 앤드류 벤야민(Andrew Benjamin)은 다음과 같이 제안한다.

> 동시대의 철학적 작업을 보면 번역에 대해 환호는 아니더라도 몰두하는 현상이 있다. 번역은 철학의 가능성--실제의 행위까지는 아니더라도--에 대한 논의에 '개념'을 제공한다. 동시에 그것은 문화의 전이를 분석하는 방법도 제공한다.18)

텍스트를 변화시키고 세상을 변화시키기 위해, 우리는 번역가에게 부여될 힘을 인식하는 원래 위치로 돌아 왔다. 우리는 번역가를 말뚝에 묶고 화형하지 않겠지만(살만 루시디(Salman Rushdie)의 번역가들에 대한 공격은 번역가들이 분명 투명한 필터로 여겨지지 않음을 보여준다), 지금은 텍스트를 재구성함에 있어서 번역가의 역할, 다시 말해 순수한 것과는 거리가 멀며 실제로 눈에 띄는 역할에 대해 인식해야만 할 때이다.

---

17) Barara Johnson. "The Surprise of Otherness: A Note on the Wartime Writings of Paul de Man," in Peter Collier and Helga Geyer-Ryan (eds), *Literary Theory Today* (Cambridge: Politry Press, 1990).

18) Andrew Benjamin, *Translation and the Nature of Philosophy* (London: Routledge, 1989), p. 9.

3.

규범 그리고 번역의 결정: 이론적인 틀

1.

비록 오늘날 번역학이 연구의 통일영역을 구성하고 있지 못하지만, 번역과 관련된 전 영역에서 일부 담론적 변화들이 감지되고 있다. 예를 들면 '충실성(fidelity)'은 초기 단계에서 번역에 대해 기술적(descriptive)이고 이론적인 방법론뿐만 아니라 응용 방법론에 있어서도 '등가성'으로 교체되었다. 지난 10년 간 '등가성'은 '규범'(norms)이라는 개념을 더 선호한 사람들에 의해 점진적으로 도마 위에 올려 도려내졌다.

규범에 대한 현재의 관심을 보여주는 첫 번째 걸음은 지리 레비(Jiri Levy)의 저술에서 확인된다. 특히, 「결정 과정으로서의 번역」[1]이라는 글에서, 그는 게임이론과 의사결정과 관련된 실제 추론의 관점에서 번역을 바라보았다. 그러나 그 개념 자체는 기디온 투리(Gideon Teury)[2]가 번역 연구에 도입한 것이었다. 투리는 규범을 기술적인 접근법의 도구로 사용했다. 투리에게 있어서, 번역의 규범은 번역할 때 의사 결정 과정을 지배한다. 그러므로 그것들은 원본과 번역 사이에서 얻어지는 일종의 등가성을 결정한다. 그는 또한 규범의 다른 유형들을 구분했고, 그것들을 발견하는 방법에 대해서 논했다. 실제로, 투리는 규범을 대개 번역가의 행동을 제약하는 것으로 보았고[3], 규범의 광범위하고 사회적인 기능에 관해서는 잠시 언급할 뿐이었다.

그때 이후로, 그 개념은 번역 연구에서 계속적으로 관심을 받았다.[4] 동시에 규범, 규칙(rules), 그리고 관례(conventions)의 본성과 기능은 윤리에 관한 법과 학문, 국제 관계와 같은 다양한 분야를 다룬 수많은 저서들

---

1) Jiří Levý, 'Translation as a Decision Process,' in *To Honor Roman Jakobson,* vol. 2 (The Hague: Mouton, 1976), pp. 1171-82.

2) Giden Toury, *In Search of a Theory of Translation* (Tel Aviv: Porter Institute, 1980).

3) *Ibid.,* p. 51.

4) 예를 들어 다음 참조 Armin Paul Frank and Brigitte Schultze, 'Normen in historish-deskriptiven Übersetzungsstudien,' in *Harald Kittel* (ed.). *Die literarische Übersetzung. Stand und Perspektiven ihrer Erforschung* (Berlin: Erich Schmidt, 1988), pp. 96-121; Mette Hjort, 'Translation and the Consequences of Scepticism,' in Susan Bassnett and André Lefevere (eds.), *Translation, History and Culture* (London and New York: Pinter, 1990), pp. 38-45. Christiane Nord, 'Scopos, Loyalty and Translational Conventions,' *Target,* iii, 1, 1991, pp. 91-110,' in Kitty van Theo Hermans, 'Translational Norm and Correct Translations' in Kitty van Leuven-Zwart & Ton Naaijkens (eds), *Translation Studies: The State of the Art* (Armsterdam: Rodopi, 19910, pp. 155-69; Theo Hermans, 'On Modelling Transation. Models, Norms and the Field of Translation,' *Livius* 4, 1993, pp. 69-88; Andrew Chesterman, 'From 'Is' to 'Ought': Laws, Norms and Strategies in Translation Studies,' *Target,* v, 1, 1993, pp. 1-20.

에서 조명을 받았다.5) 메테 요르트(Mette Hjort)에 의해 편집된 최근의 모음집『규칙과 관례』6)는 철학과 문학에서부터 사회 이데올로기까지 다룬다. 서문에서 요르트는 규칙과 관례에서 학문 상호 간 관련성과 응용 가능성을 특히 강조했다.7) 번역과 번역 연구의 본성을 적용시킴으로써, 우리가 번역의 사회적 차원에 그리고 권력과 이데올로기에 관련된 번역의 환경에 초점을 맞춘다면, 이 개념을 통한 접근법은 매우 생산적일 것이다.

규범은 심리적이고 정신적인 실체이다. 이것들은 사람들의 상호 작용에 중요한 요소이며 따라서 모든 사회화 과정의 일부가 된다. 본질적으로 규칙이나 관례처럼 규범은 사회적으로 규제하는 기능을 가지고 있다. (나중에는 규범을 규칙이나 규정과 구별할 것이다.) 규범은 '다른 사람들과 공존하기 위해 필요한 조정기능을 할 수 있다. 그렇게 함으로써, 규범은 '사회적으로 공존할 수 있는 상황'8)을 보장한다. 왜냐하면 규범은 보통 개인과 집단, 개인의 의향, 선택, 행동과 공통된 믿음, 가치, 선호 간을

---

5) 특히 다음 참조 Ladislav Holy & Milan Stuchlik, *Actions, Norms and Representaions* (Cambridge: Cambridge University Press, 1983); Renate Bartsch, *Norms of Language. Theoretical and Practical Aspects* (London: Longman, 19870; Douwe Fokkeman, "The Conpcet of Convention in Literary Theory and Empirical Research," in Theo D'haen *et al.*, (eds) *Convention and Innovation in Literature* (Amsterdam: John Benjamins, 1989), pp. 1-16; Friedrich Kratochwil, *Rules, Norms and Decisions. On the Conditions of Practical and Legal Reasoning in International Relations and Domestic Affairs* (Cambridge: Cambridge University Press, 1989); Hans Kelsen, *General Theory of Norms*, Trans. Michael Harney (Oxford: Clarendon Press, 1991); and Frederick Schauer, *Playing by the Rules. A Philosophical Examination of Rule-Based Decision-Making in Law and Life* (Oxford: Clarendon Press, 1991).

6) Mette Hjort (ed.), *Rules and Conventions. Literature, Philosophy, Social Theory* (Baltimore: Johns Hopkins University Press, 1992).

7) *Ibid.,* pp. ix-xi.

8) Friedrich Kratochwil, *op. cit., p. 70.*

중재하기 때문이다. 게다가, 규범과 규정은 사람들, 집단, 공동체, 사회 간의 안정에 기여한다. 이는 규범과 관례가, 시간을 조절하고 인간의 행동을 예측하는 능력이 부족하기 때문에 발생하는 우연성, 불예측성과 불확실성을 축소시키기 때문이다. 규범과 관례로 우연성을 축소하는 것은 과거 경험을 일반화하는 문제이며, 미래에 유사한 상황들에 대해 어느 정도 확실하고 다소 규정적(prescriptive)으로 예측하는 문제이다.

2

번역은 주로 텍스트간의 관계, 또는 언어 체계 간의 관계로 고려되어 왔다. 오늘날에는 번역이 의사소통과 사회 문화적인 상황 속에서 일어나는 복잡한 상호작용으로 생각된다. 이것은 우리가 번역가를 온전히 사회적 존재로서 바라보아야 함을 요구한다.

번역은 특정 선입견이나 이해관계를 지니고 있는 사회 행위자의 네트워크를 필요로 한다. 그 행위자들은 개인이 될 수도 있고 집단이 될 수도 있다. 번역 작업은 상호작용에 관심을 가진 당사자 간의 상호작용의 문제이다. '이전'(移轉, transfer)과 관련 있는 사람들에게 번역에 따르는 여러 양상들과 절차들은 선택, 대안, 결정, 전략, 목표, 그리고 목적을 전제한다. 규범은 이러한 과정에서 중요한 역할을 한다. 이후의 논의에서는 논의 전개의 중점을 원본과 목표 텍스트 간의 관계에 대한 본성보다는 이 과정과 관련 있는 행위자에 둘 것이다. 나는 사회학자나 인류학자들이 그 용어를 사용하는 방식으로서가 아니라 사회적이고 문화적인 현실로서의 규범에 대해 논할 것이다.

번역 과정 이전에 많은 결정사항이 있어야 하기 때문에, 번역에 관련하여 규범은 번역의 실제 과정에만 관련 있는 것이 아니라 모든 이전 (移轉) 작업과 관계 있다고 우선 말할 필요가 있다. 번역은 문화적 회로나 시스템들 간에 일어나는 광범위한 이전(移轉)의 특정 양식이라 할 수 있다. 그것은 이종문화 간 텍스트 이동의 수많은 양식들 중 하나이다. 예를 들어, 이들 다른 양식에는 번역되지 않은 텍스트를 수입하거나 수출하는 것을 포함한다. 같은 텍스트를 다른 언어나 다른 문화적 환경 속에서 전개하는 것은 번역되지 않은 텍스트를 다르게 인식할 수밖에 없기에 그 텍스트에 다른 '짐'(load)을 보태게 되는 것일지라도 말이다. 앤써니 핌 (Anthony Pym)이 물질적인 이전의 경우에 발생하는 '가치 변형9)에 대해 논한 것은 옳다. 요약, 의역, 주석, 비평, 그리고 르페브르(Lefevere)가 광범위하게 "다시쓰기"10)라고 부르고 있는 것은 다른 의미론적 매체에서 이루어지는 변형들처럼 또 다른 대안을 제공한다.

다양한 이전 방식을 선택하는 문제는 애초에는 그 과정을 최초로 실행했던 사람에 의해 이루어진다. 이것은 원문화 안에서의 행위자가 될 수 있고 혹은 대개의 경우 목표 문화 안에서의 행위자가 될 수 있다. 최초의 선택이 이루어지며 그 선택이 어쩌면 비실용적일 수 있다. 어떤 특정한 이전 방식이 주어진 상황에서 실용성이 있는지 여부는 그 상황과 그 순간의 '게임의 법칙'에 의해 결정된다. 선호하고 의도했던 전이 방식을 처음으로 선택한 것은 여러 요소들에 대해 처음으로 전수했던 이의 평가에 의해 바뀔 수 있다. 이 요소에는 과학기술과 지리학 등 여러 가지 물리적

---

9) Antony Pym, 'The Relations between Translation and Material Text Transfer,' *Target*, iv, 1 (1992), pp. 171-90.

10) André Lefevere, *Translation, Rewriting and the Manipulation of Literature Fame* (London: Routledge, 1992).

인 요소에 의하여 실제로 가능한 것과 사회적 정치적 문화적 이데올로기적으로 실행할 수 있는 것이 포함된다. 다시 말해 생산과 분배의 수단을 통제하는 사람들 그리고 경제, 사회, 이데올로기 및 예술적인 것에 관계된 단체가 허용하고, 용납하고, 장려하고, 요구할 개연성이 있는 것 등이 이 요소에 포함된다.

그 종류가 무엇이든 간에, 이종 문화 간의 왕래는 권력 구조를 포함하여 복잡한 사회 맥락에서 발생한다. 이것은 이러한 권력 구조들에 영향 받는 행위자 또는 최소한 권력구조에 얽혀 있는 행위자와 관련이 있다. 그리고 개인적으로든 집단적으로든 그들의 목적과 이득을 위해 권력 구조를 이용하거나 이용하려고 하는 행위자와 관련을 맺는다. 권력 구조는 정치적이고 경제적인 권력을 포함하며, 문화 생산 분야에서 피에를 부르디외(Pierre Bourdieu)가 '상징적인 권력'이라 명명한 형태들도 포함한다. 여러 가지 가능한 선택사항 중에서 행위자는 처리 방식을 선택하고 결정해야 한다.

바로 여기에서 규범의 개념은 유용하게 받아들여 질 수 있다. 규범은 의사 결정 과정을 용이하게 만들고 그 과정을 안내한다. 규범은 수입 할 것인지 번역할 것인지, 다른 방식의 다시쓰기를 할 것인지, 그리고 어떻게 번역 할 것인지에 대한 선택의 문제에서 사실상 모든 단계와 수준에서 문학 텍스트의 번역과 같은 문화상품의 수입방식을 결정한다. 물론 문화 또는 그것의 일부분이 활발히 텍스트와 다른 문화상품을 수출한다면, 규범은 수출방식도 결정한다. 그러나 하나의 상품이 의도된 수용 시스템에 의해 수입될 건지 아니면 제공자가 생각하고 있던 방법으로 수입될지 여부는 부분적으로 수용 시스템 그 자체에 관계 있는 요인들에 달려있으며 두 시스템간의 관계에 대한 속성에 달려 있다.

실제 이러한 사실은, 첫째, 외래어로 된 텍스트의 수입여부와 그것이 수입되도록 허용하는 문제를 떠나서, 수용 시스템 내에 관계된 행위자의 결정에 있어 규범이 중요한 역할을 한다는 것을 의미한다. 둘째, 그 용어가 주어진 사회 문화적 모습 내에서 의미하는 바가 무엇이든지 그것의 수입이 결정되었다면 그것을 번역하는 것 또는 다른 수입 방식을 선택하는 것의 문제에 있어서도 마찬가지로 결정된다. 셋째, 번역하기로 결정하였다면, 어떻게 그 문제에 접근하고, 어떻게 그 문제를 꿰뚫어 보는지에 관해서도 규범이 중요한 역할을 한다.

　물론 세 번째 과정 그 자체가 번역 과정이다. 나는 '블랙박스'라고도 하는 번역과정의 내적 세계에 관심이 없다. 또한 도표와 같은 것들을 이용해 그것을 재구성하고 표현하는 방법에도 관심이 없다. 그러나 나는 번역을 하기 위해서는 일정기간에 걸쳐서 다양한 수준에 있는 번역가들의 끊임없는 의사 결정이 필요하다는 것은 당연하다고 생각한다. 왜냐하면 텍스트들은 분리된 조각들로 구성되어 있기 때문이다. 이 의사 결정과정은 불가피하게 대부분 규범에 의해 결정된다. 그렇게 않다면, 원천 텍스트와 맞닥뜨린 번역가는 하나의 해결책을 선택하지 못하고 손을 놓아 버리거나 마치 컴퓨터가 고장난 것처럼 거의 임기 응변식으로 결정하게 될 것이다.

　번역 연구의 관점에서 보면, 의사결정 과정 따라 규범의 작용은 번역가의 머리 내에서 일어나며 보이지 않게 숨겨져 있다. 우리는 직접적으로 그것에 접근할 수 없다. 우리는 그것을 추측할 수 있다. 그리고 우리는 소리-내어-말하기-약정(talk-aloud protocal)과 같은 과정, 또는 그 과정의 입력과 그것의 출력, 다시 말해 원천 텍스트와 목표 텍스트를 비교하는 것을 통하여 그것에 좀 더 가까이 다가갈 수 있다. 그런 다음 회고적으로 추론할 수 있다. 이 회고적 추론의 과정에서 우리는 언어의 다른 기능과 같이 번역이 소통의 역할을 한다는 사실로부터 도움을 받을 수 있다. 이것은 규범이 사회 행동에 다소 영향을 미치는 형식을 구성함을 의미한다. 이러한 형식에는 참여하는 사람들 간의 '인간관계의 조화'의 정도를 포함하여 적당한 코드를 찾고 조율하는 것, 그 코드를 인식하고 이해하는 것, 관심을 끄는 것, 그리고 '소란'을 제거하는 것 등이 포함된다. 그러나 규범이 성공하기 위해서는 긴급 상황에서 나타나는 특이한 '조화 문제'를 해결하는 것뿐만 아니라 참가자들의 지위나 자질, 그리고 관련되어 있는 가치와 이해관계를 해결하는 것이 필요하다. 이것들은 물질적인 문제와 상징적인 힘을 포함하고 있기 때문에 성공은 수혜 받는 쪽이 아닌 수혜받지 못하는 쪽의 이익으로 판단되어야 한다. 번역 과정의 정신적 세계와는 별도로 번역의 생산력과 수용력에 관한 사회적 중요성을 인식해 왔다면, 우리는 사회적 실체로서 이 과정들 내에 있는 규범과 양식의 역할을 이해할 수 있는 위치에 있다.

3

번역의 역할은 정확히 무엇인가?[11] 언어의 다른 기능과 같이, 번역도 소통의 역할을 한다는 것이 나의 기본적인 생각이다. 앞서 지적했듯이, 의

---

11) 다음 참조. Hermans' 'Translational Norms and Correct Translations' and 'On Modelling Translation. Models, Norms and the Field of Translation.' 이론적 작업에 대한 보다 자세한 참조는 David Lewis. *Convention. A Philosophical Study* (Cambridge, Mass.: Harvard University Press, 1969)과 Renate Gartsch, *Norms of Language. Theoretical and Practical Aspects.* Hjort's *Rules and Conventions*는 Lewis와 Wittegenstein과 같은 철학자가 제시한 관례(convention)의 개념을 비판적으로 고찰한다.

사소통은 사회적 행동에 관한 형식을 구성하며 관련된 행위자들 간에 인간관계의 조화를 필요로 한다. 그것은 의사소통 문제가 대체로 '인간관계의 조화 문제'에 의하여 묘사될 수 있다는 것을 말해준다. 이것은 사회의 상호작용 문제의 하부구조가 될 수 있다. 관례(convention)와 같이 규범은 이러한 종류의 문제들에 해결책을 제공한다. 이러한 관점에서 우리는 언어 사용 영역과 번역 영역(여기에는 주어진 역사적 맥락에서 이루어지는 번역을 포함한다)에 대한 관례, 규범, 규칙 그리고 모델에 대해 사회과학자들과 인류학자들이 필수적으로 언급하는 것을 응용할 수 있으며 최소한 옮겨 놓을 수 있다. 이와 같이 '행동'과 같은 일반적인 용어는 '말하기', '쓰기' 그리고 '번역하기'와 같은 활동들로 이루어진다.

규범에 관한 이런 관점은 우선 관례의 개념을 그림으로써 좀 더 완벽히 설명될 수 있다. 또한 관례는 규정의 기능을 하면서 사회 현상을 말하는 일반적인 용어로 볼 수 있다. 영향력 있는 『관례: 철학적 연구』에서 데이빗 루이스(David Lewis)는 다음과 같이 관례를 정의했다. 관례는 인간관계의 조화에 관해 반복되는 문제에 대해 우발적이지만 효과적인 해결책으로 알려져 있는 행동의 규칙성이다. 효과적이라 판명되었기에 이 해결책들은 주어진 어떤 상황에서 개인들의 행동에 나침반이 된다. 관례는 전례와 사회적 관습으로부터 발생하여 공통적인 이해와 용인을 전제로 삼는다. 좀 더 정확하게 말하면, 관례는 일련의 상호 기대를 암시한다. 어떤 상황에서 나는 다른 사람들에게 어떠한 방향으로 행동하기를 기대할 것이다. 그리고 다른 사람도 그와 같이 나에게 기대한다. 그러므로 관례는 사회적 기대의 문제이며, 기대에 대한 기대의 문제이다. 즉, 상호간의 기대에 대한 문제이며, 혹은 울만-마르갈리뜨(Ullmann-Margalit)의 말을 빌어 표현하자면 '수렴하는 상호 기대의 문제'이다.12)

이런 의미에서 관례는 규범이 아니거나 기껏해야 분명히 표현하지 않는 규범이다.13) 관례는 규칙이 지닌 선호도에 의존한다. 즉 주어진 지역사회 내에서 인간관계의 조화에 의존한다. 관례는 '모든 가능한 조합의 행동들에 관한 수용',14) 수용에 관한 상호인식을 의미한다. 주어진 형태가 빈번히 발생하는 상황에서 실제 가능한 선택의 수를 정해진 형태로 제한한다. 또한 불확실성과 우연성을 줄임임으로써 행동을 좀 더 예측가능하게 만든다.15) 그리고 개인들 간의 명백한 동의를 가정하지 않을지라도 관례는 여전히 행동에 관해 일반적으로 용인된 사회적 제약으로 기능한다.

시간이 흐름에 따라서 관례는 너무 잘 작동하여 해가 될지 모른다. 충분히 오랫동안 빈번하게 일어나는 조화의 문제를 해결하는 본연의 목적을 관례가 너무 잘 수행한다면, 어떤 행동이 어떠한 상황에서 행해질 거라는 기대는 단순히 선호함을 즉 선호되고 개연성이 있는 기대를 넘어설 것이다. 이 경우 관례는 구속력을 지니게 된다. 이 점 때문에 우리는 규범에 관해 이야기를 시작해야 한다.

규범은 사회적 관례의 좀 더 강력하고 더 규정적인 형태로 이해될 수 있다. 관례가 전례와 공유했던 기대의 문제인 반면에, 규범은 지시하는 (directive) 특징을 지닌다. 관례처럼, 규범은 공유된 지식, 상호 기대와 수용의 유형, 그리고 개인적인 수준에서 규정이 대부분 내재화되었다는 사실로부터 규범의 합리성을 이끌어 낸다. 이것 때문에 우리는 규범을 심리적이고 사회적 개체로서 이야기한다. 수많은 사회적, 도덕적, 그리고

---

12) Edna Ullmann-Margalit, *The Emergence of Norms* (Oxford: Clarendon Press, 1977), p. 87.
13) Lewis, *op. cit.,* p. 97.와 Hjort, *art. cit.,* p.43 참조
14) Lewis, *op. cit.,* p. 78.
15) Bartsch, *op. cit.,* p. 126.

예술적 규범과 관례가 있다. 우리는 이것들을 인식하지 못할지라도 지속적으로 지킨다.

규범은 규정적인(prescriptive) 규칙들이다. 그것들은 규범적인 의미를 가지고 있으며 의사 결정 능력을 지닌 행위자들의 행동을 인도하거나 조절하거나 변화시킨다.16) 지역사회의 구성원들에게 주어진 상황 하에서 단지 사람들이 기대하는 방식으로 행동하는 것이 아니라 사람들이 마땅히 행동해야 하는 방식에 대해 말하고 있다는 점에서 규범은 관례와 다르다. 다시 말하면 여러 가지 가능한 선택사항 가운데, 다소 견고히 선호되는 어떤 특정한 방식의 행동이 있다는 것을 의미한다. 왜냐하면 지역사회가 규범을 적당하고 옳고 알맞은 것으로 수용하기 때문이다. 이것은 마땅히 채택되어야만 하는 행동양식이다. '옳은' 것에 대한 상호 주관적인 감정이 규범의 내용을 구성한다. 아래에서 좀 더 구체적인 내용을 논해보자. 우선은 규범이 작용하는 측면인 실행하는 힘에 관해 몇 가지를 살펴보자.

사회적이고 심리적인 압박의 정도를 함축하고 있기 때문에, 규범은 권리상 언제나 이용가능 하지만 어떤 선택사항이나 대안을 배제함으로써 개인의 행동에 실제적인 제한으로 작용한다. 동시에 좀 더 긍정적인 면으로 보면, 규범은 가능한 행동양식에서 특정 선택을 골라내고 제안하고 정하기도 한다. 궁극적으로 규범이 지닌 지시적이어서 규범적인 힘은 일종의 사회 압박에서 비롯된다. 이러한 압박은 자극이나 보상의 형태 또는 처벌의 형태로 나타난다. 규범의 힘은 또한 규범이 지시하는 바에 개인이 순응하는 태도로부터 나온다. 혹은 이 둘의 결합으로부터 파생하기

---

16) Schauer, *op. cit.,* p. 2.

도 한다.17) 사회에서 강한 규범은 적절하다 인식되거나 종종 명시적으로 제시된 처벌로 뒷받침된다. 그러나 관례와 규범 안에 있는 모든 행동이 어느 정도는 개인의 동의를 필요로 하기 때문에 이러한 행동은 항상 협력하는 행동의 형태를 띤다.

다소 자발적으로 관례로부터 발생한다는 점에서, 규범은 관례의 특징인 상호 기대의 양식으로부터 적법성을 끌어낼 수 있다. 그리고 규범은 개인 쪽에서 비슷한 정도의 사회적 수용과 내재화를 가정한다. 규범은 관례와 가장 유사한 경우에 가장 잘 받아들여진다. 여하튼 어떤 특정 경우에 규범을 따르지 않는 것이 그 규범을 무효로 만들지 않는다는 것과 마찬가지로, 규범에 따르지 않는 것이 보통은 관련 개인에게 갑작스런 처벌을 가져다주는 것은 아니다. 어떤 단절이 지속적으로 일어나지 않고 넓은 범위에서의 효과적인 처벌이 동반되지 않는다면, 규범은 어느 정도의 모순된 행동을 극복할 수 있다. 이런 의미에서 니클라스 루만(Niklas Luhmann)은 규범을 '사실에 반하여 확립된 행동에 관한 기대'18)라 말하였다. 예를 들면, 저녁 만찬에서의 공손한 대화에 대한 관례와 규범이 손님 중 하나가 이를 준수하지 못하거나 하지 않으려 한다고 해서 무효가 되는 것은 아니다. 좀 더 강하고 명백한 규범 또는 규칙(규칙에 대해서는 아래에서 다룰 것이다)이라고 할 수 있는 고속도로 신호법도 마찬가지다. 다시 말하면, 규범은 위반될 수 있다. 규범은 엉뚱하고 기이한 행동을 막지 않는다. 누군가 어떤 규범을 깨드릴 것인가는 그 규범의 본성과 강력함에 그리고 개인의 동기에 의존한다.

---

17) *Ibid*, p.8
18) Niklas Luhmann, *A Sociological Theory of Law*, trans. E. King and M. Albrow (London: Routledge, 1985 [1972]), p. 33.

규범의 규정적인 힘이 관대한 것에서 강제적인 것으로, 선호하는 것에서 의무적인 것으로 커짐에 따라, 규범은 관례와 차이를 두게 된다. 이것은 상호 기대와 내재화된 수용성에는 덜 의존하고 규칙과 명령 다시 말해 명령이나 계율로 성문화되고 표현된 것에는 더 의존하기 때문이다. 여기서 '규칙'이라는 용어는 강력한 규범을 의미하는 것으로 많은 경우에 규칙은 제도화된다. 규칙에 의해 가해진 압력이 다른 방법이 아닌 특정한 한 방법으로 행동하는 유일한 이유가 될 때, 이를 법령(decree)이라 부른다. 객관적이고 규정된 처벌을 동반하지 않는 관례와는 대조적으로, 법령은 법률을 따르며 해당 당국에 의해 공표되며 불복종에 대해서는 처벌할 수 있는 힘을 가진다. 여기서, 대부분의 사회 체계와 사회 문화적 체계의 계층구조나 그 체계를 지배하는 힘과 권위의 중요한 관계를 알 수 있다. 물론 권력 관계는 사회와 그 사회 문화적 체계 안에서 작동하는 모든 규범과 관례의 네트워크에 내재되어 있다. 법령의 경우에, 권력 관계는 거의 적나라한 형태로 나타난다. 그러므로 관례와 비교해 봤을 때, 법령은 규범의 저울에서 반대쪽 끝을 가리킨다. 법령은 명령을 명확히 기록하는데, 의무 혹은 금지처럼 단정적이거나 부정적인 방식으로 성문화될 수 있다.

넓게 말하면, 규범과 규칙은 관례와 법령 사이의 전 영역을 포괄한다. 이 영역은 다음과 같이 연속적 계열로 나타낼 수 있다.

규정-규범-규칙-법령

관례는 전례에서 기인하며 공통의 지식인 공유되는 습관과 상호 기대에 의존한다. 규범은 구속력을 가지고 있고 몇 가지 형태의 제재를 수반하며, 관습으로부터 발생하거나 권위를 부여하는 경우에서 유래할 수 있다는 점에서 관례와 다르다. 규칙은 강한 규범이다. 규칙은 관련 있는 사람 모두의 동의가 있건 없건, 일반적으로 인정된 권력에 의해 규정되고 정해진다. 법령은 특정한 권력이 명령으로 공표한 구체적인 지령이며 철저한 처벌로 뒷받침된다.[19]

4

규범과 규칙은 강력하거나 미약할 수 있으며 넓거나 좁은 영역을 포괄한다. 규범과 규칙은 명백하게 정해질 수도 그렇지 않을 수도 있다. 이것들은 단정적이거나 부정적인 방식, 즉 의무나 금지의 경향을 지닌다. 단정적이거나 부정적인 하중과 함께 규범의 상대적인 강함을 가리키는 '규범적인 힘의 양상'이 의미론적 상자의 형태로 도식화될 수 있다.[20] 이를 통

---

19) 용어의 사용은 중요하지 않으며 의미의 구별도 명확하지 않게 썼다. 작가, 규범, 기준은 일반적인 의미로 사용되지 않았다. 각각의 용어는 효율적으로 쓰인 다른 용어로부터 그 의미를 찾을 수 있다. 이것에 따르면, 규범(norms)과 규칙(rules)다소 바꾸어 사용하였다. 용어 문제와 그 용어의 상대적인 비중요성에 관해서는 Sauer (*op. cit.*, pp. 14-5) 참조

20) 다음 참조 Algirdas Greims, *Du sens. Essais sémiotiques*, Paris: Seuil, 1970, 135ff.와 특히 Dirk de Geest., 'The Notion of 'System': Its Theoretical Importance and Its Methodological Implications for a Functionalist Translation Theory,' in Harald Kittel, ed., *Geschichte, Sytem, Literarische Übersetzung/Histories, Systems, Literary Translations,* Berlin: Erich Schmidt, 1992, pp. 32-45. 규범과 관련하여 이런 종류의 의미론적 사각형을 사용에 대해서는 De Geest, *Literatuur als systeem. Bouwstenen voor een systemisch-functionalistische benadering van literarie verschijnselen,* Leuven: Katholieke Universiteit Leuven, 1993. 참조 '규범적인 힘의 양상'과 '규범적인 통제의 양상'이라는 용어는 Alf Ross에서 가져왔음 (*Directives and Norms*, London: Routledge, 1968, pp. 177ff.). Ross는 이 용어들을 법의 맥락과 다른 형식으로 논의했다. 의미론적 사각형의 수평적 축은 대립의 관계를 표시한다. 대각선은 모순의 관계를, 나타내며 수직선은 함축의 관계를 나타낸다.

해 작동 힘의 여러 양상 간의 상호 관계를 명확하게 알 수 있다(그림 3.1
을 보라).

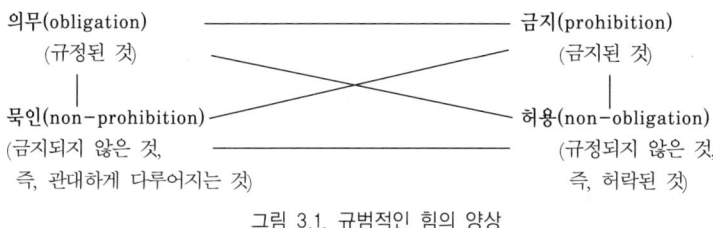

그림 3.1. 규범적인 힘의 양상

이 네 가지 위치(의무, 허용, 묵인, 금지) 각각을 좀 더 자세하게 나타낼
수 있다. 이것은 그림 3.2에서 보여준다. 여기서 A는 행위자, C는 행동의
방향이다.

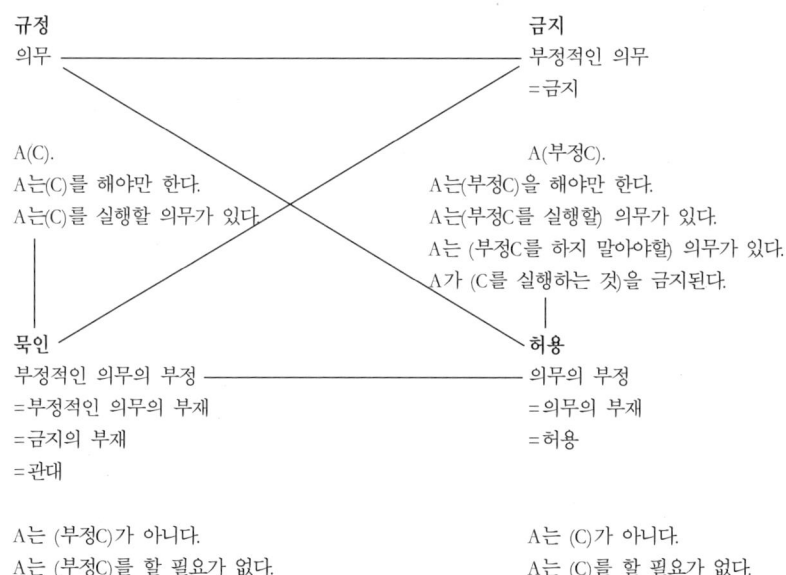

A는 (부정C의 실행이) 금지되지 않는다.   A는 (C실행의) 의무가 없다.
A는 (부정C 실행의) 의무가 없다.   A는 (C)에 허락된다.
A는 (C를 하지 말아야 함) 의무가 없다.   A는 (C실행이) 허락된다.
A는 (C의 하지 말아야 함)이 허락된다.

그림 3.2. 규범적인 힘의 양상-2

두 가지 경우 모두에서, 상자의 윗부분은 의무와 금지로서 형식화되었
는데, 강력하고 명확히 인식되며 잘 정의된 규범과 규칙을 포함한다. 또
한 이것들은 제재에 의해 뒷받침되거나 굳건한 태도와 믿음 체계에 의해
지탱된다. 아랫부분은 허용과 묵인의 영역이다. 다시 말해 이것은 행하거
나 말할 의무가 없는 것, 그리고 '행하거나 '말할지도' 모르는 것, 행하거
나 말하는 것을 자제할 의무가 없는 것, 행하거나 말할 수도 있는 것의
영역이다. 일반적으로 좀 더 관용적인 규범은 더 융통성 있고 따라서 변
화하는 상황에 대한 재해석과 적용이 자유로운 반면, 더 강하고 더 보편
적인 규범은 시간이 지남에 따라 안정화되고 제도화되고 확립되는 경향
이 있다. 따라서 이 규범은 원래의 정당성 또는 이론적 근거가 더 이상
유지될 수 없는 경우에 적용될 수 있다.[21]

위에서 지적한 것과 같이, 규범은 반복을 통해 패턴을 이룸으로써 발
생하기 때문에, 일반적인 방식으로 여러 유형의 상황에 적용된다. 다시
말해 규범은 어느 정도의 일반화와 추상화와 관련이 있다. 어떤 새로운
상황이 발생되면, 각 행위자는 그것이 어떤 규범의 범위 안에 있는지, 없
는지를 결정하는데 있어서, 해석적인 판단을 해야만 할 것이다. 실제 한
가지 이상의 가능성이 존재한다. 또한 행위자가 다른 것이 아니라 어떤
규범에 속하는 경우 어떤 이유 또는 궁극적인 목적이 있을 지도 모른다.

---

21) Schauer, *op. cit.*, pp. 38ff., 165ff.

예를 들면, 하나의 텍스트를 문학의 일부분으로 번역하기보다는 역사적인 기록으로 번역하는 것인지를 결정하는 경우에 그러하다. 좀 더 안정되고 굳건한 규범과 규칙은 보통 어느 정도의 내재화에 관련이 있으며, 과정에 관한 문제로 응용되기 쉽다. 어느 쪽이든 규범을 준수하는 바로 그 행동이 규범의 효력과 유효 범위를 확실히 하며 강화한다. 이 실제적인 면은 중요하다. 이는 문제의 공통사회 내부든 외부의 관찰자에 의해서든, 규범을 기호로 공식화하는 것은 어떤 특수한 상황에서 효과적으로 행동을 지도하는 규범적인 힘과는 다르기 때문이다. 실제로, 주어진 규범을 따르는 것은 성향의 문제이며, 가진 습관의 문제이다. 이것은 찰스 테일러(Charles Taylor)가 주장했던 것처럼,[22] 브르디외(Bourdieu)적 의미의 '습관(habitus) 즉 '지속되고 전환 가능한 성향'의 문제이다. 그런 성향들은 유전되는 것이 아니라 주입된 것이다. 번역을 배운다는 것은 번역의 규범을 사용하는 방법, 즉 규범 내에서 규범을 이용하는 방법을 배우는 것이다.

5

앞에서 말한 것처럼, 규범의 작용은 행위자간의 상호 작용과 따라서 사회적 관계를 암시한다. 만일 주어진 영역 F에서 그리고 주어진 상황에서, 행위자 A가 특정한 방식으로 행동할 의무를 가지고 있다면, 이것은 그가 또 다른 행위자 B에 대하여 이 의무가 있다는 것을 의미한다. 물론 B는

---

22) Charles Taylor, 'To Follow a Rule . . .,' in C. Calhoun, E. Lipuma and M. Postone (eds.), *Bourdieu: Critical Perspectives* (Cambridge: Polity Press, 1993), pp. 45-60 (Hjort (ed.), *Rules and Conventins*에서 처음으로 출판됨.

한 무리의 사람, 하나의 단체, 하나의 공동사회가 될 수 있다. A가 B에 대하여 의무가 있다면 B가 A에게 어떤 요구를 할 수 있다는 것을 말한다. 이 '요구권'은 B가 A에게 규범을 강요할 힘을 가지고 있으며, B가 그런 힘을 사용하려 한다면 A가 불복종하는 경우는 처벌을 할 수 있음을 의미한다.[23) 규범적인 힘의 양상처럼, 규범적인 통제의 형태는 명확하게 정의된 관계와 관련이 있는데, 이 관계 속에서 B가 A를 통제하여 (아래에서 B>A로 표현되었다) A가 B에 대해 특정한 상황에서 특정 방법으로 행동해야 할 의무를 상호적으로 인식하고 있음을 의미한다. 또한 이 형태는 A가 B로부터 혹은 B가 A로부터 영향을 받지 않는 좀 더 불확실한 상황과 관련이 있다. 그림 3.3에서 상단부는 명확하게 정의된 A와 B간의 관계를 보여준다. 그리고 하단부에서는 흐트러짐과 불안정함의 상황을 보여준다.

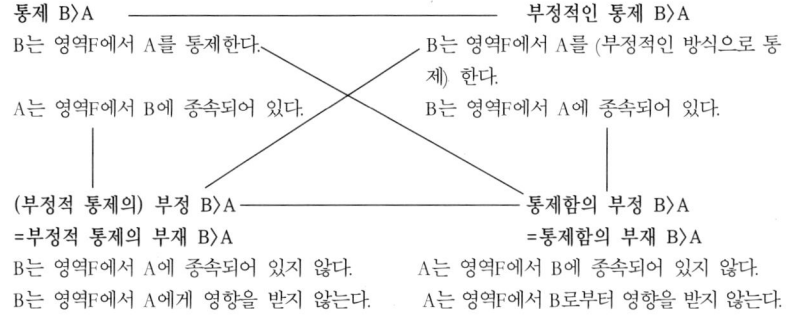

표 3.3 규범적인 통제의 양상

법적인 계약은 자발적인 행동규약이나 신사들 간의 협의보다 더 구속

---

23) Ross, *op. cit.*, pp.127ff.

력이 있다. 젊고 포부를 가진 신출내기보다는 시 번역에 경험과 명성을 가진 번역가가 까다로운 편집자나 출판업자의 요구나 제안을 거절하는 데 있어서 더 자신만만할 수도 있다. 강조하고 싶은 점은 규범이나 규칙은 사회적 실체로 개인, 집단, 공동체뿐 아니라, 이 관계들이 (경제적, 법적, 정치적) 실체이든지, '상징적이든지' 이러한 공동체 내의 권력관계와 연관된다는 것이다. 이러한 점은 이 모델에 역동성을 가져온다. 규범은 복잡하고 역동적인 사회적 상황에서 작동한다. 그 상황은 문학의 영역과 같이 문화의 영역이 될 수도 있다. 어떤 사람이 시스템이론의 의미에서 '시스템'에 근거하여 이 상황을 판단하든, 아니면 브르디외의 의미로 사용하여 문화 생산의 영역과 같이 어떤 영역에 근거하여 판단하든 큰 문제가 되지 않는다. 중요한 것은 규범이 공동 사회 구성원들의 사회적, 문화적 삶에 깊이 관련되어 있다는 사실이다. 규범은 다양하며 종종 경쟁적인 상태나 가능성을 포함한다. 규범은 사람들이 추구하고, 옹호하고, 탐내고, 주장하는 여러 가지의 흥밋거리나 관심사 또는 그들의 최종 목표 이상의 것을 얻기 위한 욕망이나 전략을 강조한다. 그 욕망이나 전략은 합리적인 선택과 실제적인 추론의 결과이든, 아니면 확립된 규범과 규칙에 근거한 결정의 결과이든지 상관없다. 크고 복잡한 구조를 가지고 있는 계급화된 사회에서는 각양각색의 중첩되고 종종 모순되는 규범이 공존한다. 동시에 이 복잡성은 변화 가능성의 주요한 저장고가 된다.

규범은 또한 계급화된 사회의 상황이며 사회 안에 있는 권력 관계의 계층구조이다. 이러한 특징은 규범이 다른 것과 대비하여 결합력이 더 클 뿐만 아니라 더 탁월하다는 것을 나타낸다. 규범적인 통제를 수행하는 기관이나 개인 행위자들은 규범이 적용되는 특정한 영역이나 그 보다 높은 차원의 영역에서, 즉 공동사회 내에서 권력의 중심에 더 가까운 영역에서 상대적인 권력과 우세함을 차지하는 경향이 있다. 일반적으로 말해, 규범적 통제가 약한 상황에서 규범이 바뀔 확률이 파생한다. 이때 그 규범을 따르는 사람은 상대적으로 처벌에 영향을 받지 않거나 규범을 받아들일 각오가 되어 있다.

공동사회의 우세한 규범은 보통 그 사회의 우세한 영역의 규범이다. 이 영역은 또한 규범의 내용을 결정하는 영역이다. 규범은 그 자체로는 참도 거짓도 아니다. 그것은 존재하는 문제의 상태에 대해 단언함을 의미하지 않는다. 그것은 차라리 '해야 할 의무가 있는 것 또는 그렇게 행해지면 '좋을 것'과 어떤 것이 어떻게 '되어야 하는 것'을 규정한다. 규범의 내용은 무엇이 '적당하고 '옳은 지에 대한 개념이다. 이것은 사회적이고 상호 주체적인 개념이자 행동 유형의 개념화이다. 여기에는 옳거나 최소한 적합하고, 상대적으로 가치 있는 것으로 간주되는 말하기, 쓰기, 번역하기가 포함된다. '옳은' 것은 공동 사회 내에서 그리고 공동사회의 권력 구조와 이데올로기 내에서도 확립된다. 그리고 이 확립된 것은 그 구성원들에게 전달된다. 규범의 지시적인 힘인 실행력은 이 옳음의 개념을 확실히 하고 한계를 정하는데 도움이 된다. '옳은' 행동, '옳은' 기호 사용법 또는 '옳은' 번역을 구성하는 것은 무엇인지에 대한 생각은 사회적이고 문화적으로 구성된다.

옳음의 개념은 추상적인 실체이다. 그 개념은 가치이기도 한데, 이 가치는 사회적으로나 문화적으로 작동되기 위해서는 주관적이면서도 상호 주체적으로 확립되어야하며 그 결과 집단의 태도가 개념에 조화될 수 있다. 사람들은 이 개념을 배워야 하며 이를 지속적으로 배움 과정의 일부분으로 재생산되어야 한다. 실제, 이것은 좀 더 도식적이지만 정신적으로 통제할 수 있는 형태의 모델에서도 종종 발견된다. 이 모델은 좀 더 추상적이고 기본적인 가치나 경우들로부터 이끌어 낸 유형으로서 (예를 들면, 시론의 구성요소나 가르침), 또는 그런 가치를 구체화시킨 특별한 생산물 (예를 들면, 개인들의 텍스트)로서 이해된다. 이 전형화된 모델은 주어진 사회 내에 있는 우세한 집단에 의해 받아들여지고 장려되곤 한다. 그러한 점에서 사회 · 문화적인 시스템의 작동은 규범과 모델에 의해 통제된다고 말할 수 있다.

문화 시스템에 참여하고 행동하는 법을 배운다는 단순한 사실은 관련된 모델들에 익숙해지는 과정을 의미한다. 대학에 가는 것이든 번역 회사에 들어가는 것이든 혹은 자신의 시나 문학 번역물을 출판업자가 받아들일 수 있을 정도의 저자를 열망하는 것이든 그러하다. 사실, 문화 모델이 내재화되는 것처럼, 그 과정은 지시적이며 동기를 유발하는 힘을 가지고 있다. 그리고 그 시스템에 딱 들어맞는 것으로 인식되는 모델에 행동은 적응한다.24) 물론 적응 과정에 저항할 수 있다. 그러나 그 시스템에 융합되지 못하는 대가를 치러야한다. 다른 견지에서 보자면, 의무와 권리의 관계가 집단과 개인 간에 생겨난다는 것은 모델과 규범의 동기를 유발하는 힘을 통해서 이다. 이러한 관계들은 권력 관계이기도 하다.

6

텍스트를 번역하고 옮기는 모든 단계가 어떤 선택사항과 목적을 고를 것

---

24) 대표적인 사례 연구로는 다음 참조. Richard Shweder, 'Ghost Busters in Anthropology,' in Roy D' Andrade and Claudia Strauss (eds.), *Human Motives and Cultural Models* (Cambridge: Cambridge University Press, 1922); Dorothy Holland, 'How Cultural Systems Become Desire. A Case Study of American Remancé,' in Roy D'Andrade and Claudia Strauss (eds.), *Human Motives and Cultural Models*, pp. 61-89.

인지를 무작위로 결정하는 것을 넘어 특정 기준에 따른 선택이라면, 규범, 규칙, 그리고 모델은 이런 기준과 목표를 충족시킨다. 주어진 공동사회나 영역에 적정한 것으로 간주되는 번역 규범을 따르는 것은 생산물인 번역물이 규범과 연관 있는 올바름의 개념에 따를 경우가 많다. 이는 올바름의 개념을 구현한 모델을 따른다는 의미와 같다. 이때 올바름이란 우리가 공동사회나 그 영역의 우세한 가치나 견해를 구별하는 기준이 된다. '올바르게 번역한다'는 것은 지배적인 규범에 따라 번역한다는 것과 같다. 다시 말해, 관련 있고 용인된 모델에 따라서 번역하는 것과 같다는 것이다. 그 결과 또 다른 '모델' 번역이 탄생할 수 있다.

올바른 번역을 배우는 것은 관련 능력의 습득을 의미한다. 이는 또한 관련 마음가짐의 습득을 의미하는데, 이 습득은 적법한 번역물을 즉 적합한 모델에 따르는 번역물을 만들어 내는 규범과 규칙들을 선택하고 적용하는데 필수적이다.[25] 이런 방법으로 번역가 양성 기관이나 같은 기능을 수행하는 다른 유형의 기관은 그들의 전형화와 견고화를 보장하는 우세한 규범과 모델을 지속적으로 만들어낸다. 정치인, 경제인 계층, 이익단체처럼 규범과 모델에 가치를 부여하는 보다 높은 수준의 권력은 사회의 규범을 설정하는 권한을 교육기관에 위임한다.

텍스트를 생산하는 한 형태로서 번역의 경우, 언급된 모델들은 텍스트적이고 담론적임이 분명하다. 이것들은 보통 '시학'('번역의 시학'을 포함

---

25) 이것은 '합리적인 언어의 생산과 재생산(The Production and Reproduction of Legitimate Language)에서의 정확한 언어적 사용의 수용에 관한 브르디외의 견해와 필적할 만하다. 정확한 사용은 구체화된 문법과 같은 언어능력의 산물이다. 문법은 명백한 담론에서 파생되어 나오며 아직 명확해지지 않은 담론의 필수적인 기준을 세웠다. (*Language and Symbolic Power,* trans. G. Raymond and M. Adamson, Cambridge: Polity Press, 1991, p.61).

한다)이라고 불리는 것의 본질을 포괄한다. 여기에는 '좋은 글쓰기'에 필요한 원리나 실제 규칙들이 그리고 훌륭한 실행의 예가 포함된다. 그러나 여기서 모델은 각기 다른 강조점을 지니고 있는데, 이는 우리가 역동적인 문화 안에서 모델의 전략적인 역할을 좀 더 명쾌하게 이해할 수 있게 해준다. 특정한 집단이나 소집단은 다른 집단과 경쟁하기 위해, 그리고 보호받고 변호되는 것에 어떤 물질적이고 상징적인 이익이 있기 때문에, 다른 집단에 반하여 어떤 특정한 형태의 번역 모델과 원형을 채택할 수 있다. 이런 형태를 자신의 방식으로 엮음으로써 개인은 직위를 차지하고 연합하고 그 결과 속하려는 집단뿐만 아니라 자신의 목표, 목적과 야망을 성취할 수 있게 된다. 이러한 전략의 결과로 생겨나는 상호 텍스트성은 사회적 관련성을 가진다. 예를 들면, 탐정 소설이나 유명한 연애 소설을 번역할 때, 이 특정한 텍스트 모델의 선택은 번역물이 '문학적'이기 때문이기도 하지만 그 번역물을 통해 얻을 수 있는 이익 때문일 수도 있다. 동시에 문제가 되는 텍스트 모델은 단지 수용자 문화의 모델만은 아니며 그럴 필요도 없다. 또 번역의 특이성은 번역이 명시적이든 아니든 다른 기호 체계에서 이런 저런 방법으로 재현되기를 요구하는 이전의 담론을 지시한다는 사실로부터 발생한다. 이것은 항상 시스템의 경계를 넘어서는 번역된 텍스트의 상호텍스트적인 본질을 복잡하게 할 뿐만 아니라 그 텍스트의 혼성을 강조한다. 이는 번역에서 원본의 체계적인 '다름'이 지워지지는 않기 때문이다. 번역된 텍스트는 말하자면 최소한 2가지 문화의 텍스트 모델로 구성된다.

이런 정황은 번역가가 권리상 지니고 있고 특정한 상황에서 이용할 수도 있는 상대적인 권력을 이해할 수 있게 해준다. 일반적으로 언어 장벽 때문에 접근할 수 없지만 그 자료의 정보가 필요한 사람들을 번역가는 만족시킨다. 사회적으로 인정받는 전문가로서 번역가는 하나의 기호 체계를 다른 기호 체계로 정보를 전달할 수 있는 특정 능력을 지닌 것으로 간주된다. 예를 들어 다른 대안들이 불가능하거나 너무 비용이 많이 들어, 자신이 선택한 번역가를 쉽사리 배제시킬 수 없는 상황에서는 고객이 번역가의 전문적인 지식을 믿는 것뿐만 아니라 그의 개인적인 충실과 번역가로서의 마땅한 충실을 믿는 것 외에는 다른 선택의 여지가 없다. 이 경우 번역가의 힘은 물질적인 것뿐만 아니라 상징적인 것이다. 충실은 나름의 값어치를 가지고 있으며 번역가가 어느 쪽을 궁극적으로 취하느냐에 달려있다. 마찬가지로 중요한 사실은 번역가가 전문가의 입장에서 적절히 처리하는 매커니즘을 고객이 신뢰할 수 없다면, 고객은 번역을 통해 제시된 어떤 미지의 이미지에 대처할 수 없다. 신세계(캐리비언의 콜럼버스, 멕시코의 토르테스, 캐나다의 자크 카르티에)를 접한 초기 유럽인들에게 차지했던 번역가가 역할에 대해 잘 알려져 있는 역사는 번역가와 고객의 관계에 있어서 권력, 충실, 사욕 사이의 상호 작용을 풍부하게 드러내준다.

7

번역을 사회적 행위로 설명하려는 연구자의 주업무 중 하나는 번역가의 선택과 결정을 지배했던 규범을 확인하고 이해하는 것이다. 주어진 공동사회에서 특정한 시간 또는 일정 기간 동안 연구자가 해야 할 업무는 번역의 특정 영역을 지배하는 규범 체계를 알기 쉽게 하고 규범에 동력을 제공하는 광범위한 모델들을 설명하는 것이다. 구체적인 예로 다른 모델이 아닌 특정 모델을 채택하는 것은 기존의 규범과 타협하는 번역가의 동기와 전략을 알려 준다. 또한 이는 번역가가 어떤 종류의 텍스트를 목표로 하고 있는지, 그들이 성취하고자 했던 목표는 무엇인지, 그리고 그들이 아마도 피하고자 했었던 부정적인 모델은 어떤 것인지를 알려준다. 번역가 스스로에 의한 것이든 아니면 고객, 출판업자, 비평가, 독자와 같은 다른 사람들에 의한 것이든지 간에, 번역에 관한 담론은 올바름의 개념, 규범의 기능적인 면, 그리고 긍정적이고 부정적인 모델과 원형을 강조한다. 투리(Toury)가 이미 지적했듯이,26) 이러한 메타담론 다시 말해 번역의 역사적 메타담론이 번역물의 생산과 맺는 관계를 확정하는 일은 특히 연구자가 다루기 힘든 일이다. 이 모든 것 때문에 역사적인 연구를 위한 포괄적인 프로그램이 필요하다.

그 과업은 비교적 간단한 것처럼 보일지 모른다. 하지만 몇 가지 분명한 이유에서 그렇지 않다. 규범은 직접적으로 관찰할 수 있는 것이 아니며, 규범에 대한 진술과 규범을 지배하는 행동 사이에든 깊은 단절이 있다. 실제의 결정과 규칙성을 추적한다고 해서 그 결정이 왜 행해졌는지 그리고 그 규칙성을 야기한 것이 무엇인지 알 수 없다. 게다가, 문화 체계는 매우 복잡하고 끊임없이 변하고 있고 여러 사회 체계에 내재되어 있으며 각각에 고유한 역사를 지닌다. 번역은 불가피하게 이러한 여러 체계들 모두에 기반을 둔다. 그러므로 우리는 서로 경쟁하고 충돌하고 중복되는 여러 규범을 발견할 수 있고 여러 사회와 관련이 있는 모델을 찾을 수 있다. 규범과 모델의 지시적인 힘은 각각의 경우 그것의 특성과 범위, 상대적인 하중, 중심성과 변방성, 그리고 권위가 있거나 없는 모델 및 규범과의 관계에 의존한다. 이것은 집단과 개인 모두에게 규범적인

---

26) *In Search of a Theory of Translation*, p. 57ff.

힘의 양상을 결정하는 어떤 것이다. 여기에는 반드시 언급되어야 할 것과 반드시 말아야 하는 것, 언급될지 모르는 것과 될 수 있는 것이 포함된다(위의 그림 3.1과 3.2를 보라). 그러나 이러한 여러 가지 의무와 금지는 다시 규범적인 통제의 양상을 입증한다. 그 양상은 권력 관계에 기초한다. 이러한 복잡함 속에서만 우리는 기회나 구속으로서 규범과 모델의 역할을 평가할 수 있으며 압박을 받으면서도 동시에 목표를 추구하는 번역가의 활동을 헤아릴 수 있다.

게다가 특정 영역에서 특정 시간대에 특정 모델과 규칙과 규범이 다른 것들보다 더 눈에 띤다는 사실은 인간 사회를 관통하는 권력의 위계질서와 (실제적이든 상징적이든) 권력투쟁을 상기시킨다. 사회 문화적 계층체계가 변화함에 따라, 새로운 가치, 새로운 이데올로기, 그리고 새로운 구조가 우세해지고, 새로운 형태의 통제, 경쟁, 또는 후원제가 나타나며, 번역의 모델, 규범, 규칙도 변화한다. 사회 문화적 활동인 번역은 이러한 구조들의 일부분이며 구조 내에서 작용하는 힘을 구성한다. 번역물의 특정 편성, 번역가가 채택한 모델, 규범과 규칙에 대한 번역가의 평가와 판단을 통하여, 번역가들은 그 역동성에 참여한다. 다른 말로 하면, 번역가의 모델과 규범을 확인하고 번역가의 상대적인 힘을 평가하는 것은 번역 전략과 동기에 하나의 접근법과 통찰력을 제공한다. 이 때문에 또한 번역가가 행위자, 복잡한 교류에서의 활동적인 참가자, 특정 전문 지식을 가짐으로써 어느 정도의 힘을 가진 사람, 그리고 지켜야 할 개인과 대중의 이익의 모든 예절을 알고 있는 사람이 된다.

8

앞서 관찰한 것처럼 번역이 여러 체계들 모두에 기반을 둔다는 사실은 번역물이 현재의 텍스트와 담론을 참고하여 만들어지는 것이지 번역 자체를 위해 만들어지는 것이 아니라는 것을 보여준다. 번역의 전형적인 방식은 '번역물' 또는 '번역된 텍스트' 그 자체로서가 아니라 번역된 합법적인 문서, 번역된 철학 논문, 번역된 문학 작품으로서 존재한다. 번역은 자족적인 영역에서 발생하는 것이 아니라 현존하는 담론의 형태나 실천 내로 들어가거나 때론 삽입되거나 함께 존재한다. 체계 수용자의 필요를 충족시키기에, 번역은 그 체계의 주된 담론을 따르지 않을 수 없다. 번역의 이러한 면을 테자스비니 니란자나(Tejaswini Niranjana)는 중복결정이라 부른다. 그녀가 말했듯이, '번역은 종교 담론, 인종 담론, 성 담론, 경제 담론'에 의해 중복 결정된다. 따라서 그녀는 식민 상황에서 번역의 전개를 '식민 통치의 기술'의 일부로 간주했다.[27]

유럽의 복합적인 식민 프로젝트의 경우처럼 이데올로기적이고 사회적인 번역의 힘이 중요한데 니란자나(Niranjan)는 또한 번역의 경험주의적인 연구가 이러한 점을 고려하지 않는다고 비난했다. 그녀가 비난한 이런 유형의 연구는 '번역을 특징짓는 권력관계뿐만 아니라 번역된 텍스트의 역사성 혹은 실제의 역사를 간과하는 것으로 보인다.'[28] 특히 체계적이고 경험주의적인 기술을 주장하는 기드온 투리(Gideon Toury)를 비판하면서, 그녀는 '번역의 경험주의 과학'은 언어들 간의 관계를 말해주는 권력의 불균형적인 관계를 억압할 때만 존재한다고 주장한다.[29]

---

27) *Siting Translation. History, Post-Structuralism and the Colonial Text* (Berkeley and Los Angeles: University of California Press, 1992), p. 21

28) *Ibid,* p. 59.

이러한 비판은 마땅한 근거를 지니는데, 왜냐하면 특정 정치적인 입장에서 나온 이 비판이 번역에 관한 학문적이고 학술적인 담론(실제로 모든 담론)이 지닌 정치적이고 이데올로기적인 내포를 이끌어 낸다는 이유에서도 그러하다. 그러나 주요한 쟁점은 확실히 다른 곳에 있다. 그 쟁점은 지난 10여 년 간 경험주의적 번역 연구가 대체로 그리고 점차적으로 번역이 권력관계와 관련이 있다는 사실에 주목했다는 것에 있지 않다. 실제로 예를 들면 앙드레 르페브르(Andre Lefevere), 호세 람베르트(Jose Lambert), 수잔 바스넷(Susan Bassnett), 마리아 티모제코(Maria Tymoczko), 테레사 현(Theresa Hyun) 등의 저서는 소위 '대상 지향 패러다임'(target-oriented paradigm)의 틀 내에서 활동했다. 그 쟁점은 차라리 경험주의적 연구가 번역에 미친 사회와 이데올로기의 영향과 수용을 망라할 수 있는 종합적인 이론과 방법론적인 틀을 아직 발전시키지 못했다는 것이다. 번역을 결정하는 요소인 이데올로기, 시학과 후원제라는 앙드레 르페브르의 3요소는 이 문제를 직접적으로 보여준다.[30] 번역의 중복결정에 관한 니란자나의 생각은 이러한 관점에서 특히 유용하다. 비록 그녀의 책이 전반적으로 볼 때 식민지와 후기 식민지의 조건, 그리고 후기 구조주의자에 과다하게 초점이 맞춰져 있지만 말이다.

여기서 제안된 것처럼 규범의 문제를 통하여 번역에 접근하는 것은 그러한 뼈대의 중요요소를 제공한다. 이 접근법은 번역의 중첩결정을 극복할 수 있게 하는데, 왜냐하면 그 규범 개념이 사회의 상호작용, 이데올로

---

29) *Ibid*, p. 60
30) 이론적 설명과 사례연구에 대하여는 예를 들어 Lefevere, *Translation, Rewriting and the Manipulation of Literature Fame*. 비판에 대하여는 Hermans. "Translation between Poetics and Ideology," *Translation and Literature* 3, 1994, pp. 138-45.

기 문제, 사회의 복잡성, 공유된 가치, 그리고 권력의 불균등한 분배 등에 기초를 두기 때문이다. 번역 연구에 규범의 개념을 도입한 사람이 기드온 투리였다는 아이러니를 제쳐두더라도, 규범의 접근법에 관해 더 넓은 의미에서 이론적이고 방법론적으로 암시하는 바를 발전시킬 필요가 있음은 사실이다. 이 필요는 번역을 구성하는 것은 무엇인지 그리고 번역이 누구를 위한 것인지를 결정하는 것과 관련이 있다. 다음의 논의는 그러한 방향으로 가기 위해 어렵사리 옮기는 첫 걸음이다.

9

특정 공동 사회에서 작동하는 번역 규칙과 규범의 복합체는 공동 사회에게 번역이 무엇인지를 정의한다. 왜냐하면 그 복합체는 무엇이 번역으로 인정되는지를 결정하기 때문이다. 번역의 규범은 무엇이 선택될 수 있는지와 선택되어야 하는지, 그 자료를 개인 번역가가 어떻게 다루며 어떤 식으로 받아들여질지를 폭넓게 규정한다. 이런 점에서 규범은 사회적으로 인정되는 범주로서 번역의 윤곽을 정의한다.

　다른 이들이 했던 것처럼,[31] 번역의 '구성적'(constitutive) 규범 및 규칙과 '규정적'(regulative) 규범 및 규칙을 구별할 필요가 있다. 구성적 규범은 규정적인 규범 없이는 효력이 없고 그 역도 성립하기 때문에,[32] 그 구별이 절대적이지 않다. 그럼에도 주어진 공동 사회에서 번역의 구성적인 규범은 번역인 것과 번역이 아닌 것 사이의 경계선을 긋는다. 다시 말해, 이 경계선은 주어진 사회가 번역으로 간주하고 받아들이며 번역이라고

---

31) Nord., *art. cit.*와 Chesterman, *art. cit*
32) Schauer, *op. cit.*, pp. 6-7와 Kratochwil *op. cit.*,p. 26.

부르는 것의 사태와 표현 양식, 텍스트 생산 양식 그리고 여러 다른 이름들로 불리는 변형(창의적 글쓰기, 모방, 개작, 표절, 패러디)의 사태 간의 경계를 나타낸다. 번역이라고 불리는 영역 안에서 번역의 규정적인 규범은 행동의 여러 형태를 구별한다. 특정 형태는 어떤 유형의 경우에 알맞은 것으로 간주된다. 그리고 번역가가 이런 저런 규범을 고수했느냐 아니냐에 따라 '좋은' 번역과 '나쁜' 번역으로 결정될 수 있다. 그러므로 번역의 규정적인 규범은 구성적인 규범에 종속된다. 특정 성취가 좋은 것이나 나쁜 것으로 여겨지든 혹은 멋진 것으로 여겨지든 형편없는 것으로 여겨지든 그 성취는 번역의 범위 내에 있다. 물론 강력한 규정적인 규범을 과도하게 또는 반복적으로 이행하지 않는 것은 번역물이 '적당한 번역이 아니고', '번역으로 받아들여질 수 없으며', '더 이상 번역이 아니라'는 것에 관한 판단에 이르게 할 수 있다. 그러나 이것은 번역의 문제에 있어서 구성적인 규범과 규정적인 규범 간의 구별이 견고하지 않으며 공동 사회의 여러 부분에서 일률적으로 사용되는 것은 아니라는 것을 단순히 의미할 뿐이다. 그러나 번역 영역의 가장자리가 종종 닳아서 헤어진다고 하더라도 번역의 중심부는 보통 안정되어 있으며 제도화된 규범과 규칙으로 보통 통제된다. 게다가 정전화된 번역의 모델은 전형적인 (따라서 구성적인 규범을 만족시키는) 번역 자체로서 그리고 뛰어난 (따라서 규정적인 규범을 만족시키는) 번역의 예로서 모두 쓸모가 있다.

그럼에도 그 구별은 여전히 많은 면에서 유용하다. 사실 우리는 간접적이나마 우리 문화가 번역으로 여기는 것이 무엇인지를 결정하기 위해 구성적인 규범에 끊임없이 기댄다.

로만 야콥슨(Roman Jakobson)은 1959년 그의 논문 「번역의 언어학적인 양상에 대한 소고」(On Linguistic Aspects of Translation)에서 번역

을 세 가지 유형으로 분류하고 있다. 그는 그것을 각각 '언어 내적 번역' (또는 단어 바꾸기)(intralingual translation or rewording), '언어 간의 번역' (또는 고유의 번역)(interlingual translation or translation proper), 그리고 '기호 간의 번역'(또는 변형)(intersemiotic translation or trasmutation)이라 칭하였다.33) 야콥슨이 제시한 이 번역의 세 가지 유형 중에서 언어 내적 번역과 기호 간의 번역은 '단어바꾸기'와 '변형'이라는 용어로 바꾸어 쓸 수 있다. 야콥슨의 번역의 분류 중 두 번째 형태, 즉 적절한 언어 내적 동의성이 결여된 '언어 간의 번역'(또는 고유의 번역)은 현대 용어 사용에 서 일반적으로 간단히 '번역'이라고 일컬어지는 것을 나타낸다. 다른 말 로 하면, 언어학과 기호학에서 합법적으로 학문 범위로 받아들인 야콥슨 의 언어 내적 번역과 기호 내적 번역에 대한 부연용어(단어바꾸기와 변 형)는 '고유의 번역'이라는 의미로 인정된다. 즉, 하나의 사회적 범주로서 '언어 내적 번역'은 번역의 전체 개념을 구성하며 다른 두 형태를 배제한 다. 이들 어구의 체계화는 그 부연된 의미가 학문 사회에서 정당성을 주 장하는 것이지만, 사회 전체적으로 범용되지 못한다는 것을 시인하는 것 이다. 동시에, 관련된 수많은 영향들을 받아들이는 번역의 '상식' 개념을 확대하여 해석하면, 이 정의는 그 개념을 확실히 결정하지는 못한다. 그 러나 언어 간에 작용들을 제한하는 것으로 보는 번역의 상식 개념은 구 성적인 규범의 효용에 의존한다는 것은 명백하다.

번역으로 인식되는 것의 경계는 루이스와 셀리아 주코프스키(Louis and Celia Zukofsky)에 의한 카툴루스(Catullus)의 영어이기(Englishings)나

---

33) 야콥슨이 행한 구분의 용어와 전제에 대해 데리다가 행한 교묘하고 아이러니한 비평 에 대해서는 'Des Tours de Babel 참조. Joseph Grahman (ed.), *Difference in Translation* (Ithaca: Cornell University Press, 19850, pp. 165-248.

워즈워스(Wordsworth)의 에른스트 얀들(Ernst Jandl) 버전과 같은 '음소론' 번역물에 관하여 설명될 수도 있다.[34] 최소한 주코프스키 버전이 번역으로 발표되었을 지라도 많은 훌륭한 독자들과 비평가들은 이러한 텍스트를 '번역물'이라 부르는데 주저해왔다. 그러나 음소론과 같은 번역에서 소리에 특권을 부여하는 것이 너무 강해서 대부분의 비평가들은[35] 그 결과가 번역물이 원본을 더 재밌게 표현해야 한다는 우리의 기대감을 충족시킬 수 없다고 생각한다. 그 기대감에서 있어서 규범적인 요소는 충분히 명백하다. 번역이 원천 텍스트의 '정신', '실용적인 의미' 또는 '소통적인 가치'와 같은 것들을 보호해야 한다는 요지의 진술에서 그 규범적 요소는 드러난다. 동시에, 문학영역에서 부동적인 지위를 가진 번역은 규범적인 힘과 규범적인 통제에 관해 상대적으로 더 지배받는 방식으로 발생한다는 것은 있을 수 없는 일이다.

10

서구 사회에서 '번역'을 구성하는 것이 무엇인지를 결정할 수 있을까? 이 질문에 대한 명백한 해답은 없다. 그것은 여러 장르, 문화적 회로, 지리적인 장소, 그리고 역사의 기간으로 나눌 필요가 있다. 원칙적으로, 운이 좋다면, 경험주의적인 연구로 최소한 공통의 가정과 기대, 다시 말하면 공통의 규범과 규정의 형태로 해답을 찾을 수 있다. 예를 들면 그 한 대답은 1980년에 서독에서 문학의 개념을 지배한 '거시 관례'(macro-conventions)

---

34) Lefevere, *Translating Poetry, Seven Strategies and a Blueprint* (Assen and Amsterdam: Van Gorcum, 1975), pp. 19-26; Toury, *op. cit.,* pp. 43-5.
35) 예를 들면 최소한 Fefevere, *Translating Poetry*가 있다.

에 관해 연구한 지크프리트 슈미트(Siegfried Schmidt)에 의해 사회적 공 개념으로 받아들여졌던 경험주의적 접근법의 한 형태이다.[36) 번역에 관해 성숙한 평자가 번역을 직관적으로 체계화하는 것은 어떤 특정한 부분에서 합의에 이를 수도 있고 못할 수도 있으며 실제 작용하는 가설에 대한 정보를 제공해 줄 수도 있다. 예를 들면, 현대의 전문적인 해석(법)에 관하여, 브라이언 해리스(Brian Harris)는 '기본적이고 일반적인' 규범의 존재를 가정했다. 그것은 다음과 같다.

> 이것은 '진정한 변호안'의 규범 또는 '정직한 대변안'의 규범이다. 이 규범은 다른 사람을 대변해서 말하는 사람들, 즉 그들 중에 한 사람인 변호인이 가능한 한 정확하게 중요한 부분을 빠뜨리지 않고 표현할 때는 원래 발언자의 생각과 방식을 다시 표현하는 것과 번역가 자신의 생각과 표현 방식을 거기에 섞지 않는 것이 필요하다. 경우에 따라서, 이 규범은 법정 변호인이 몇 가지 권력에 대해 선서해야 하는 것에서처럼 솔직해야 한다.[37)

물론, 해석에 관한 규범이 얼마나 '기본적이고 기초적으로' 체계화되는지 알아야 한다. 그러나 체계화 그 자체는 우리에게 해석이 인간 활동의 다른 영역에서나 합법적이고 도덕적인 범주에서나 번역의 한 방식으로 생각된다는 것을 상기시켜 준다. 이 체계는 동시에 번역의 중복결정을 구분 짓는다.

이것이 참이라면, 사회적 환경을 고려하지 않고 그 과정을 묘사하는 방식, 즉 번역을 맥락 없이 설명하는 것은 번역을 반드시 과소결정

---

36) Siegfried Schmidt, 'Conventions and Literature,' in Hjort, *op. cit.* pp. 222-24.
37) Brian Harris, 'Norms in Interpretation,' *Target* 2, 1 (1990), p. 118.

(underdetermine)한다. 야콥슨은 이 점에 대해 설명한 바 있다. 예를 들어, 토마스 시비악(Thomas Sebeok)의 『기호학에 관한 백과사전(1986)』에서 기디온 투리가 번역에 대해 광범위한 '문화-기호 관점'의 부분으로 기호를 정의한 것에도 적용된다.

> 번역은 시스템의 경계를 뛰어 넘고 가로질러 수행되거나 일어나는 활동이나 과정이다. 그 가능한 감각을 가장 빗나간 것으로서, 번역은 일련의 과정 또는 절차이다. 그래서 문화의 (하부)시스템의 구성요소 중 하나인 기호적인 실체는 적어도 타문화의 (하부)시스템의 잠재적인 요소를 형성하는 또 다른 기호적인 실체로 변환된다. 그 과정에서 몇몇의 중요한 정보는 변하지 않은 채로 남는다. 그리고 기본적으로 '동등한 것'으로 알려진 관계가 다중의 실체와 처음의 실체 간에 정립된다.[38]

야콥슨의 설명에서와 같이, 오늘날 대부분의 서양 세계에서 '번역'이라는 용어를 정상적으로, 일상 회화적으로, 그리고/또한 직관적으로 사용하는데 있어서 이러한 정의는 상당히 확장되었다. '번역'이라는 용어를 매일, 은유적으로, 그리고 전문적으로 수없이 많이 사용하는 것으로부터 최소한의 기호(론)의 핵심을 추론하기 위해 적어도 '번역의 적절성'에 대한 '공'개념과 비교하여 이 정의는 그 개념을 명백히 과소결정한다. 물론 그것은 언어에 대한 현대 학문적 담론과 기호 시스템의 조합이다. 그 정의는 또한 애초에 정의를 내리고 학문적인 환경에서 그 정의를 수용하기 위해 조건들을 만드는 번역의 관습과 '공'개념과 더불어 이루어진다.

그 정의가 어떤 특정한 종류의 기호론 작동과정의 최소한의 특징 혹은

---

38) Gideon Toury, '[Tranlation]: A Cultural-Semiotic Perspective,' in Thomas Sebeok (ed.), *Encyclopaedic Dictionary of Semiotics* (Berlin: De Gruyter, 1986), vol. 2.

핵심적인 특징을 한정시키는 한에 있어서 일반적인 범주를 명명(name)하려 할 것이다. 추측컨대, '번역'은 사회-문화적인, 그리고 다른 조작적인 요인들로 설명될 수 있다. 이것은 한 언어에서는 translation, 다른 언어에서는 traduction 또 다른 언어에서는 Übersetzung 그리고 어떤 언어에서는 vertailing로 사용되는 이 모든 관습들로부터 추출된 공통분모가 될 것이다. 그 정의는 구성적인 규범의 최소 묶음으로 혁신적으로 축소한 결과를, 즉 몇몇 정보 덩어리를 변형시키는 가운데 변하지 않게 유지시키는 것의 요건 그리고 등가의 결과를 일관되게 확립하는 것이다. 이 용어들에 관한 정의가 지닌 일련의 규칙은 등가 조항으로 간주되기 때문에 명백하게 해결하기란 어렵다. 그 정의의 세부 조항이 순수하게 기술적인 (descriptive) 진술로 읽혀진다 하더라도, 그 문제는 마치 번역으로서의 자격을 부여하는 과정에서처럼 단지 다른 것으로 대치된 것뿐이며, 번역에 자격을 부여하는 과정이 어떤 정보 덩어리를 변형시키는 와중에도 그 정보를 변하지 않게 유지하는 것으로 인식하게 하는 것이 무언인지를 문화는 결정해야만 할 것이다.

그러면 그 정의는 얼마나 보편적인가? 명백히 기호 핵심으로 번역의 공정을 축소하는 것이 각각의 언어에서 일어나는 것처럼, 특정한 사회-문화적으로 결정된 번역의 '공'개념들로부터 일부분을 제거함으로써 축소가 이루어진다. 보편성을 주장하는 그 정의는 두 가지 중에 하나를 의미한다. 그 한 가지 정의는 다음과 같다. 비록 누군가는 번역의 어떤 개념에 근거하여 용어학적이고 개념적인 등가성이 이루어지는 것에 대해 분명 의문을 제기했지만 모든 언어 내에서 대부분의 사용법은 '번역'을 의미하는 각각의 용어에 대해, 즉 방언이 섞인 '번역물'을 번역하는 과정에 대해 공통적인 핵심 의미를 가지고 있다는 것이다. 다른 정의는 그 정의가 일반적으로 비언어학의 범주와, 즉 다른 언어 내에서 다른 용어들로 표시되는 조작법과 동일하다고 간주되는 것이다. 이것은 여러 가지 종류의 문제점들이 나타나는데 그 문제들 가운데는 각각의 언어에서 용어들은 이 실체와 얼마나 대응하는가에 대한 의문도 있다.

해석은 설득력이 있지도 지지 받을 만하지도 않다. 그러나 우리가 보편성에 관한 번역의 함축적인 – 그리고 함축적인 것 이상은 결코 아닌 – 주장을 거절하더라도, 그것은 여전히 다른 것을, 그리고 타 문화권에서의 번역에 대한 아주 다른 개념들을 탐구할 수 있는 도구로서 유용하다. 해석의 장점은 그것이 대부분의 서구 전통에서 습관화되어 왔기 때문에 명백하고 확실히 번역을 과소결정한다는 사실에 있다. 그러나 다른 문화에서 번역의 개념에 접근하는 기호(론)의 정의를 사용하는데 있어서, 그 정의의 규범적인 중요성은 유지된다는 것을 기억할 필요가 있다. 해석이 이론적이고 철학적인 문제들을 보여주는 반면에, 실제 대안을 파악하기는 어렵다. 우리가 다른 문화 내에서 번역의 개념을 이해하고 경계선을 정하려 하고 그 논쟁을 다루는 경우에, 논점을 다루어야할 안정하고 객관적인 지점이 없다. 이러한 점에 있어서, 번역 연구가가 하는 일은 인류학자가 하는 '문화 번역'의 형태와 비슷하며, 또 그만큼 확실치 않다.[39]

시간, 장소, 또는 이데올로기적으로 떨어져 있는 문화의 내부에서 번역의 영역을 바라볼 때, 연구자들은 새로운 영역에서 그들 자신들의 시간과 위치에서 유리한 번역의 개념을 계획하고 거기서부터 시작한다. 이것

---

39) Talad Asa, "The Concept of Cultural Translation in British Social Anthroplogy,' in James Clifford and George Marcus (eds.), *Writing Culture. The Poetics and the Politics of Ethnography* (Berkeley: University of California Press, 1986), pp. 141-64; Stanley Jeyaraja Tambiah, *Magic, Science, Religion, and the Scope of Rationality* (Cambridge: Cambridge University Press, 1990).

은 다른 영역에서도 마찬가지로 발생한다. 우리의 현재 문화 범주는, 10세기 유럽의 사회 또는 아마존 지역의 남비콰라(Nambikwara)에서 정확하게 대응되는 것을 더 이상 가지고 있지 않다. 그럼에도 우리가 그런 사회에서 어느 정도 유사한 기능을 하는 문화적 산물을, 또는 예를 들어 타문화에서 우리가 '문학', '예술'로 부르는 것을 연구하기 원한다면, 우리가 이미 알고 있기는 하지만 최소한 정의된 범주와 유사한 무언가가 그런 사회에 존재하는지에 대해 조사해야 한다. 그런 다음에 그들의 메타언어와 그 근방에서 관련 있는 풍습을 이용하여 다른 문화의 여러 가지 풍습을 도식화하고 그럴 듯하게 설명하고 그것을 계속 추적해 나가는 것 외에는 별다른 방법을 가지고 있지 않다. 문화 내에 있는 번역의 영역을 연구하고 기술하는 것은 근본적으로 민족지학상의 풍습(관습) 그리고 매우 해석적인 관습과 다르지 않다. 자기 민족 중심적인 성향은 부인할 수 없다.40) 물론, 유사한 과정들이 대부분의 역사조사에 적용되었다. 그리고 연구자들은 자신들의 편견과 사적 확실성을 그 과정에 이용하기도 한다. 번역에 있어서, 연구자들의 번역에 관한 생각이 자신의 문화나 환경에서 우세한 번역의 규범으로 결정할 수 없다는 사실은 대상-수준(object-level)

---

40) 이 점은 Nirajana(*op. cit.* p. 67)가 데리다의 레비-스트로스의 비판과 관련하여 또한 지적했다. *Of Grammatology* (Trans. G. C. Spivak, Baltimore/London: Jons Hopkins University Press, 1974 [1977], pp. 122ff.)에서 데리다는 레비-스트로스의 '슬픈 열대'에서 나중에 삭제된 부분을 다룬다. 데리다는 남비콰라의 단어를 '선을 긋는 것'으로 인용했음에도 불구하고, 남비콰라의 말에는 '글쓰기'라는 단어가 존재하지 않는다는 레비-스트로스의 주장에 대해 논의했다. 그 단어는 남비콰라인들이 레비-스트로스로부터 받은 연필로 물결치는 선을 그릴 때 사용되었다. 데리다의 비판은 레비-스트로스의 추론인 단호히 '글쓰기'가 아닌 '선을 긋는 것'이라는 남비콰라의 단어번역에 초점을 두고 있다. 그것은 명백히 '글쓰기'를 의미할 수 없다 왜냐하면 남비콰라에는 서구의 개념으로서의 '글쓰기'의 전통을 가지고 있지 않기 때문이다.

과 메타-수준(meta-level)이 우리가 믿고 싶어하는 만큼 확실하게 나누어져 있지 않다는 것을 의미한다. 게다가, 우리가 우리들 자신의 용어로 우리의 것과는 근본적으로 다른 번역의 개념을 번역할 때, 번역에 관해 우리 자신의 범주를 사용함으로써 불가피하게 경계를 흐리게 된다.[41]

이러한 탐구는 비교와 균형을 가능케 하는 '일치의 토대'를 정립함으로써 시작된다. 번역의 경우에, 시작점으로 투리의 기호(론)의 정의를 취할 때 논의되어야 할 점들이 많다.[42] 기술적인 연구에 관한 동시대의 학술적인 이야기로부터 나왔기 때문에, 투리의 정의는 명백히 서구 전통에서 번역 경향의 개념을 과소결정한다. 그리고 그 정의는 다른 문화, 사회 또는 기간 내에서 만나기 쉬운 (많은? 대부분의?) 번역의 개념을 과소결정하도록 기대하고 있다. 정확하게 번역의 사회적 관습을 과소결정하기 때문에, 기호(론)의 정의는 연구자의 관점이 중복 결정되어 있는 번역의 '상식적인' 이해에 근거를 두고 있다는 사실을 어느 정도는 보충해 준다. 이것은 연구자 자신의 용어들과 문맥들이 허용되는 범위 안에서, 그 이후의 문화적으로 다른 번역의 개념들을 도식화하는 작업을 쉽게 할 것이다.

이것이 말하는 바는 번역이 인접한 환경과의 관계, 즉 사회적 조절과 중복결정 내에서 다른 사회의 번역에 관한 문화 특징적인 영역을 파악하고 재구성하려는 시도라는 것이다. 이것은 임상적으로 문맥에서 분리된

---

41) 메씨 베이커(Matthijs Baker)는 선천적으로 번역을 정의하는 것은 원하지 않지만 그들 자신의 용어로 이해될 수 있게 번역하는 것은 필요하다는 접근인 기술적인 번역연구에 대해 논했다. 그는 기술적인 번역 연구의 객체수준으로부터 상위수준까지의 변화의 복잡한 속성과 연구자와 그들 연구의 규범적인 구조 사이의 결정적인 연관성에 대해 독창적이고, 적절한 논의를 제공한다. ('Metasprong en wetenschap: een kwestie van discipline,' in Dirk Delabastita and Theo Hermans, eds., *Vertalen historisch bezien*, The Hague: Stichting Bibliographia Neerlandica, 1995)

42) Tambiah, *op. cit.* p. 131ff.

기호론의 골격을 구체화하는, 간단한 문제가 아니다. 예를 들어, 클리포드 기어츠(Clifford Geertz)가 그의 글「문화 체계로써의 예술」에서 증명했듯이, 문화의 한 영역에서 마주하게 되는 관습은 전체적으로 문화를 구성하는 관습의 견지에서만 이해될 수 있다. 그는 다음과 같이 서술했다.

> 상징적인 형태를 가진 일반적인 시스템에서 문화를 흔히 예술이라고 말하는 특정 분야에 참여가 가능한 것은 우리가 문화라 부르는 상징적인 형태의 일반적인 시스템 내 참여하는 것에서 기인한다. 그러므로 예술에 관한 이론은 동시에 문화에 관한 이론이며, 자주적인 기업 경영이 아니다. 그리고 그것이 예술에 관한 기호의 이론이라면, 이 이론은 이중성, 변형, 평행, 그리고 등가로 발명된 세계를 추적하는 것이 아니라 사회에서 기호의 생애를 추적해야 한다.

기어츠의 논설의 참고 자료는 유류바 벽화(Yoruba carvings), 아벨람의 4색 그림(Abelam four-colour painting), 유럽 르네상스(European Renaissance), 그리고 모로코 구전시(口轉詩, Moroccan oral poetry)와 같은 예술의 형태이다. 기어츠는 번역에 관해 똑같이 말해왔다.[43]

그렇다 하더라도, 타문화가 '번역'을 이해하기 위해 필요한 가정(assumptions), 관례, 규범, 그리고 규칙을 연구자가 설명하는 것은 해석, 텍스트 구성에 따른 의미의 귀속, 그 용어로의 문화적 번역, 그리고 번역 연구의 형태 또는 타형태의 용어법으로 남아 있게 된다. 학문적인 텍스트로서, 그리고 학문적인 내용으로 번역한 텍스트로서 기술(description)

---

43) Clifford Geertz, *Local Knowldge. Furture Essays in Interpretive Anthropology* (London: Fontana, 1993 [1983]), p. 109.

은 다른 형태의 문화적 번역과 같이 '불가피하게 전문적인, 국가적인, 국제적인 권력에서 벗어나지 못한다.'44) 전사(轉寫, transcription)의 과정에 관한 용어들이 불명확하거나 명쾌하지는 않지만 그것들이 확장된 개념이고 추론이며 그물망의 한 부분인 것처럼, 그 과정의 산물은 이미 존재하고 있는 구조와 그들 자신의 지위, 역할, 그리고 직무를 가지고 있는 기관들과 뒤엉켜져 있다. 다른 말로 하면, 전사(transcription)가 될 수도 있는 기술(description)은 문화와 언어에 새겨져 있는 번역의 개념으로부터, 그리고 '사회적 존재', 지위 그리고 지위 획득으로부터 생겨난 간섭을 통하여 이루어진다. 즉, 사회적 관습으로서 번역 연구는 항상 번역 그 자체와 마찬가지로 중복 결정된다.

---

44) Asad, *art. cit.* p. 163.

4.

번역에서의 문화특정 항목

번역의 문화적 양상에 대해

번역은 무엇보다도 역사를 통해서 여러 이론적인 충돌과 실천적인 충돌
이 일어나는 상황 속에서 등장하는 복잡한 다시쓰기의 과정이다. 번역에
관해 의심 없이 말할 수 있는 것이 있다면 그것은 번역의 역사성이며, 번
역의 역사성은 언어의 개념과 각 언어 공동체가 그 존재를 통해 지녀왔
던 그 밖의 개념들이 함께 작용한다. 어떠한 상황이나 시기에도 번역이
둘 또는 그 이상의 문화(우리는 이 드물지 않은 현상을 잊지 말아야 하는
데, 이는 중재되었거나 간접적인 번역, 즉 번역의 번역이다)를 혼합한다
는 사실은 힘의 불안정한 균형을 암시하며, 수용문화권에서 느끼는 것처

럼 균형은 수출문화권의 상대적인 영향력에 의해 상당히 좌우된다. 목표 텍스트는 수용 문화의 언어로 거의 늘 퇴고되며, 그 결과 수용 문화는 번역되는 방식에 관한 결정사항들을 대개는 받아들인다(이 결정사항은 애초에 텍스트가 번역되어야 하는 지로부터 시작한다).

원칙적으로 독자에게 제공되는 번역은 정의상 다음 방식으로 기디온 투리(Gideon Toury)가 정의하는 두 가지의 기본적인 선행조건을 충족시키려한다.

문학 번역은 불가피하게 두 가지 언어와 문학의 전통, 즉 두 가지 규범 체계와 관련 있는 복잡한 절차의 산물이다. 그런 까닭에 문학번역 규범의 이면에 있는 "가치"는 두 가지의 중요한 요소로 이루어져 있다고 할 수 있다(이것은 더 쉽사리 세분화 될 수 있다).

(1) TL(목표언어)로 쓰인 훌륭한 문학작품(즉, 목표 문학의 다중체계 내에서 적절한 위치를 차지하거나 채운다).

(2) 번역(즉, 어떤 다른 언어인 SL[기점(起點) 언어]로 이미 존재하는 또 다른 텍스트를 TL(목표 언어)로 표현하는 것은 원본 텍스트의 체제와 관련하여 또 하나의 문학적 다중체제에 속하는 것이며, 그 체제 안에서 일정한 위치를 차지한다).

그런 까닭에 이러한 "가치"는 본질적으로 서로 대립되는 것이 아니더라도 종종 번역텍스트와 양립할 수 없는 원본 텍스트들로부터 추론할 필요를 포함한다. (이러한 관계에서 "일종의 원본[an original]을 읽는 것"과 "유일한 원본[the original]을 읽는 것" 사이의 대립이라는 어느 정도 세속적인 공식화를 떠올릴지도 모른다).1)

---

1) Gideon Toury, 'The Nature and Role of Norms in Literary Translation,' in *In Search of a Theory of Literary Translation* (Tel Aviv: Porter Institute for Poetics and Semiotics, 19800, pp. 51-62. James S. Holmes, 'Rebuilding the Bridge at Bommel: Notes on the Limits of Translatability,' in *Translated! Papers on Literary Translation & Translation Studies* (Amsterdam:

이러한 이중의 충실성에 대한 요구는 네 가지의 기본적인 분야에서 표현된다.

언어의 다양성

언어의 규칙 체계는 본래 임의적인 것이므로 각 기호의 기능과 의미는 주로 다른 기호들에 대한 그 특정 기호의 대비에 좌우되지, 우리가 현실이라 부르는 연속체와 등가치를 갖는 가정된 객관적인 관계에 좌우되지 않는다. 임의성이라는 개념은 두 언어규칙이 각 기호와 모든 기호를 동일한 기준에 놓는 가능성을 허용하지 않는다. 이러한 형태의 부동(不同)의 형태체계는 이미 무냉(Mounin)과 같은 작가에 의해 철저하게 다루어졌다.[2]

해석의 다양성

해석의 다양성은 어떠한 번역이라도 수반하는 독서행위에서 비롯되며, 번역이론에서 가장 논쟁적인 요소의 하나로 보인다.[3] '번역=예술'이라는 등식이 성립하는 범위의 몇 가지 경우, 해석의 다양성은 번역을 과학적으로 접근 가능한가에 대해 의문을 제기하는 사람들에게 자신의 입장에 대한 근거를 제공한다.

Rodopi, 1988), pp. 47, 50.

2) Georges Mounin, *Les prolémes théoriques de la traduction* (Paris: Gallimard, 1967 [1963]).

3) Holmes, *art. cit.,* p. 51; Mary Snell-Hrnby, *Tranlation Studies. An Integrated Approach* (Ansterdam: John Benjamins, 1988), pp. 1-2.

실용적인 다양성 혹은 텍스트간의 다양성

실용적인 다양성 혹은 텍스트간의 다양성은 언어 각 유형에 적합한 표현 규칙에 근거를 두는데, 이 근거는 각 사회마다 다르다.[4]

문화의 다양성

문화의 다양성에 더해 역사적 차이가 존재한다. 나는 이 글에서 이러한 유형의 부동(不同) 형태체계에 초점을 맞출 것이다.

각각의 언어 또는 국가적 언어공동체는 때로 분명히 다르고 때로 중복되는 일련의 관습, 가치판단, 분류체계 등을 임의적으로 다룰 수 있다. 이렇게 해서 문화는 번역가가 고려해야 하는 변동 요소를 만들어 낸다.

오늘날에는 문화의 이동이 지닌 번역에서의 중요한 역할에 대하여 분명한 인식이 있다. 번역에 관한 현대의 문헌에서 "문화"라는 용어와 그 파생어들이 상당부분 존재하고 있다는 것을 생각하면 이 사실은 분명해진다. 두 언어공동체사이의 문화적 불균형은 필연적으로 그 구성원들의 담화 속에 반영되는데, 잠재적인 의미의 불명료성과 불수용성으로 인해 문화적 불균형은 목표문화체제에 영향을 줄 수 있다. 따라서 타문화에 의해 암시되는 차이에 직면하여, 그리고 우리의 고유한 삶의 방식을 부정하고(하거나) 이의를 제기할 수 있는 문화 표시에 직면하여, 번역은 보존(원본 텍스트의 문화 표시를 재현하는 방식으로 차이를 받아들이는 것)

---

4) André Lefevere, 'Why Waste Our Time on Rewrites. The Trouble with Interpretation and the Role of Rewrtitng in an Alternative Paradigm,' in Theo Hermans (ed.) *The Manipulation of Literature* (London: Croom Helm, 1985), p. 239; Dirk Delabastita, 'Therer's a Double Tongue. An Invesigation into the Translation of Shakespeare's Wordplay,' unpublished PhD, 1990, pp. 33-4.

에서부터 외래문화의 이입(移入)(타문화가 변형되어 한 문화의 복제품으로 변형되는 것)에 이르기까지의 광범위한 범위의 전략을 수용 공동체에 제시한다. 이러한 전략 사이의 선택은 다른 요소들 중에서도 수용하는 사회가 받아들일 수 있는 정도와 그 사회의 견고성 정도를 잘 보여준다.

이 분야의 연구는 특정 과학기술이라는 중요한 예외가 있지만 서구사회에서는 최대로 수용하는 쪽으로, 다시 말하면 투리가 위에서 "일종의 원본처럼 읽는 것"으로 정의한 방향으로 나아가는 경향이 있음을 보여준다. 그 선택은 순수한 것과는 거리가 멀며, 습관적으로 무엇을 할지를 결정하는 번역가들조차도 (종종) 그러하다. 즉 어떠한 유형의 텍스트를 취급하든 이 번역가들은 적어도 주재자나 권력자들(발행자, 문학 평론가 등)이 "훌륭한 번역가"가 어떠해야 하는지를 보증하는 암시적이거나 명시적 규범에 순응한다. 이 전략의 직접적인 결과는 베누티(Venuti)가 말하고 있는 것인지도 모른다. 즉, 외래의 텍스트를 국내로 받아들이는 문화변용이라는 작업은 목표언어의 독자에게 텍스트를 알기 쉽고 심지어 친밀한 것으로 만들며, 이를 통해 독자들이 문화의 타자를 자기애적으로 인식하는 경험을 하게 된다.[5]

그러나 동시에 우리는 앵글로색슨 쪽에 초점이 가 있는 문화의 국제화라는 명백한 과정에 몰두해 있다. 영어를 사용하는 미국에서 소비자의 항목(문화항목과 그 이외의 항목)을 지속적으로 수입하는 것은 단지 앵글로색슨의 세계관을 지닌 많은 공동체에 익숙해진다는 것만을 의미하는 것은 아니다. 이는 또한 앵글로색슨의 가치와 특수한 문화적 현실을 단계적으로 수용하는 명백한 과정이다. 타문화권의 텍스트에 나중에 모

---

5) Lawrence Venuti, 'Introduction,' in Lawrence Venuti (ed.), *Rethinking Translation: Discourse, Subjectivity, Ideology* (London: Routledge, 19920, p. 5.

방적으로 적용하는 번역전략을 어떻게 확립하는 가의 문제는 별도로 하더라도 말이다.

이타마르 이븐-조하르(Itamar Even-Zohar)[6]가 제시하고 나중에 기디온 투리[7]가 개정한 "첫 두 가지 '번역 가능성의 법칙'은 '관련된 텍스트의 전통이 유사하고 두 전통 사이에 접촉이 있었을 때 번역의 가능성이 높아진다'고 한다. 이때 "높다"라는 용어는 번역가능성이 목표 텍스트의 독자에 의해 사전에 수락되고 예상된 해결의 레퍼토리를 수용하는 쪽에 존재한다는 것으로 이해된다.

이러한 사정은 지난 몇 십 년에 걸쳐 미국과 서부 유럽 사이에서 관계가 쌓여 왔다는 사실에서 더 분명해진다. 이와 관련해서는 몇몇 국가의 번역 자료를 언급하는 것으로 충분할 것이다. 가르시아 예브라(Garcia Yebra)[8]는 1979년에 스페인에서 출판물의 4분의 1이 번역서이며, 이 번역서의 반은 영어가 원본 텍스트라고 한다. 베누티(Venuti)[9]는 이태리에 대하여 매우 유사한 비유를 드는데, 더 흥미로운 점은 문학텍스트에만 한정한다면 번역서가 출판된 책의 50%에서 90%를 차지한다. 반대 지점으로 가면 사정은 꽤 달라지는데, 다시 베누티에 의하면 1984년과 1990년 사이에 미국에서 출판된 책의 3.5%, 그리고 영국에서 출판된 책의 단지 2.5%만이 번역서라고 한다.

가장 대중적인 매스컴채널(1994년 4월과 5월의 신문사 자료에 의하면

---

6) Itamar Even-Zohar, 'Introduction to a Theory of Literatry Translation,' unpublished Ph D. Quoted by Delabastita, "Therer's a Double Tongue. An Invesigation into the Translation of Shakespeare's Wordplay," unpublished PhD, 1990, pp. xviii.

7) Toury, 'Contrastive Linguistics and Translation Studies,' in *In Search of a Theory of Literary Translation*, p. 25.

8) *En torno a la traducción* (Madrid: Gredos, 1988 [1983]), p. 319.

9) Venuti, *op. cit.,* p.5

스페인 영화 시장의 80%까지 미국영화가 점유했는데, 이때 유럽연합 내에서 미국영화의 시장점유율에 관한 갈등이 최고조에 달했다)에서의 이러한 일방적인 영향10)과 압도적인 우위는 필연적으로 수용사회가 앵글로색슨문화에 점차적으로 익숙해진다는 것을 의미한다. 번역가들은 물론 이러한 과정에 영향을 받는데, 이 과정에서 무엇보다도 사회·문화적 실체가 목표문화 내로 수용되기 위해 조작을 해야 하는 경우가 점차적으로 줄어든다. 이 점에 있어서는 시간이 지남에 따라 동일한 '자극'에 대한 번역가들의 반응을 비교해 보면 큰 시사점이 드러난다. 요컨대 B.보데커(B. Bodeker)11)는 'saloon'이라는 단어가 동일한 작품의 여러 번역판에서 나타난 변천사에 대해 말한다. 초기의 번역문에서 'saloon'은 수용하는 독일의 문화에 유사하고 기능적으로 동등한 용어로 대체된 반면에, 마지막두 번역문에서 이 단어는 그래로 반복하거나 번역하지 않는 전략으로 옮김으로써 수용 문화 세계에 등장한다. 같은 방식으로, 내가 조사한 『말타의 매』(The Maltese Falcon)의 번역서 중에서 1933년 판은 '골프'와 같은 스포츠용어를 이탤릭체로 표현하는데, 이렇게 함으로써 이국적 특징을 강조하게 되고, 그 결과 영국의 문화적 특이성도 강조된다. 반면에 1967년과 1992년판은 어떠한 종류의 인쇄상의 경고도 없이 이 용어를 반복하는데, 이렇게 함으로써 이 단어가 영어에만 한정된다는 점에 대해 의구심을 품게된다.

비록 내가 나중에 언급할 문화적 항목, 유형 그리고 번역을 접하는 평

---

10) Basil Hatim and Ian Mason, *Discourse and the Translator* (London: Longman, 1990), p. 191; Julio Llamazares, 'Modernos y elegantes,' *El Pais*, 13 May 1993, p. 15.

11) Birgit Bödeker, 'Terms of Material Culture in Jack London's *The Call of the Wild* and Its German Translation,' in Harald Kittle & Armin P. Frank (eds) *The Interculturality and the Historical Study of Literary Translations* (Berlin: Erich Schmidt Verlag, 1991), pp. 65-9.

균 독자의 특징과 주로 관련되는 몇 가지 예외가 있기는 하지만, 수용체계에 대하여 수출체계가 패권적인 위치에 있다고 생각하는 것은 필연적으로 보인다. 이 수용문화는 원래 환경의 조건과 매우 유사한 조건에서 대량의 문화상품을 수용한다.

　내가 지금까지 말한 것은 제임스 S. 홈즈(James S. Holmes)가 이미 묘사한 역설(패러독스)에 반대된다.

> 예를 들면 현대의 번역가들 사이에서는 언어 문맥을 현대화하고 자국어화하는 경향이 있다. 이는 유사하지만 더 모호한 경향과 짝을 이루며 문학적 상호 텍스트에 관하여는 동일한 방향으로 작용한다. 하지만 사회문화적인 입장에서는 이국화(異國化)하고 역사화하는 방향으로 나아감으로써 앞의 방향과 반대된다.12)

　홈즈와 다른 저자들은 또한 문화적 항목이 이전 세기에는 거의 정반대로 다루어졌다고 말한다. 이러한 변화는 일반적으로 본질적인 비(非)보편성 개념을 지향하는 언어의 집합적 개념이 발전했기 때문이라고 설명한다.13) 그럼에도, 한편으로는 언어중심적인인 면과 실용적인 면 사이의 처리방법과 다른 한편으로는 문화적인 국면사이의 이러한 처리 방법 간에 놓여있는 차이에서 드러나는 명백한 모순에 대하여는 아무런 설명도 하지 않는다. 현재의 번역서들은 문체적 수준에서는 일종의 원본처럼 읽히고 사회문화적인 차원에서는 유일한 원본으로 읽히는 모순이 있다.

　문화특정 항목(culture-specific items)은 원문화에 한정되는 분류와 측정

---

12) Homes, 'The State of Two Arts,' In *Translated!* pp. 48-9.
13) Octavio Paz, 'Tracucción: literatural y literalidad,' in *Tradcucción: Literatura y literalidad* (Barcelona: Tusquets, 1990 [1970]), pp. 9-12.

의 체계인데 그 문화의 목표를 표현함으로써 혹은 수용문화에 이질적인 견해를 묘사하거나 이질적인 관습을 묘사함으로써 표현된다. 이러한 경우 어느 쪽이든지 일반적으로 텍스트 구조의 바깥에 있는 표면적인 성질을 구현하게 된다. 한편 말하기 방식이 구체화된다고 가정할 때 언어중심적이고 실용적인 수준은 그 텍스트의 구조를 뒷받침하는 기본 요소가 된다. 그런데 이는 이중언어를 사용하는 목표 언어의 구성원(즉 비전문적 텍스트 번역서의 평균 독자)이 대부분의 번역을 성취하고자 하는 심미적 목표, 전달 목표, 정서적 목표 혹은 다른 목표를 알아채기는 거의 불가능하다. 이는 문화의 상업적 요소가 개방된 역사시대에서 최초로 이러한 번역을 시도한 이들이 경제적 손실을 받을 수 있다는 사실을 별개로 치더라도 말이다. 아마도 우리는 여기에서 세 가지 유형의 구현체가 번역되는 방식에서 일반적으로 관찰할 수 있는 기준의 불일치 이유에 대해 설명해야 할 것이다.

문화특정 항목

번역의 문화적 국면에 관한 연구에서 우리가 직면하는 첫 번째 문제는 분석에 적합한 도구를 고안하는 문제이다. 다시 말해, 언어중심적이거나 실용적인 요소에 대립하면서 엄밀한 의미에서 문화의 요소인 문화특정 항목(CSI)을 고안해내는 문제이다. 물론 이 정의와 관련된 주된 어려움은 언어에서 모든 것이 문화적으로 생성되지만 언어 자체에서 시작해야 한다는 것이다.

 각 언어 체계의 가장 임의적인 분야와 관련되는 항목들(지역 시설, 거리, 역사적인 인물, 장소명, 인명, 정기 간행물, 예술 작품 등)을 문화특정 항목들과 동일시하는 일반적인 경향이 있는데, 이러한 경향은 다른 언어로 번역할 때 곧 잘 나타나는 문제점이다.14) 그러나 부단한 출현하는 텍스트 항목은 어느 정도만 임의적이며 번역의 문제로서 이 항목의 본질은 이종 문화 간의 간격만으로 설명될 수 있다. 이 때문에 번역을 배우는 사람은 시야를 넓혀야만 한다.

일반적으로 "문화적 관계," "사회 · 문화적인 용어," 그리고 기타 이와 같은 종류의 것에 관해 이야기할 때 저자는 정의 내리는 것을 피하는 경향이 있으며, 그 개념의 의미를 집단적인 직관력에 맡긴다. 이러한 선택에는 두 가지의 주요한 함정이 있는 것 같다. 이 함정은 과도하게 임의적이거나 너무 정적인 특징(이것이 더 중요하다)을 지닌다는 것이다. 후자의 경우 어떤 문화 쌍이 포함되어 있든지, 연구 중인 항목의 텍스트적인 기능(둘 중의 한 텍스트 또는 나머지 텍스트에서)이 무엇이든지에 상관없이 불변하는 문화특정 항목이 있다는 생각이 있다.

번역연구의 현 상태에서 우리가 번역과 이종문화간의 관계에 관해 알고 있는 어떤 것이 있다면 그것은 이 둘의 역학적인 본성이다. 충분한 기간이 주어지면 두 요소는 동일한 관계를 유지하지 않는다. 그런 까닭에 우리가 번역 연구를 위해 번역문제에 관한 유용한 정의를 찾고자 한다면, 그리고 실제 번역만이 연구대상이라고 주장한다면, 실제의 번역은 M. 스넬-혼비(M. Snell-Hornby)가 언급하듯이 이 문제의 해결을 위한 기준을 제시해야 할 것이다.

... 문제는 원본 텍스트 그 자체에 의해 좌우되는 것이 아니다. 그 문제

---

14) Peter Newmark, *Approaches to Translation* (Oxford: Pergamon Press, 1984 [1981]), pp. 70-83.

는 특정 문화 또는 그 문화의 구성원이 전개 해온 지식, 판단 그리고 인식을 지닌 채 문화 내의 하위 집단의 구성원인 독자를 위해 번역된 텍스트가 어떤 어떤 중요성을 띠고 있는냐에 달려있다.15)

달리 말하면, 번역에서 문화특정 항목은 그 자체로 존재하는 것이 아니라 원본 텍스트 내에서 언어로 재현된 지시체에서 발생하는 대립의 결과로서 존재하는데, 이 원본 텍스트에서 목표언어로 전이될 때, 목표언어 문화 내에서 주어진 항목이 존재하지 않거나 다른 가치(이데올로기, 어법, 빈도수 등에 의해 결정되는)를 지님으로 인해 번역 문제는 발생한다.

몇 가지 예를 들어보겠다. 성서 번역에서 이제는 고전이 되어 버린 문제인 '어린 양'의 이미지를 타문화에서 어떻게 번역할 것인가 하는 문제가 제기되어 왔다. 즉 양을 알지 못하는 문화권에서 또는 알고 있더라도 순수, 무력함 등의 함축적 의미를 지니지 않은 문화권에서는 이 양의 이미지를 어떻게 번역해야 하는가에 관해 전형적인 논쟁이 있어왔다. 따라서 '어린 양'을 히브리어에서 에스키모인의 언어로 번역하는 것은 대체로 문화특정 항목의 지위를 얻게 되고 번역 문제를 야기할 것이다. 이에 반해서, 스페인어와 영어로 번역할 때는 문화특정 항목을 구성하지 않는데, 이 세 가지 언어에서 어린 양은 순결한 동물로서 텍스트 상호간에 유사성을 띠기 때문이다.

프랭크 및 보데커(Frank & Bodeker)16)가 제시한 또 다른 예인 『황무

---

15) Snell-Hornby, *op. cit.,* p. 42; 또한 다음 참조. Toury, 'A Rationale for Descriptive Translation Studies,' in Theo Hermans (ed.), *The Manipulation of Literature* (London: Croom Helm, 1985), p. 28.

16) Armin P. Frank and Birgit Bödeker, 'Trans-culturality and Inter-culturality in French and German Translations of T. S. Eliot's *The Waste Land,*' in Harald Kittle and Armin P. Frank (eds), *The Interculutrality and the Histoical Study of Literary Translations* (Berlin: Erich

지』의 첫 번째 행('4월은 가장 잔인한 달[. . .]')을 보자. 영국의 전통에 의하면 4월은 감상적인 달로, 꽃과 봄을 연상시킨다. 독일(그리고 스페인)에서는 이 자리를 5월이 차지한다. 예를 들어 4월이 가장 파괴적인 태풍이 닥치는 달인 문화의 언어로 번역한다면 이종문화간의 차이는 더 커질 (그리고 다른 의미를 띨) 것이다.

이것이 기록된 언어와 짝을 이루어 번역에서 문화적 문제가 발생하는 방식이다. 번역가는 문화특정 항목에 어떻게든 대응해야 한다. 번역가들은 의식적이든 무의식적이든 그들의 주재자, 평론가 그리고/또는 독자들에 의해 기대되는 번역 규범(장르 관례, 간텍스트성, 신뢰성, 간섭 등)을 그들의 출발점(받아들이든 넘어서든[17])으로 삼으며 행동한다.

이 두 가지 예에는 논의해야 할 또 다른 논점이 있다. 위의 두 가지 문화특정 항목은 이와 같이 구체적인 텍스트적 상황에 놓여 있다. 이를테면 4월로 돌아가 보면 이 달에 등장하는 인물의 생일에 대한 중립적인 언급은 원칙적으로 영어와 스페인어 사이의 문화특정 항목이 되지는 않을 것이다(그러나 영어와 영어와는 다른 방식으로 시간을 체계화하는 언어 사이에서는 문화특정 항목이 될 것이다).

그런 까닭에 우리는 어떤 번역이라도 영향 받는 이중 긴장의 관점에서 문화특정 항목의 정의를 내려보고자 한다. 이 항목은 텍스트 상으로 현실화된 항목으로, 원본 텍스트의 기능과 함축된 의미가 목표 텍스트로 전환할 때 번역의 문제와 관련되는 항목이다. 이러한 문제는 목표 텍스트 독자의 문화체계에서는 언급된 항목이 존재하지 않거나 텍스트간의

Schmidt Verlag, 1991), pp. 50-1.
17) 다음 참조. Even-Zohar, 'Reality' and Realemens in Narrative,' *Poetics Today* 11, (1980, 1990), p. 209.

지위가 다르기 때문에 발생되며 그 때마다 전제되는 항목이다.

　이러한 정의는 어떠한 언어 항목이라도 그 자체뿐 아니라 텍스트 내의 기능에 기대어 문화특정 항목이 될 여지를 남기는데, 이는 수용문화 내에서 인지되기 때문이다. 즉, 이것은 목표문화 내의 일반 독자 또는 힘을 지닌 관리자에게 이데올로기의 불명료 또는 문화의 불명료 내지는 용인 가능성의 문제를 제기하는 한 그러하다. 우리가 문화특정 항목의 개념이 언어공동체에서 문화 간의 상호발전을 계속 원한다면, 이 사실은 분명 유연함을 암시하며 이는 불가피하다기보다 바람직하다. 따라서 문화특정 항목의 특징 중 세 번째 요소는 시간의 경과와 다음의 가능성이다. 즉, 한때는 하나의 공동체에 한정되었던 대상, 관습 또는 가치를 다른 공동체가 공유할 수 있는 명백한 가능성 말이다.

　반면에, 메시지를 받아들이는 집단의 관점에서 텍스트로 구체화 될 때에만 문화특정 항목으로 존재한다는 것이 사실이라면, 구체적인 텍스트 내에서 문화특정 항목으로 보이는 대부분의 언어 항목들도 거의 늘 그렇게 해서 존재하게 된 것이라는 것도 사실이 되는데, 이는 텍스트적인 위치에 상관없이 언어 항목의 문화적 특이성은 두 문화의 국민 사이에서 대체적으로 공시적으로 안정적이기 때문이다. 번역하는 학생이 문화특정 항목의 선험적인 범주를 확립하여 뜻이 통하도록 해주는 것이 이러한 규칙성인데, 이는 또한 우리가 이러한 항목이 나타나는 가장 전형적인 상황을 성립시켜 논의할 수 있게 해준다.

　그런 까닭에 우리는 번역가의 관점에서 고유명사와 일반 표현(각각의 문화에 한정되어 있고 고유명사의 범주에 포함될 수 없는 사물, 제도, 관습, 그리고 의견에 관한 분야를 다룰 더 나은 용어가 없는 관계로 이 용어를 사용한다)이라는 두 가지의 기본적인 범주를 구별해야한다. 현행의 번역행위라는 관점에서 보았을 때, 대부분의 고유명사들은 이미 확립된 번역규범을 매우 규칙적인 방식에 적용한다는 기본 특징을 보여준다. 하지만 이것이 각각의 고유명사가 문맥이나 평균독자에 상관없이 동일한 번역 전략에 지배를 받는다는 뜻은 아니다. 이것은 결코 역사와 무관한 것이 아닌데, 예를 들면, 금세기가 시작될 때 적어도 스페인에서는 영어식 세례명을 어떻게 번역해야 하는지에 관하여 뜨거운 논쟁이 있었기 때문이다.[18] 이러한 유형의 고유명사는 50년대 이후까지 불확정적인 상태로 있었는데, 이것은 아동문학과 같은 제2의 장르에 여전히 영향을 미치고 있는 사실, 즉 고유명사를 어떻게 번역할 것인가에 대한 망설임을 연구해보면 분명해질 것이다. 우리는 번역전략의 이러한 발전을 증명할 수 있는 더 많은 증거를 발견할 수 있는데, 그 한 예는 셰익스피어 극에 나오는 등장인물들의 이름에 대해 확립되어 있는 스페인의 번역을 들 수 있다. 번역의 상당수는 여전히 실제 스페인 이름인데, 이는 스페인 텍스트 전통으로 일찍이 자리 잡은 까닭이다(반면에 셰익스피어와 무관한 현대식 출처에서 나온 것이라면 현행의 규범은 번역가와 통역가가 이러한 동일한 고유명사를 영어형태로 유지하도록 권한다).

T. 허만스(T. Hermans)[19]에 따르면, 고유명사는 관습적인 것과 부가된 것의 두 가지 범주로 나눌 수 있다. 관습적인 고유명사는 "동기가 부여되지 않은" 것처럼 보이며 따라서 그 자체의 의미를 지니지 않는다. 즉 작가가 시도하는 가능 텍스트 또는 상호 텍스트의 유사성(번역가에게는 유

---

18) Ramón D. Peres, 'Prólogo del traductor para la primera edciión,' in Rudyard Kipling, *El libro de las tierras vírgens* (Bercelona: Gustavo Gili, 1980 [1904]], pp. v-xiv.

19) Theo Hermans, 'On Translating Proper Names, with Reference to *De Witte and Max Havelaar*,' in Michael Wintle (ed.), *Modern Dutch Studies* (London: Athlone, 1988), pp. 11-13.

감스럽지만)과는 무관하게 '의미 없는' 고유명사에 대한 집단적 인식에 해당되는 것들 말이다. 부가된 고유명사는 "동기가 부여된" 것 같은 문학적인 명칭이다. 이것은 어렴풋이 암시하는 것에서부터 명백히 표현하는 명칭과 별명을 아우르며, 특수한 문화적 상황에서 어떤 역사적 또는 문화적 연관성을 지닌 비허구적인 명칭 및 허구적인 명칭을 포함한다. 관습적인 이름의 경우 전통에 따라 이미 확립된 번역(중요한 지명, 역사상 허구적인 명칭 또는 성인과 국왕처럼 비허구적인 명칭)이 있을 때를 제외하고는, 주요한 장르에서 오늘날에는 형식적인 명칭을 반복하거나 그대로 옮겨 적거나 음역(音譯)하는 경향이 뚜렷하다. 부가적인 명칭은 불확정성이 차지하는 여지가 훨씬 크지만, 표현도에 따라 증대하는 경향, 즉, 그 구성요성에 대해 언어를 바탕에 두는 (외연적인 또는 비문화적인) 번역을 지향하는 경향을 보인다.

고유명사가 아닌 문화특정 항목에서는 사정이 훨씬 더 복잡한데, 이 경우에는 문화특정 항목의 본질 뿐 아니라 초(超)텍스트의 요소, 텍스트의 요소, 또는 간(間)텍스트의 요소들이 보다 큰 중요성을 띤다.

문화특정 항목과 그 항목의 조작 가능성

방법론적인 효과를 위해 나는 번역에서 문화특정 항목에 적용된 모든 가능한 전략들을 분류하는 것이 편리하다고 생각한다. 이러한 분류는 또한 이종문화 사이의 조작 정도에 근거하여 여러 전략들을 배열하려는 시도에 따라 좌우된다. 그러므로 우리는 이 논문의 처음에 논의되는 이중 긴장에 관해 번역의 일반적인 경향을 재빨리 발견할 수 있는 틀을 획득하게 되는데(이는 원본 텍스트의 재현이자 그 자체로 타당한 텍스트이다),

이것은 텍스트에 적용된 번역 개념을 발견하고자 할 때 아마도 가장 중요한 예비적 선택일 것이다.

현실에 대해 의식적으로 분류하는 것과 마찬가지로, 내 방식은 이미 존재하는 것으로 가정되는 분류를 객관적으로 기술하는 것이 아니며 단지 방법론적 유용성을 제시하려 한다. 말할 필요 없이 애매하거나 겹치는 성질을 지닌 경계의 특성을 지닌 경우가 존재하는데, 이것은 그 자체로 표시될 것이다. 하지만 이런 경우가 너무 빈번하다면, 번역전략의 잣대에 대한 타당성은 훼손될 것이다.

이러한 번역절차들은 결합할 수 있으며 실제로도 그러하다. 그러므로 동일한 번역가가 동일한 목표 텍스트 안에서 똑같은 잠재적 문화특정 항목을 처리하기 위해 다른 전략을 사용한다 하더라도 이상할 것이 없다.[20] 그러나 한편으로는 각 경우에 선택권에 결정적인 영향을 미치는 텍스트 요소가 많으며, 다른 한편으로 적절하며 전형적인 요소는 선택의 규칙성이며 반면 다양한 목표 텍스트 내에서 텍스트의 적절성과 반복의 관점에서 판단해야하는 중요 변경요소가 예외로서 작용한다.[21]

나는 상이한 범주들을 설명하고 실제 텍스트(구체적으로 D.해미트(D. Hammeett)의『말타의 매』The Maltese Falcon)를 통해서 영어에서 스페인어로 번역된 것에 대해 몇 가지 예를 들 것이다. 나는 처음에는 영어 원본 텍스트를 제시할 것이며, 다음으로 스페인어 번역본, 마지막으로 영어단어를 대조시켜 재번역한 것을 보여줄 것인데, 단 이것이 단순한 재현 또는 약간의 변화가 있을 뿐인 경우는 제외하겠다.

이종문화간의 조작에 따라 정도의 차이가 있기는 하지만, 이 단계는

---

20) Holmes, 'Rebulding the Bridges at Bommel,' in *Translated!*, pp. 47-9.
21) Delabastita, 'Translation and Mass-Communication,' p. 206.

보존성과 대체성, 즉 원본 텍스트에서 언급한 것을 보존할 것인지 또는 수용하는 쪽에 가까운 다른 것으로 대체할 것인지에 따라 주된 두 그룹으로 나누어진다.

보존

반복　　번역가들은 원본 텍스트의 표현을 최대한 보존한다. 여기에서는 지명의 처리법을 통해 명백한 예를 보여주고 있다[Seattle→Seattle]. 역설적으로 이렇게 '사려 깊은' 전략은 여러 상황에서 문화특정 항목의 이국적이거나 고풍적인 특질을 증대시킨다. 언어의 형태와 문화적인 간격으로 인해 목표언어의 독자들은 이를 보다 이질적으로 느낀다.[22] 이러한 상황은 우리에게 번역의 역설과 전통적인 등가개념이 지닌 중대한 함정의 한 가지를 상기시킨다. 즉 철자마저 절대적으로 동일한 것이라 하더라도 집단이 받아들일 때는 완전히 다를 수 있다는 것이다.

철자법의 적용　　이 전략은 필사(筆寫)와 음역(音譯)과 같은 절차를 포함하는데, 이러한 절차는 원본 텍스트의 표현을 목표독자들이 사용하는 것과는 다른 알파벳을 사용할 때 주로 사용된다. 이는 영어를 스페인어로 번역할 때 50년대까지 비교적 자주 이용되었다. 반면에 요즘은 이미 존재하는 스페인어로 번역할 여지가 없을 때 영어의 표현형식을 최대한 존중하는 경향이 두드러진다. 오늘날에는 이러한 절차는 주로 제 3 문화들(영어로 쓰여 진 저술에서 러시아어로 된 명칭 등)로부터 표현을 통합하고 영어텍스트에서 '철자가 틀린' 스페인어를 고쳐 번역하기 위해 사용된다.

---

22) Holmes, 'Rebulding the Bridges at Bommel,' in *Translated!*, pp. 47-8.

요컨대, 카사스 간세도(Casas Gancedo)가 번역한 『말타의 매』에서 영어로는 Kemidov라 불리는 러시아인은 Kenidof가 되는데 반해, 칼레하(Calleja)(1969)는 제명(題銘)(해밋의 친구인 조세핀 Josephine에서)인 'Jose'를 'José'로 번역하는데, 이는 아마도 스페인어의 남성명사와 혼동한 것 같아 고치려 했다. 이러한 것은 가장 잘 알려진 번역규범의 하나인데, 정확성을 기하려는 의도에서 행해진다.23)

언어중심(비문화적)번역　목표언어에 대한 텍스트 상호간의 언어자료 내에서 이미 확립된 번역에 도움을 받거나 문화특정 항목24)의 구문적 투명성을 이용하여, 번역가는 많은 경우 외연적으로는 원본 텍스트에 매우 유사하지만 여전히 근원본텍스트의 문화체계에 속하는 것으로 인식될 수 있는 목표언어로 번역하여 독자의 이해도를 높인다.

도량법과 화폐의 단위는 이러한 전략에 대한 매우 흔한 사례이다 [dollars → *dólares*, inch → *pulgada*, 이 단위는 스페인에서 사용되지 않는다. 마찬가지로 수용문화에 이질적이지만 유사하거나 동종이기 때문에 이해할 수 있는 대상과 제도는 보통 같은 범주에 들어간다[대배심Grand Jury → *gran jurado* → big jury – 스페인에서는 실제로 어떠한 유형의 배심 제도가 없기 때문에 이 표현은 미국문화와 관련되어서만 뜻이 통한다].

텍스트 외적인 주석　번역가는 위에 언급한 절차 중에서 하나를 따르지만 문화특정 항목이 의미하는 것 또는 암시하는 것에 대하여 몇 가지

---

23) Theo Hermans, 'Translational Norms and Corrct Translations,' in K. M. Leuven-Zwart and T. Naaijkens (eds), *Translation Studies: The State of the Art* (Amsterdam: Rodopi, 1991), pp. 163-4.

24) 투명성에 대한 개념에 대해서는 다음 참조. Newmark, *Approaches to Translation*, p. 78.

설명을 덧붙일 필요를 느낀다. 하지만 이러한 설명을 텍스트와 구별하지 않는 것은 합리적이거나 편리한 방법이 아니다. 그래서 설명을 (각주, 미주, 용어풀이, 논평/괄호나 이탤릭체를 사용한 번역과 같이) 표시함으로써 구분한다.

이러한 절차는 인용문을 제 3 언어로 표현할 때 늘 사용되는데, 전통적으로 스페인에서는 유명인에 대한 프로필을 나열하거나 말장난(pun)을 설명할 때 이용하였으며, 이런 것들은 일반적으로 '번역 불가능한 것'으로 분류된다. 이 글을 쓰기 위해 연구한 번역서에서 문화특정 항목과 관련되는 단 하나의 텍스트 외적 설명이 있었다[아놀드 로스스타인Arnold Rothstein*→*유명한 악한*Célebre gángster de los anos 1920. (N. del T.)* →1920년대의 유명한 악한.(역자 주)].

텍스트 내적인 주석　　앞의 경우와 동일하지만 번역가들은 독자의 주의를 산만하게 하지 않기 위해 주석을 텍스트와 구별하지 않고 처리할 수 있거나 하여야 한다고 생각한다. [five feet eight → *cinco pies con ocho pulgadas* →five feet with eight inches ; St. Mark → Hotel St. Mark].

이러한 절차는 일반적으로 번역의 가장 보편적인 특성의 하나인 모호함을 해결하기 위한 것이다. 이는 명시적인 전략이라 할 수 있는데, 이 전략은 원본 텍스트에서 단지 부분적으로만 드러나거나 대명사로만 쓰인 것을 분명하게 (이를테면 세례명으로만 언급된 등장인물에 성을 붙인다) 해주는 것이다.

대체

동의어   이 전략은 다음 항에서 논의할 반복과 관련되어 있는 문체에 일반적으로 근거한다. 번역가는 문화특정 항목을 반복하는 것을 피하기 위해 몇몇 종류의 동의어나 유사한 표현을 사용한다. 한 예로서 우리가 연구할 『말타의 매』(카사스 간세도(Casas Gancedo), 1933년판)의 번역서 중 하나에서 스페이드(Spade)는 몇 가지 상황에서는 생략된다. 그리고 나머지 경우에는 '사무엘'(Samuel)(그의 성 대신에 세례명)과 'El mefistofélico rubio' → '냉소적인 금발의 사람'(The mephistophelian blond)이라는 두 가지의 주된 표현으로 반복해서 나타난다. 동일한 번역서에서 '바카디'(Bacardi)가 반복됨에 따라 번역가는 'Acababa de tomar su tercera libación del sabroso aguardiente de cana'(그는 사탕수수로 만든 맛좋은 술을 세 잔 마셨다 He had just had his third libation of the delicious liquor of sugar cane)를 나타내기 위해 두 번째 표현(그는 바카디를 세 잔 마셨다 He had drunk his third grass of Bacardi)을 사용해 대체하며, 세 번째에서는 앞의 둘과 얼마간 떨어져 있는 'ron'(술)로 간단히 옮긴다.

제한적 일반화   대체로 번역가들은 문화특정 항목이 그들의 독자들에게 너무 모호하다고 생각하기 때문에 좀 더 평범한 다른 것으로 대체하려한다. 대개는 신빙성을 기하기 위해 번역가들은 원천 언어문화에도 속하지만 독자에게 또 다른 문화특정 항목에 더 가까우면서도 덜 특수한 다른 표현을 찾는다.[5천 달러 five grand→*cinco mil dólares*→five thousand dollars; 미식축구 공 an American football→*un balón de rugby*→럭비 공 a ball of rugby].

절대적 일반화　　　기본적인 사정은 이전의 경우와 동일하지만 번역가들은 더 잘 알려진 문화특정 항목을 발견하지 못하거나 이질적인 것을 함축하는 것은 삭제하려하기에 독자들을 위해 중립적인 표현을 선택한다. [콘비프(쇠고기 소금절이)corned beef → *lonchas de jamón* → 햄의 얇은 조각들 slices of ham; 자락이 긴 남자용 오버코트의 일종a Chesterfield → *un sofá* → 소파a sofa].

자국어화　　　번역가들은 문화특정 항목을 목표 언어문화에서 특수한 것으로 간주되는 텍스트 간의 맥락 전체로 가져온다. 현재 이러한 전략이 문학에서는 드물게 사용되고 있다 (아동문학은 이 경우에 해당되지 않지만, 이 또한 감퇴하기 시작한다.) [Dollar → duro(여전히 스페인에서 통용되는 화폐단위); Brigid → Brigida].

　　스페인어에서 이미 확정된 역사적인 인물들의 번역(예를 들면 엘리자베스 여왕 Queen Elizabeth → *la reina Isabel*)은 자국어화의 경우가 아니라 언어(비문화) 번역의 사례라고 본다면 흥미로운 사례가 될 것이다. 하지만 이름은 여전히 근원 언어문화의 일부로 간주된다. 스페인의 독자들은 이러한 번역이 어떤 종류의 문화의 대체도 지니지 않는다고 생각한다. (그 전통을 지닌 스페인어로 번역된다 하더라도 그 인물은 여전히 영국 문화의 일부이다).

삭제　　　번역가들은 문화특정 항목을 이데올로기나 문체상의 근거 때문에 받아들이기 어렵다고 생각하며, 독자들의 이해를 돕는데도 크게 기여하지 못한다고 본다. 또한 너무 불명료하기 때문에 주석 등과 같은 절차를 사용할 수 없거나 사용하고 싶지 않아 한다. 그 결과 번역가들은 목표

텍스트에서 문화특정 항목을 생략하게 된다.[dark Cadillac sedan →
Cadillac oscuro→ dark Cadillac; Casper Gutman, Esquire → *Casper Gutman*].

이 논문의 마지막 항을 보면 알 수 있듯이 많은 규범적인 번역학자들
이 인정하려하는 것보다 번역가는 이러한 절차를 훨씬 많이 사용된다.

자율적 창작   이 전략은 거의 사용되지 않는다. 번역가들(또는 일반적
으로 그들의 전수자들)은 독자들을 위해 원본 텍스트에 존재하지 않는
문화적 표현을 첨가하는 것이 좋을 것이라고 본다. 스페인에서 영화제목
을 번역하는 방법이 이 전략에 속하며, 여기에서 이 유형의 번역사례들
을 대부분 발견할 수 있다.

이 글을 쓰려고 연구한 많은 텍스트 중에서 가장 좋은 예(의외로 두 가
지 예로 해석될 수 있다)는 이 책의 스페인 제목에 대한 정당성이다. (*El
halcón del rey de Espana* → '스페인 국왕의 매' 'The Falcon of the King of
Spain'): ['여기 선채로 울면서 서로 이름을 불러야 합니까? 아니면' 'Shall
we stand here and shed tears and call each other names? Or shall we' -그
는 멈추었고 케루빔처럼 미소지었다 he paused and his smile was a
cherub's- '콘스탄티노플로 갈까요?' 'go to Constantinople?' → "*Que nos
quedemos aquí derramando lágrimas **como Magdalenas** o que vayamos a Constantinopla
en busca del verdadero **halcon del rey de Eapaña**"* → 여기서 막달라 마리아처럼
울고 있겠습니까? 아니면 스페인 국왕의 실제 매를 찾아 콘스탄티노플로
가겠습니까? Shall we stay here shedding tears like Magdalens or shall we
go to Constantinople in search of the real falcon of the king of Spain?]

보충(유사한 효과를 지닌 텍스트를 다른 논점에서 삭제하고 자율적으
로 창작함), 치환(텍스트에서 동일한 지시체의 치환), 또는 희석(이데올로

기적인 면에서 '지나치게 강하거나' 어쨌든 받아들이기 어려운 것을 목표 문화권의 문자 전통에 좀 더 적합하게 '완화된' 것 또는 독자들이 받아들일 수 있는 것으로 교체함)과 같은 그 밖의 가능 전략들이 있다. 희석은 나의 분류법에 포함되지 않는 것 중에서 가장 유망한 전략으로 보이며, 속어를 스페인어로 번역하거나 몇몇 국가에서 아동문학과 같은 제2의 장르를 번역할 때 두드러지게 사용된다.[25] 여하튼 방법론적으로 이러한 전략을 포함하는 것에서 오는 유용성은 실제 텍스트를 더 연구하여 결정되어야 할 것이다.

해석의 변수들

번역가가 특정 상황에서 위에 언급한 번역 전략 중에서 어떤 것을 선택하는 이유는 매우 복잡할 수 있다.[26] 이번 항에서는 일련의 초텍스트적인 변수, 텍스트적인 변수, 텍스트 내적인 변수 그리고 태생적인 변수들을 설정해 보려는데, 이 변수들의 조합은 번역가의 선택을 설명하는데 도움이 될 것이다. 이 연구의 설명적인 구조에는 특수한 문화특정 항목에서 가장 떨어져 있는 논리적인 순서에 따라 제시한 일련의 단계가 포함된다. 다양한 구성적 국면들이 사실상 상호 의존적이기 때문에 왔다 갔다 하면서 조정된다. 이 방법론은 일반적으로 '진자접근법'이라 불린다.

전략들의 배후에 있음직한 이유들을 설명하려고 여러 전략에 숨어 있는 동기를 부여할 경우 나는 '번역가들'에 대해 언급한다. 번역가들은 보

---

25) Nitsa Ben-Ari, 'Didactic and Pedagoric Tendencies in the Norms Dictating the Translation of Children's Literature: The Case of Postwar German-Hebrew Translations,' *Poetics Today* 13, 1 (1992), pp. 221-30.

26) André Lefevere, 'Holy Garbage, theo' by Homer cook't,' *TTR* 1, 2 (1988), p. 19.

통 번역서에 대해 전적으로 책임이 있지만, 사실상 그 결과를 통제하는 유일한 사람은 결코 아니다. 발행자, 편집자, 교정자, 이사, 제작자, 그 외의 다른 부류의 주재자 등 권한 있는 사람들이 있는데, 그들은 일반적으로 사회적 기대에 부응하기 위해 무엇이든 변경할 수 있는 권한이 있다. 그런데 이 사실은 번역가가 도입하는 해석의 요소가 비교적 부차적인(적어도 통계상으로는 그러하다) 성질을 띤다는 견해를 뒷받침한다. 일부 다른 관리자들은 불신의 눈초리를 보내거나 목표언어문화의 언어중심적인 규범이나 실용적 규범을 깨는 경향이 있는 책을 출판되도록 용납하지 않기 때문이다. 이러한 경향은 문자 매체에서 정확성을 고수하려는 완고한 전통을 지니고 있는 스페인과 프랑스 같은 나라에서 현저하다.

이어지는 목록은 매우 잠정적인 것이다. 그리고 이 목록은 번역의 어떠한 방식이든 그 이해에 본질적인 양상을 포함한다. 하지만 이것은 덜 중요한 사항은 누락될 수 있고 중요한 부분은 추가될 수 있는 열린 목록이다. 목표 텍스트 자체가 이를 증명할 것이다.

초텍스트 외적 매개변수

언어규범주의의 정도　목표언어에서 언어의 규칙 또는 문체의 규칙을 보존하는데 헌신하는 어떤 중요한 단체나 학회(예를 들면 왕립언어협회)가 있는가? 이 질문에 대해 대답함으로써 우리는 관례나 간섭행위에 대해 새로운 단서를 찾을 수 있다.

스페인은 전통적으로 매우 규범적인 국가이다. 이 사실은 왜 비교적 최근까지 문화특정 항목을 철자법으로 적용하거나 언어중심으로 번역하려는 경향이 있었는지를 설명한다. 이는 조작할 때 어떤 근거가 있거나 어원적인 성질과 관련이 있는 모든 종류의 장르에 해당한다. 왕립언어협회 측이 문자 매체에 대해 변함 없이 통제하는 것은 왜 영화, 연극 그리고 텔레비전 방송의 번역이 문자 텍스트를 번역한 것보다 훨씬 더 실제 언어에 가까운 경향을 띠는지를 설명하는데 도움이 된다.

잠재적인 독자의 본성과 기대　　목표언어의 수용자집단을 정의하는 것은 가능한가? 번역서는 특정한 집단을 염두에 두고 있는가? 만약 (그럴 필요는 없지만) 그렇다면, 원본 텍스트를 처리할 때 예컨대 10대 또는 문학도들의 기대를 충족시키기 위해 원본과 차이가 생길 수 있음을 이해할 수 있다. 다른 것 중에서도 또한 영어에서 스페인어로 번역된 책의 독자가 전문가들인 경우, 이 요인으로 독자가 기대하는 내용과 전문용어로 된 전문 텍스트에서 특수한 번역규범이 존재하는(매우 원본 텍스트 지향적인) 이유를 설명할 수 있을 것이다.

제작자의 특징과 목표　　제작자의 목표가 번역가의 목표 또는 사회적으로 용인되는 목표와 충돌하는가? 질문을 바꿔 말해보면 예를 들어 비미터법 단위를 처리하는 과정에서 출판업자가 특유한 표현방식을 사용하는 번역가와는 달리 동질적인 번역규범을[27] 부과하는 것은 이례적인 것이 아니다.

　그리고 제작자의 요구와 관련한 또 다른 특징이 있다. 장르나 모음집에 대해 출판사의 규정이 특정 조건을 내세우는 경우가 있는가? 예컨대 1955년과 1970년 사이 비정한 범죄소설 또는 프랑스에서의 'Série Noire'

---

27) Gaviolta, publisher, 'Norms generales a tener en cuenta por los traducores.' Unpublished circular.

에 대해 언급하면서 클렘 로빈스(Clem Robyns)[28]는 길이가 정해진 모음집을 논평한다. 길이 때문에 번역가들은 애매한 부분이나 이데올로기적인 부분을 일반적으로 삭제하는 경우를 제외하더라도 말이다. 번역가는 원서를 압축 내지는 축소하도록 요구받는다. 이것은 80년대 핀란드에서 번역된 로맨틱 소설에 대해 A. 켐피넨(A. Kemppinen)[29]이 언급하는 것과 동일한 사항이다.

번역가의 작업환경, 직업훈련, 그리고 사회적 지위　　이러한 요인이 불리할수록 우리는 우연한 태도 또는 이중 언어와 이중 문화의 (무)능력이라는 요소를 더 많이 고려해야 한다. 하지만 이러한 요소들은 번역학도들에게는 다소 위험한 관념들인데, 설명하기 어려운 것에 직면했을 때 너무 쉽게 이용하는 경향이 있기 때문이다.

　　많은 나라에서 문학번역가들은 교정할 시간도 거의 없이 빨리 끝내도록 강요하는 작업환경에 대해 불평한다(스페인에서는 정말 이런 경우가 빈번하다). 이러한 환경은 스페인처럼 최근까지도 대학 단계의 번역과정이 없어 전문적인 훈련과정이 부족한 사정과 더불어, 번역에서 비합리성과 오역이 그토록 많은지에 대해 설명해준다. 예컨대 더쉬엘 해미트의 『붉은 수확』(*Red Harvest*)에서 'Hill이라 불리는 교구목사'는 'un tal Hill'(Hill이라 불리는 어떤 사람)으로 번역되었는데, 이것은 '교구 목

---

28) 'The Normative Model of Twentieth Century Belles Infidèles. Detective Novels in French Translation,' *Target* 2, 1 (1990), pp. 32-42.

29) Anne Kempinne, 'Translating for Popular Literature with Special Reference to Harlequin Books and Their Finnish Translation,' in S. Tirkkonen-Condit and S. Condit (eds), *Empirical Studies in Translation and Linguistics* (Joensuun: University of Joensuu, 1989), pp. 113-37.

사'(parson)와 '사람'(person) 사이에서 오는 예상 가능한 혼동 때문이며, 번역가가 숙고하여 내린 결정의 결과는 아니다.

텍스트적 매개변수

물질적인 텍스트의 제약　텍스트에 수반하는 어떤 이미지의 존재는 번역가의 자유재량에 결정적인 영향을 끼칠 수 있는데, 이것은 더빙과 극장 번역을 비교해보면 분명해진다.[30] 마찬가지로 사진 자막에서 문화특정 항목을 다룰 때에도 다른 종류의 제약이 있다.

이전 번역물　동일한 장르, 저자, 원본 텍스트에 대하여 이전에 행해진 번역은 목표언어문화에서 인지되었을 경우에는 목표 텍스트에 대한 제약이 된다. 이미 언급했듯이 셰익스피어와 같은 고전작품에 대해 이전에 행해진 번역이 존재한다는 것은 등장인물을 언급할 때 보편적인 상황에서 일반적으로 전통적인 고유명사라면 거치지 않아도 될 언어번역 과정을 겪게 된다.

정전화　이전의 한계점을 보완하는데 있어서 고전인가 혹은 단순히 훌륭한 문학작품인가에 따라 번역가가 따라야할 제약은 어느 정도까지 증가하는가?

정전으로 인정되지 않은 텍스트 특히 대중문학에서는 목표언어체계에 대한 제약으로 인해 간략화(원본 텍스트의 상당부분을 삭제)하는 경향이 초래할 수 있는데, 이것은 또한 로빈스(Robyns)와 켐피넨이 그들의 논문

---

30) Delabastita, 'Translation and Mass-Communication,' pp. 1970-8.

에서 언급한 출판사가 부가하는 제약을 설명해준다. 반대로 동일한 텍스트를 '문학적으로 장려'하는 것은 더쉬엘 해미트의 『말타의 매』를 스페인어로 번역한 경우에서처럼 자동적으로 더 존중할 수 있는 (원본 지향적인) 개역(改譯)을 요구한다.[31] 『말타의 매』는 스페인어 최초의 번역(카사스, 1933)에서 제한적으로만 간략화과정을 거쳤으며, 두 개의 다른 소설번역에서 입증되듯이 지금은 원본이 매우 존중되고 있다.

문화특정 항목의 본질

나는 두 언어와 두 텍스트 사이의 구체적인 공간에서 잠재적인 번역의 문제가 늘 존재한다는 사실을 강조하기 위해서 '문화특정 항목'이라는 용어를 선택했다. 문화특정 항목의 본질에 대해 이야기할 때 내가 의미하는 것은 문화 간 간격의 유형과 넓이이다. 유형과 넓이는 두 텍스트 간의 상호작용의 전통이 주어져 있고 잠재적인 언어의 일치가 주어져 있을 경우 문화특정 항목의 구체적 상황화가 발생하기 이전에 존재한다.

이미 검증된 번역   목표언어문화의 상호텍스트적인 전통에서 허구적이면서 동시에 비허구적인 등장인물의 이름과 마주칠 수 있는데, 이러한 경우는 번역할 때 일반적으로 보다 최근에 나타난 이름에 적용되던 규범을 깨트리며, 이전에 사회적으로 용인된 문화특정 항목(목표언어문화의 중요한 공공기관이나 지명에서 자주 나타난다)의 번역은 구체적인 번역을 할 수밖에 없게 한다. (예, UNO→*ONU*, 그러나 UNICEF→*UNICEF*, 그리고 NATO→*NATO* 스페인은 NATO 회원국이 아니었고 현재는

---

31) Lefevere, 'Why Waste Our Time on Rewrites,' in Theo Hermans (ed.), p.226.

OTAN에 가입해 있다).

이와 관련한 현상은 새로운 번역규범을 지향함으로써 전통으로부터 일탈하는 것이 될 것인데, 그 규범이 힘이 커짐에 따라 집단적인 관습을 변화시키고 있다. 그래서 오늘날에는 대개는 목표언어의 상호텍스트성에 국가주의자의 기준을 너무 강하게 각인되지 않은 지명에 대하여서는 고유의 용어로 되돌아가려는 시도가 환대 받는다. 최근에는 국가적인 유일한 공식명칭으로서(거의 연방화된 스페인에서는 관련된 몇 개의 지명이 있음)의 본래 명칭으로 되돌아오려 한다. 우리는 이와 관련된 더 많은 증거 자료를 앞으로 연구할 번역에서 '성안젤로의 성'(Castle of St. Angelo)과 같은 표현이 겪은 변동에서 발견할 수 있다. 처음의 두 번역서(1933, 1969)에서는 '*castillo de San Angel*'(castle of Saint Angel)가 되지만, 마지막 번역서(1992)에서는 원본 텍스트보다는 한층 더 이탈리아어 번역에 가까운 '*castillo de Sant´ Angelo*'가 된다.

문화특정 항목의 투명성　　　이것은 추측하건대 번역의 많은 모순적인 사례들을 설명할 수 있는 요소이다. 특정문화조항을 변경하기로 결정한 번역가들은 언어번역이 목표언어 독자들에게 문체상으로 받아들여지고 쉽게 이해될 수 있다면 마음을 바꿀지도 모른다.[32] 반대로 문화특정 항목의 극단적인 불투명 때문에, 번역가들의 이해의 부족에서 오는 삭제에서부터 차후에 삭제되는 반복에 이르기까지 일련의 가능성이 발생한다.

이데올로기적 상황　　　문화특정 항목의 존재에 관하여는 두 문화체계가 공유할 수도 있지만 그 사용이나 사회적 가치에 관하여는 그렇지 않을

---

32) Maria Antonia Álvarez Calleja, *Estudios de traducción* (Madrid: UNED, 1991), p. 226.

수 있다. 이것은 독자들이 쉽게 받아들일 수 없는 불편함이나 반복을 피하기 위해, 번역가들이 자신이 선택한 전략을 변경하고 삭제하는 것을 설명할 때 중요한 요소가 될 수 있다.

제3자들에 대한 언급들   제3의 문화에 속하는 문화특정 항목에 대한 언급은 본질적으로 특수한 경우이므로 그렇게 취급되어야 한다. 나라를 초월한 문화특정 항목들(여러 나라에 의해 공유되는 제도들)은 특히 흥미를 끌며 우리가 이미 언급한 몇 가지 약어의 경우처럼 보통은 확고하게 이미 확립된 번역이다.

   이번 단락에서 우리는 또한 원본 텍스트 내에서 목표언어문화에 속하는 문화적인/또는 언어중심적인 항목에 대한 언급을 포함할 수 있다. 이들에 대한 원본 텍스트의 설명은 목표 텍스트에서 당연시 (그리고 자주) 삭제된다. 예컨대 세빌(Seville)이 스페인 남부지방이라고 설명하는 것은 일반 스페인 독자들에게는 모욕적인 것으로 여겨질 수 있다.

텍스트 내부적인 요소

텍스트 내에서 특정문화항목을 다루는 것은 원본 텍스트에서의 이 항목이 처한 상황과 텍스트 역할에 달려있다. 목표 텍스트로 번역된 항목의 기능은 (삭제의 가능성으로부터 시작해서) 원본 텍스트에서와 동일(同一)할 필요는 없지만 동일화되는 경향이 있다. 번역가의 자유의 범위는 의심할 바 없이 이러한 경향에 영향 받는데, 이는 주로 번역의 신뢰성과 내적 일관성과 관련되기 때문이다.

   이 점과 관련하여 A. 켐피넨에 따르면, 로맨틱 소설을 핀란드어로 번역할 때 요구됐던 대규모의 간략화 경우조차 이름, 사건, 시간단위사항들을 생략했다고 해서 불분명하거나 부조리한 문단이 있어서는 안 된다. 원본 텍스트에서의 중요성과는 상관없이 방언이 스페인어의 번역에서 사라지는 경향이 있다는 사실에서 이러한 예는 최소한의 노력으로 최대의 효과를 낼 수 있다면 원본 텍스트와의 관련성과/또는 반복을 주요한 척도로 하여 무엇을 삭제할 것인가를 선택해야 하는 사실은 분명하다. 수용하는 텍스트의 전통적 입장에서는 받아들이기 어려운 항목이 언제나 존재한다는 예외는 있지만 말이다.

원본 텍스트 내에서의 문화적 고려　　어떤 경우에는 과학기술, 소수민족 또는 다국적 조직에 대한 언급에서 볼 수 있는 것처럼 원본 텍스트에서 문화특정 항목들이 또한 특정적인 것이 된다. 그러므로 원본 텍스트에서 텍스트 내적인 주석을 발견하더라도 그렇게 이상할 것은 없다. 일반적으로 이러한 상황은 번역에서 중요한 차이를 암시하며, 사실 삭제가 이러한 이유 때문에 필요하다.

타당성　　문화특정 항목을 처리하는데 영향을 주는 요소는 텍스트 또는 어느 한 구절에 대한 이해와 신빙성에 때문에 중요하다. 문화특정 항목이 텍스트에서 차지하는 중요성 때문에 일반적으로 번역가는 이 항목을 가능한 많이 유지한다. (이전 번역이나 이데올로기적인 고려와 같이 이 항목에 반하는 다른 요소들도 있을 것이다).

반복　　이 텍스트적 요소는 타당성과 연결되어있다. 자주 언급되는 문화특정 항목일수록 목표 텍스트 내에서 원래의 표현을 최대한 유지하면서 표현될 가능성이 커진다(이전의 경우와 마찬가지의 예외가 있으며, 이 문제는 번역에 대해 말할 때는 언제나 그러하다).

게다가 반복이라는 요인은 수용하는 쪽에서 요구하는 문체와 관련하여 흥미로운 변수를 가져온다. 모든 문장에서 주어를 명백하게 할 필요성을 필두로 하여 문법상 부단한 어휘의 반복을 요하는 영어권 국가와는 반대로, 스페인과 그 밖의 나라에서는[33] '훌륭한 문체'를 가늠하는 전통적인 잣대이자 독자가 텍스트를 '하나의 창작물'로 여기는 기준은 상호간에 너무 유사하기 때문에 부자연스럽거나 불필요한 항목은 반복하지 않는 것이다. 문화특정 항목들은 문체적 규범에서 전혀 자유롭지 못하며, 이 규범은 삭제와 동의어라는 두 가지 기본방식으로 지켜진다.

목표 텍스트의 일관성　　번역가가 문화특정 항목에 특정 전략을 적용하기로 결정했다면, 다음부터 나타나는 이 항목은 유사한 방식으로 다루어진다. 그러므로 종종 우리는 현재의 사례가 아니라 이전의 사례에서 설명의 근거를 찾아야 할 것이다. 이를테면 번역가들이 보통 문화특정 항목이 텍스트에 처음 출현할 때만 텍스트 외부의 주석에 의존하는 것에서 알 수 있듯이, 전략이 다를 때조차도 이전 표현은 설명하는데 중요하다.

『말타의 매』의 세 가지 번역서에 대한 분석

이번 항에서 나는 약 30년의 주기를 두고 번역된 동일한 소설의 세 가지 번역서를 자료로 문화의 조작에 대해 간단히 분석해보겠다. 역사적이고

---

33) Gideon Toury, 'What Are Descriptive Studies into Translation Likely to Yield apart from Islated Descriptions?' in K. M. Leuven-Zwart and T. Naaijkens (eds) *Translation Studies: The State of the Art* (Amsterdam: Rodopi, 1991), pp. 188.

발생론적 수준에서 보편적 결론을 내리기에는 내가 가지고 있는 자료는 분명히 너무 적다. 그러므로 이 연구의 목적은 문화의 조작이 실제로 나타난다는 점과, 대체로 일반적인 표현(고유명사에 대립하는 것으로서)에서 더 현저하다는 점, 번역가들이 특이한 방식보다는 체계적인 방식으로 번역하는 경향이 있다는 것을 보여주는 것이다.

내가 연구한 『말타의 매』(1930)의 번역서는 F. de 카사스 간세도(Casas Gancedo) (1933)가 번역한 *El halcón del rey de Espana*('스페인 국왕의 매') [마드리드: 데달로, 1933년], 페르난도 칼레하 Fernando Calleja(1969)가 번역한 *El halcón maltés* ('말타의 매') [마드리드: 알리안자 판, 1969년 그리고 바르셀로나 : Mundo Actual de Ediciones, 1981년]를 그리고 프랜시스코 파에즈 드 라 카데나 Francisco Páez de la Cadena(1992)가 번역한 *El halcón maltés* ('말타의 매') [마드리드: 토의(Dabate), 1992년]이다. 이제부터는 이들을 각각 카사스(Casas) 1933, 칼레하(Calleja) 1969, 그리고 파에즈(Páez) 1992라고 하겠다. 문화특정 항목에 적용될 수 있는 번역전략의 범위를 다룬 것처럼, 번역이 단순한 되풀이가 아닌 경우를 인용할 때 나는 영어로 자구그대로 재번역한 것을 제시할 것이다.

초텍스트의 견지에서 보면, 카사스의 번역서 1933와 나머지 두 개의 번역서 사이에는 분명한 차이점이 있다. 카사스 1933은 'Selección policíacá (탐정소설 선집)이라는 제목이 붙은 전집의 일부로서 보급판(스페인에서 이 유형의 책은 전형적으로 서점 대신에 가판대에서 판매된다) 형태로 출판되었다. 번역가와 저자의 이름을 언급하는 것을 제외하고는, 카사스 1933에는 단지 텍스트의 본문만 실려 있으며, 저자에 대한 헌사나 작품에 대한 어떠한 논평도 생략되어 있는데, 그럼으로써 이 작품을 전통적으로 매우 낮은 문학적 지위를 지니고 있는 다른 모든 탐정 소설들과 동일시된다. 이 작품을 대중문학의 예로서 취급하는 것은 번역의 두 가지 특징으로 분명해진다.

(a) 일반적으로 간단하고 서술적인 인용구를 많이 삭제하는데, 이러한 삭제는 대화와 해미트의 탐정소설 유형에 전형적으로 나타나는 장소의 장황한 묘사에서 두드러진다.

(b) 몇 가지의 성적인 묘사를 통해 장면을 '뜨겁게 하는' 기묘한 경향이 있다 (예: 짧은 문장인 '그녀는 얼굴을 앞으로 내밀어 그의 눈을 깊이 응시했다는 '*Avanzó hacia él, mirándole con ardimiento, pidiendo caricias y amor con todos los movimientos de cuerpo* ; [...]'로 변한다(페이지 193) (온 몸짓으로 포옹과 사랑을 바라며 정열적인 모습으로 그에게 다가갔다). 이러한 전략은 이 책의 매력을 높이려는 의도에서 나온 것 같다. 이 독자들도 문학적 고상함이나 상세한 설명 또는 복잡한 인물에 시간을 할애하지 않으며 동시에 강렬한 독서경험을 선호한다.

나머지 두 번역서는 스페인을 포함한 여러 나라의 다른 권위 있는 저자들의 유명한 문학선집에 포함된다. 대체로 독자층은 문화적으로 중급에서 상급에 분포되어 있다. 칼레하 1969에는 또한 20세기 스페인의 가장 중요한 시인 중 한 명인 루이스 켈누다(Luis Cernuda)가 쓴 찬미의 서문이 포함되어 있는데, 이로 인해 텍스트의 권위가 더 확고해진다. 파에즈 1992는 두꺼운 표지의 호화판이며 '*Literatura*'(문학)라고 불리는 선집에 포함되어 있는데, 이 선집은 책 표지에 저자에 대한 학문적인 정보를 싣고 있다. 두 번역서에서 삭제는 최소한(양과 범위 모두에서)으로 유지하는데, 이러한 삭제의 대부분은 무심결에 했거나 또는 반복을 피하도록 권하는 번역규범(목표극 문학규정에 따라 정의된 것)에 따른 결과인 것 같다. 그러나 이 번역규범은 어느 번역서에서도 거의 사용되지 않는다.

출판 방법에서의 이러한 차이는 스페인에서 비정한 범죄소설이 문화적 사정이나 문학적 구심점에서 있었던 발전을 암시하는 것 같으며, 이미 언급했듯이 이것이 암시하는 것은, 이러한 정전화의 절차를 통해 실제로 여기서 연구한 번역서에서도 나타나는 것처럼 원본 텍스트의 문화 세계와 관련하여 번역 전략은 더 보수적으로 변한다는 것이다. 이러한 인식은 제목을 번역할 때 확고해지는데, 나중에 나온 번역문에서는 영어를 직역할 뿐 아니라 초판에서의 번역을 전혀 참고하지 않는다. 카사스 1933이 확고하게 주요 스페인의 문학 전집에 포함되었더라면, 스페인 독자들이 제목에 친숙하기 때문에 이 번역가가 이미 확립된 표현들을 무시하기는 꽤 어려웠을 것이다.

비정한 범죄소설의 정전화에 대한 검토를 마치며, 스페인에서 60년대까지는 더 나아가 80년대까지도 필적할 만한 장르가 존재하지 않았지만,34) 현재는 이러한 유형의 소설을 쓰는 작가들이 매년 회합을 가지며, 가장 권위 있는 신문의 문화 부록 란은 해미트와 같은 인물에 대한 찬사로 몇 장을 할애한다는 것을 언급하는 것이 도움이 될지 모르겠다(참조 예컨대, *El país* 신문 1994, 5, 21일자 문화부록에 'Babelia').

카사스 1933에서 행한 삭제의 강도를 완벽하게 정당화하는 (비)정전화의 요소는 1955년과 1970년 사이에 프랑스에서 'Série Noire'의 번역서에 대해 로빈스(Robyns)가 저술한 것과 유사한데, 이 요소에 역사적인 시각을 덧붙일 필요가 있다. 지금까지 수년 동안 스페인은 자신의 언어에 대

---

34) Salvador Vázquez de Parga, *Los mitos de la novela criminal* (Barcelona: Planeta, 1981), pp. 291-5.

해 매우 방어적인 태도를 취해 왔으며, (최근까지도) 강력한 왕립언어협회는 외래의 영향을 최대한 많이 희석하려는데 주력하는 프랑스의 Académie를 상기시킨다. 이러한 태도는 지난 수년 동안 눈에 띄게 감소하기는 했지만 여전히 문화 자국화의 과정에서 삭제를 장려한다.

마지막으로, 미국의 문화적 주도권은 단지 30년대에 시작되었고 두 문화 사이에 특별히 강렬한 접촉이나 유사한 전개는 없었다는 것을 언급할 필요가 있다. 그러므로 수용불가의 요소나 불투명한 요소라는 중요한 요소가 있었다. 가장 비(非)정전적인 작품의 경우에서 현재와 비교하면 훨씬 더 이국적이었던 당시의 문화특정 항목에는 이 두 요소는 거의 일치한다. 이것은 카사스 1933에서 *golf* 또는 *whisky*와 같은 용어가 이텔릭체로 사용된 것으로 명확해진다(원본 텍스트에서의 '위스키'(whiskey)는 다른 두 번역서에서는 훨씬 더 명료하며 인식 가능한 '위스키'(whisky)로 바뀌지만 로마 글자체로 되어 있다.)

이 연구가 단일한 원본 텍스트의 몇 가지 번역서에 한정된다는 사실은 텍스트 내적인 잣대와 관련성이 좀 덜한 문화특정 항목의 본질의 요소들이 세 가지 번역서에서 동일하다는 장점을 지닌다. 이에 대한 결과로 알 수 있는 것은 문화특정 항목을 제각기 나타낸 점이 각 시대의 번역규범에, 그리고 정전으로서의 원서에 대한 태도에 더 직접적으로 관련된다는 것이다.

문화특정 항목이 다루어진 것에 대해 설명하기 위하여, 원본 텍스트에서 특정한 문화적 가능성을 지닌 각각의 항목을 고찰했으며, 삭제되었거나 번역가가 임의로 첨가한 것을 포함하여 목표 텍스트에서 다르게 다루어진 각 문화특정 항목의 수를 측정했다. 원본 텍스트와 목표 텍스트 사이에서 '왔다 갔다 하는' 과정이 진행될 때 나는 목표 텍스트에서 동일한 문화특정 항목을 반복하지 않았는데, 이는 주인공의 이름과 같은 주요한 항목이 반복될 때 그 횟수의 백분율에 크게 영향을 주므로 최종적 결과의 질이 떨어질 수 있기 때문이다.

게다가 원본 텍스트에 나타나는 잠재적으로 구별되는 문화특정 항목의 총계는(226개의 고유명사, 57개의 일반적 표현) 대체로 이러한 번역 문제를 해결하는데 사용될 수 있는 모든 다양한 번역전략의 적용범위를 제시한다.

이 방법은 우리가 문화특정 항목의 표현에서 변하기 쉬운 요소 – 즉 문맥과 상관없이 원본 텍스트에서 똑같이 잠재적인 문화특정 항목을 번역하기 위해 번역가가 의존한 전략의 비율 – 을 분명하게 규정할 수 있게 한다는 점에서 부가적인 장점을 제공한다. 이 비율은 세 개의 번역서에 대하여 이미 내가 언급한 것과 일치한다. 고유명사와 관련해서는(원본 텍스트에서는 226개) 카사스 1933가 11.4%(255개)인데, 이것은 칼레하 1969의 2.6%, 그리고 파에즈 1992의 1.3%와 대비된다. 반면에 일반적인 표현(원본 텍스트에서 57개)은 카사스 1933에서 14.9%(67개)이며, 나머지 두 번역서에서는 3.4%(59개)로 나타난다.

우리는 각각 목표 텍스트에서 서로 다른 특정문화항목들의 합을 비교해서 각 번역전략의 비율을 평가할 수 있으며, 방금 보았듯이 마지막 두 번역서에서 이 합계는 매우 비슷한데, 이 두 번역서는 카사스 1933에 비해 적은 수의 문화특정 항목들을 포함하고 있다. 카사스1933의 경우 원본 텍스트에 잠재적인 문화특정 항목들과 목표 텍스트에서 다루어진 문화특정 항목 사이에 중요한 차이가 있는 것으로 보아 이 번역서에서 문화적 패권이 수용하는 쪽에 부여된다는 것을 알 수 있다. 이것은 훨씬 더 원본 텍스트에 충실한 번역서인 칼레하 1969와 파에즈 1992의 경우와 대비된다.

고유명사의 보존/대체와 여러 번역전략을 근거로 내린 결론은 뒤의 두 번역서에서 고유명사의 처리 방식이 매우 유사하다는 것이다. 이 분야에서 성인문학에 대한 번역규범들은 몹시 확고하며 일관되어 보이는데, 철저한 보존을 지향하는 추세는 스페인에서 1950년대 무렵에 자리잡게 되었다.

카사스 1933의 경우는 완전히 다른 문제이다. 고유명사(주로 가장 불명료한 고유명사 또는 부차적인 텍스트 상황에서의 고유명사, 즉 텍스트의 이해와 줄거리의 전개에서 부차적인 중요성을 지닌 고유명사)의 18.8%가 삭제되는 것은 보존/대체의 균형에 있어서 매우 중요하다. 단순한 개개의 지시를 초월하는 기능적인 역할을 지닌 고유명사는 뜻이 분명치 않을 때는 없어지거나 (절대적 일반화의 과정에서) 일반적인 표현으로 바뀌었다. 따라서 내포하는 의미보다는 명시적인 의미만을 나타냈다 (예. '그는 Joliet'에서 잠시 복역했다'는 *"salió otra vez de la cárcel"* [그는 다시 한 번 출옥했다]로 된다. 카사스 1933:128). 이 절차는 나머지 두 번역 (특히 칼레하 1969)에서도 사용되지만 그 정도는 훨씬 덜하다.

마지막으로, 카사스 1933과 나머지 두 번역서 사이에 남아있는 불일치는 다음 세 가지 요소에서 설명된다.

(a) '번역 가능한' 이름을 가진 허구적 인물의 세례명 번역에서의 불일치가 있다. 여기에서 '번역 가능한'이란 개념은 전통의 관점에서 이해된다. 즉 영어 이름이 스페인어 이름과 동일한 근원을 공유할 때, 번역 규범은 스페인에서 사실상 어린이 문학과 같은 제 2의 장르에서만 존재하게 된다. 이러한 유형의 문학에서 고유명사를 자국화하는 전략은 공통의

근원을 가지는지의 여부와는 상관없이 모든 고유명사에 해당되며, 원본 텍스트를 수용할 때 기준과 제한을 정하는 쪽은 수용하는 쪽이라는 것을 다시 한 번 보여준다.

(b) 카사스 1933에만 한정된 동의어라는 불일치가 있다(나머지 두 번역서는 반복을 피하기 위해 삭제를 택하지만 이는 매우 드문 경우이다). 이는 또한 당시에 지배적인 문체의 가치를 확인해주는데, 이것은 원본 텍스트에 나타나는 문체적 가치에 대립된다.

(c) 자율적 창조라는 전략 (고유명사에 다섯 개, 일반적 표현에 두 개의 사례가 있다) 또한 카사스 1933에만 해당된다.

'일반적 표현'(고유명사에 대립되는 표현)은 대체 전략, 즉 문화적 자국화가 될 수 있는 가능성이 크다. 이와 관련하여 문화 조작이라는 축으로의 이동이라는 번역전략에 관심을 두는 것이 유용한데, 여기에서 우리는 고유명사의 경우에는 반복이라는 전략을 쓰고, 일반적 표현에서는 언어 중심의 번역에 의존하고 있음을 분명히 인식할 수 있다.

카사스 1933은 자국화를 선택하며, 두 국가의 일반독자들 간의 문화의 불균형이라는 문제를 해결하기 위해 끊임없이 삭제하고 절대적으로 일반화(양쪽의 전략들 사이에서 60%이상)를 고수하는데, 이러한 불균형의 문제는 두 공동체 사이의 거센 접촉이 부족했다는 것을 고려해 볼 때, 지금보다는 1930년대에 훨씬 심각했을 것이라는 것을 기억해야한다. 그 결과 그는 먹고, 운전하고, 인사하는, 또는 동시대 독자들이 수용할 수 있는 당국과 전형적인 관계를 맺는 인물을 소개했으며, 독자들은 텍스트를 읽으려 애쓸 필요가 없었으며 마치 그 번역서를 원본인 것처럼, 이 경우 독자가 익숙한 탐정소설인 것처럼, 즐길 수 있게 했다. 동시에 지방색과 함께 고유명사의 경우에는 세계화 전략으로 (상업적 이유로) 일정량의 이 국적 정서도 여전히 유지한다. 요컨대 원서를 읽을 수 없는 독자는 지명 과 인명에서 이국적인 정서를 느낀다. 주요한 등장인물들이 영어 이름이 붙은 거리를 거닐고 영국처럼 상대방의 성을 부르며 대화하는데, 이것은 역설적으로 스페인의 사회문화적인 관점에서는 일종의 중립화를 보여주는 행위들이다.

가장 최근의 두 번역서는 고도의 상호간의 일관성을 보여주는데, 5% 오차의 범위 내에서만 차이가 보인다. 이 오차는 고유명사에서의 경우에서와 매우 유사하다. 이것은 번역가가 특정 문제를 해결하기 위해 개성이 발휘되었음을 보여주지만 이러한 충동은 수용하는 측의 번역규범 또는 수용성이라는 기준에 의해 지배되므로 전체로서의 작품을 고려했을 때는 그 효과가 미미하다.

칼레하 1969와 파에즈 1992에서는 일반적 표현법을 처리할 때 문화특정 항목의 약 3분의 2정도를 보존하는데, 보다 강한 전통과 번역규범의 영향을 받는 고유명사가 90% 이상인 것에 비교하면, 훨씬 적지만 원본 텍스트가 최초의 번역서와 이후의 두 번역서 기간 동안 정정적 지위를 획득했다는 생각을 확인시켜준다. 그래서 정전승인은 원본 텍스트가 제기한 제약을 수용하는 것이 증가한다는 것을 의미한다. 번역가들이 일반 독자를 위해 최소한의 가독성을 유지하는 한, 이러한 제약은 목표 텍스트에서 훨씬 더 중요시된다. 이 최소한의 가독성 정도는 번역을 접하는 일반 독자에 달려있다.

마지막으로 몇 개의 중요한 예를 비교해보자. '소금물에 절인 족발을 먹었다'라는 표현은 카사스 1933에서 삭제되어 단순히 그들은 함께 먹었다라고 표현하는 반면에 나머지 두 번역서에서는 언어중심으로 번역되어 칼레하 1969에서는 "*manos de cerdo en escabeche*"(소금물에 절인 작은 족발), 파에즈 1992에서는 "*manitas de cerdo escabechadas*"(소금물에 절여진 돼지 족발)가 된다. 다시 소설에서 말타의 매가 마침내 나오는 꾸러미의 모양을 묘사할 때 해미트는 '미국식 풋볼공보다 좀 더 큰 타원체'라고 한다. 카사스 1933에서는 이번에도 삭제를 하여 "*un paquete de forma ovalada*"(타원형모양의 짐 꾸러미)라고 옮겼으며, 칼레하 1969에서는 언어중심으로 번역하여 "*una pelota de fútbol americano*"(미국식 풋볼 공)로, 파에즈 1992에서는 다른 문화특정 항목의 수단, 즉 한정적인 일반화에 따라 "*un balon de rugby*"(럭비 공)로 표현한다.

여기서 연구된 자료의 분량은 문학 장르에 국한된 것이라 하더라도, 어떤 기간 동안의 번역규범에 관하여 전체적인 결론을 도출하기에는 분명 너무 적다. 그럼에도 불구하고, 이 분석은 르페브르(Lefevere), 투리(Toury) 또는 이븐-조하르(Even-Zohar)와 같은 다른 번역학자들의 견해와 일치하는 것 같은데, 이들은 수용하는 문화에서 차지하는 작품의 위치가 중심적인지 또는 주변적인지가 번역에서의 결정적인 요소가 된다. 게다가 이러한 분석은 또한 번역규범이 적어도 스페인과 다른 몇몇 나라에서는 정전으로 인정된 작품에 대하여 현재 매우 강력하거나 보수적임을 잘 보여준다. 일반적인 표현의 경우는 문화를 자국화하기 쉽다는 직관적 통찰을 확인해준다. 여하튼 각 역사적 단계에서 어떠한 원본 텍스트라도 원칙적으로 내재하고 있는 제약을 어느 정도까지 받아들일지를 결정하는 것은 수용하는 쪽이라는 사실이 지금쯤은 분명해졌을 것이다.

5.

문화번역의 이국적 공간

문화접촉의 전형으로서의 번역에 관한 논쟁은 현대의 문화사상에서 되풀이됨에도 불구하고 첫눈에 보이는 것만큼 그렇게 분명하지는 않다. 문화비평에 대한 최근의 저술을 개관해보면, 서로 떨어져 있지만 관련 있는 등가언어이론, 비교문학, 관념의 역사 그리고 문화인류학과 같은 분야에서 번역은 일반적인 현상이지만 이 개념의 중요성과 범위는 적용되는 문맥에 따라서 변동의 여지가 있다. 문화 번역은 두 문화 사이에는 언제나 내포되어 있는 것에 대한 체계화된 이론이 여전히 필수적이다. 문화번역에 관한 주제를 다루는 많은 독창적인 연구가 있지만 문화 접촉의 구조와 문화해석에 대하여 번역이 의미하는 것이 무엇인지에 대하여는 몇 가지 재평가가 필요하다. 이것이 설정된 후에야 비로소 이러한 논쟁의 여지가 있는 의제를 다루어야 한다.

지난 30년 동안 번역이론의 적용분야는 규범적(normative) 연구에서부터 기술적(descriptive) 연구로, 언어중심 시각에서 전체 문화의 배경을 포함하는 거시적 차원을 향한 연구로 확장되었다. 더욱이 80년대부터 번역이론은 여러 가지 접근법에 따라 다각화되었다. 번역연구의 경향에는 결과물로서의 번역을 분석하는 작업, 번역을 사회의 작용으로 이론화하는 작업, 번역이론에서 필연적으로 규범적으로 전개되는 번역 교수법이 있다.[1] 그러나 우리는 때때로 번역이라는 용어가 훨씬 더 광범위한 철학적인 의미로 사용되는 것을 보게 된다. 인류학이나 문화적 충돌에 관한 가장 최근의 이론들이 문화 간 번역에 대해 광범위한 문제를 제기할 때, 이 이론들은 단순히 원본 텍스트에 충실히 하는 언어중심의 문제라기보다는 기호론적이거나 차라리 해석학적인 쟁점을 다룬다.

그러므로 현대의 문화이론은, 하나의 문화권에서 지식이 생산되는 조건들과 문화적 배경이 다를 때, 지식이 재배치되고 재해석되는 방식 사이의 관계를 다룬다. 이 이론들은 정치, 권력의 전략, 그리고 다른 문화에 대한 고정관념과 재현이라는 신화와 관련된다. 이 시각에 입각한 선도적인 번역연구는 조지 슈타이너(George Steiner)의 『바벨 이후』(*After Babel*)(Oxford, 1975)이다. 하지만 이 저서는 번역 연구의 지형도를 그리면서도 문화 간 번역의 중개가 지닌 대립적인 특성 그리고 외래의 텍스트가 등록될 이데올로기적 문화 환경은 물론 번역에 개입되는 의미화과정의 관

---

1) 다음 참조 James S. Holmes, 'The Name and the Nature of Translation Studies,' in *Translated! Papers on Literary Translation and Translation Studies* (Amsterdam: Rodopi, 1988), *apud* M. Carmen-África Vidal Claramonte, *Traducción, manipulación, deconstrucción,* (Salamanca: Ediciones Colegion de España, 1995), p. 16.

계에 대해 여러 의문점을 해결하지 않은 채 남겨 두었다. 에릭 셰피츠 (Eric Cheyfitz), 앙드레 르페브르(André Lefevere), 로렌스 베누티(Lawrence Venuti), 수잔 바스넷(Susan Bassnett)은 최근 저술에서 이에 관련된 논쟁을 다룬 이론가들이다.

옛 텍스트, 이국적인 텍스트, 혹은 동양의 텍스트는 이러한 선입견을 설명하는 좋은 예가 된다. 모범적인 예를 선택해보자. 만약 우리가 유명한 동양의 문학작품 중에서 가장 잘 알려진 영어 번역서를 선택한다면, 여기에는 동양적이거나 이국적인 문학이 영어로 옮겨진 유명한(어떤 사람들은 최고라고 표현한다) 번역이 포함될 것이다. 리차드 프란시스 버턴 (Richard Francis Burton)의 주석이 달린 번역서인 『천일야화』(*The Arabian Nights*)(1885-8)는 백과사전적인 학문의 금자탑일 뿐 아니라 번역된 아라비아 문학의 대표작이다. 그러나 다양한 출처에서 재미있는 이야기를 수집하여 쓴 아라비아어 원작은 아랍의 학자들 사이에서 소중한 문학적 성취로 거의 인정받지 못하고 있다. 게다가 아라비아의 고전적인 *qasida*(송시)는 서양식으로 번역되지 않는다.[2] 그러므로 바이런 파월(Byron Farwell)이 쓴 정평 있는 버턴(Burton)의 일대기에서 옮겨온 아래의 몇 행을 읽게 되면 놀라게 된다.

---

2) 다음 참조 André Lefevere, 'The Case of the Missing Qasidah,' *Translation, Rewriting and the Manipulation of Literary Fame*, (London and New York: Routledge, 1992), pp. 73-86. 나기브 마흐푸즈(Naguib Mahfuz)의 노벨상 수상으로 현대 아라비아 소설에 관한 상황이 약간 변하기는 했지만, 금세기의 매우 훌륭한 아라비아 시의 단지 소수만이 영어로 번역되었다. 리차드 자크몽드(Richard Jacquemond)의 『번역과 문화적 패권』(*Translation and Cultural Hegemony*)을 참조하라. 프랑스의 사정을 살펴보려면 동일한 서적의 프랑스어-아라비아어 번역의 사례를 참조하라. 프랑스에서의 전개상황에 대해서는 다음 참조 Richard Jacquemond. 'Translation and Cultural Hegemony.' The Case of French-Arabic Translation.

버턴 번역서가 지닌 큰 매력은 문학적 관점에서 보았을 때, 이 번역서가 전 작품을 통해 처음부터 끝까지 로맨스와 이국적 정서의 베일에 싸여있다는 것이다. 그는 마치 원래 '아라비아 사람이 영어로 썼을 것 같이'라 쓰면서 동양적 운치의 멋과 중세 아라비아인의 순수함을 담아내려고 노력했다. 그 결과 이 작품에는 서양인에게는 독창적으로 보이며 아주 아름다운 수천 가지의 단어와 표현이 있다. 우리가 버튼을 신뢰할 수 있다면 아라비아어에는 세계의 어떤 언어보다도 아름답게 표현되는 상투적인 표현들이 있다.[3]

여기 번역가이자 학자인 인물은 미지의 것에 대해 권위 있는 안내인으로 등장한다. 그러나 라나 카바니(Rana Kabbani)의 연구『동양에 대한 유럽의 신화』(Europe's Myths of Orient)에서 보여주는 것처럼, 버턴은 의식하던 아니던 자신이 원했던 아라비아 사람들과 아라비아의 문화, 문학, 그리고 나아가 언어에 대한 이미지까지 제시하려했다. 사이드(Said)의『오리엔탈리즘』(Orientalism)이나 로드안(Redouane)의『동양 아랍으로의 여행』(L'Orient Arabe vu par les voyageurs anglais)에서 상기시켜 주듯이, 이러한 이미지는 버턴이 알렉산드리아에 발을 들여놓기 훨씬 이전에 형성되었다.[4]

의미와 권력에 대한 재현, 고정 관념, 전략이라는 그물망에서 문화는 형성된다. 이 그물망은 다양한 쓰기 행위에 반영되며 전개되고 기록되는 뒤얽힌 복잡한 의미체계, 즉 끝없는 함축과 지시로 짜진다. 만약 문화가

---

3) Byron Farwell, *Burton. A Biography of Sir Richard Francis Burton* (London: Longmans Green & Co, 1963) ed. Penguin Books, 1990, p. 366.

4) Edward W. Said, *Orientalism* (London and New York: Routledge and Kegan Paul, 1978); Joëlle Redouana, *L'Orient arabe vu par les voyageurus anglais* (Alger: Enterprise National du Livre, 1988).

언어중심적인인 용어로 이해된다면, 어떤 문화비평 이론에 대해서도 텍스트가 형성되는 환경이 가장 중요하다. 이 환경은 외래 세계와 (현실적 또는 공상적인) 이질적인 공간의 기호학에서 발생하는 의미화 움직임을 밝히려하기 때문이다.5)

그러므로 필자는 몇 가지 기본적인 가정에서 출발하는 것이 유익하다고 본다. 주어진 문화에 어떻게 접근하는지에 상관없이 번역에서는 늘 번역절차가 따른다. 번역은 여러 단계를 거쳐 형성되는데, 그 중에서 첫 번째로는 언어중심적인(의미론적 등가에 관한) 단계 또는 근본적인 단계를 들 수 있다. 어떠한 문화적 담론이라도 텍스트를 구성하고 있다고 할 수 있다. 그 결과, 보다 높은 단계의 상호작용으로서의 문화번역은 외래의 체험을 수용하는 문화권에서 그 체험이 내면화되거나 다시 쓰일 때 발생한다. 가장 적절한 예는 인류학과 민족지학 분야에서 발견할 수 있지만, 사실상 이러한 다시 쓰기는 문화접촉이 있는 경우엔 불가피하다. 문화 성분과 관련된 의미 문맥 간에는 간극이 존재하며, 목표 언어/문화의 표현체계에 따라 원래의 의미를 변경하게 하는 번역할 수 없는 요소가 늘 존재한다. 나중에 검토해보겠지만6) 이러한 틈을 조정하는 것은 사실 문화번역의 가장 중요한 양상인데, 이 양상은 변경할 여지를 넓혀주

---

5) 다름의 시각에서 본 문화재현의 주체(subject)에 대한 고전연구로는 Tzvetan Todorov, *The Fantastic* (Cleveland and London, 1973)과 *The Conquest of America: The Question of the Other* (a semiotic study, New York, 1976); Clifford Geertz, *The Interpretation of Culture* (New York, 1976); Derek Attridge, *Peculia Language: Literature and Difference from the Renaissance to James Joyce* (London, 1988). 후기구조주의 사상의 영향으로 다름을 주제로 하는 작품의 수가 증가해서 필수인용문헌만으로도 여러 페이지가 될 정도이다.

6) 다음 참조. Homi Bhabha, 'How Newness Enters the World. Postmodern space, postcolonial times and the trials of cultural translation,' *The Location of Culture* (London and New York: Routledge, 1994), pp. 212-35.

며 현존하는 규범을 전복시키기도 한다.7)

그러므로 다른 문화와의 관계에서 우리의 고유문화를 현시점에서 이해하는데 번역은 본질적인 여러 쟁점을 발생시킨다. 문화번역은 또한 기존의 지식에 의문을 제기하는데 있어 중요한 역할을 하는데, 이러한 의문제기는 주로 탈식민지의 결과로서 서구사회에서 발생하고 있다. 다른 문화를 어떻게 해석해야 하는가, 이국적인 타자로서 우리에게 보이는 것을 객관적으로 어떻게 이해해야 하는가, 우리 고유의 역사적 사실과 타자의 역사적 사실을 어떻게 풀어나갈 것인가, 우리의 실제 문화의 접경지역을 어떻게 구성할 것인가 등 이 모든 질문의 배경은 문화 간 번역이라는 광범위한 문제를 관통한다.8)

지난 몇 년 동안 현대적인 이론은 이러한 것과 함께 문화의 수준에서 다른 많은 번역 양상을 다루어왔다. 소위 번역연구에서 '조작학파'(Manipulation School)는 상이한 환경에서 텍스트가 선택되고 다시 쓰이

---

7) 문화담론에 외래의 요소가 혼합되는 것은 연속적인 작용이며, 언어중심적인 변화로서의 문화는 종종 부단한 흐름으로 묘사된다. 유사한 방식으로 르페브르는 문학을 지배적인 이데올로기에 반드시 순응해야 하는 것이 아니라 불확정성의 확률론적 체계로 생각한다. 담론은 푸코의 용어에 의하면 대립되는 전략의 길을 열어주는데, 체제 내부의 번역절차는 지배적인 이데올로기를 전복시키거나 심지어는 바꿀 수도 있다. 다음 참조. Lefevere, 'Why Waste Our Time in Rewrites? The Trouble with Interpretation and the Role of Rewriting in an Alternative Paradigm,' in *The Manipulation of Literature: Studies in Literary Translation*, p. 225.

8) 번역은 최근에 문화의 정전과 그 확장에 관한 복잡한 문제들과 관련되어있다. 다음 참조. George Steiner, *After Babel* (Oxford, 1975, 1992), pp. 486-95; Itamar Even-Zohar's various articles edited together in Poetics Today, vol. 11, no. 1 (Spring 1990); Andre Lefevere, *Translation, Rewriting and the Manipulation of Literary Fame* (London and New York: Routledge, 1992); Lawrence Venuti, ed, *Rethinking Translation. Discourse, Subjectivity, Ideology* (London and New York: Routldge, 1992).

는 자체 과정을 개발하였으며 문화 환경의 결정된 양상과 텍스트의 관계를 연구하기 위하여 그 과정의 골격을 발전시켰다. 이타마르 이븐-조하르 (Itamar Even-Zohar)에 의하면 이러한 문화적 배경은 *다체계(polysystem)*라고 부를 수 있을 것이다. 그는 최근에 문화체계간의 이전(transference) 이론을 제기했는데 여기에는 번역절차도 당연히 포함된다. 문학, 언어, 문화에 관한 그의 역동적인 관점에서 보면, 중심과 주변사이를 절충함으로써 표준적인 규범이 변화될 수 있다.9)

문맥(context)은 두 언어체계 사이의 단지 표면적인 의미론의 관계뿐만 아니라 사회 전체 내에서의 이데올로기 및 경제의 영향력과 관련된다. 이와 유사하게, 첫째 기능주의의 영향으로 다음으로 텍스트성의 해체적 이론의 영향으로 민족지학적 담론에 적용되는 번역의 개념이 일반화되었다. 이 둘이 공통적으로 전제하는 전례는 발터 벤야민(Walter Benjamin)의 생각인데, "언어의 이질성"과 잠정적으로 타협하는 방식과 관련된다. 그러므로 민족지학은 언어, 문화 그리고 사회의 이질성과 잠정적으로 타협하는 방식이라고 볼 수 있다.10) 외래의 것을 이해하는 해석자로서의 민족지학자는 외래의 것을 익숙한 것으로 만들면서 동시에 자체의 이질성을 보존하려고 노력하는 번역가와 동일한 역할을 수행한다.11)

---

9) 위에 인용된 그의 논설 '다체제 이론'(Polysystem Theory)과 동일한 책의 '번역과 이동'(Translation and Transfer)을 참조하라. 이러한 텍스트를 입수하게 해준 아프리카 비달(África Vidal)에 감사한다.

10) 다음 참조. Vincent Crapanzano, "'Hermes' Dilememma: The Making of Subversion in Ethnographic Description," in James Clifford and George E. Marcus (eds0, *Writing Culture* (Berkeldy: University of Califonia Press, 1986), p. 51. 또한 다음 참조. Stephen A. Tyler, 'Post-Modern Ethnography,' and Talal Asad, 'The Concept of Cultural Tanslation,' 두 글 모두 같은 책에 실려 있다.

11) *Ibid.*, p. 52.

이러한 해석과 고유의 (문화) 텍스트를 다시 쓰는 이유 및 그 중요성은 무엇인가? 문화의 전초 기지로서 특권적 지위를 지닌 번역가의 지위는 무엇인가? 문화번역 절차에 내재하는 재현 체계라는 관점에서 반드시 고려되어야 할 두 가지 중요한 면이 있다.

(1) 고유한 문화적 텍스트(원본 텍스트에서 발생하는 모든 문화요소)가 목표문화 안으로 통합될 때 재해석되고 조작되며 전복되는 과정에 대한 기술.

(2) 고유한 지시적 기능을 훼손하지 않고 의미가 전달되도록 하는 방법론의 가능성.

이 글에서 필자는 특히 외래문화를 번역한 텍스트에 관하여 첫 번째 양상을 검토할 것이다. 이것은 목표문화 내에 중대한 재현의 요소를 담는 텍스트나 근원 담론의 객관적인 지식이 수용과 배척의 변증법에 의해 사실상 변경되는 텍스트를 다룬다. 번역과 문화접촉에 관한 최근의 이론으로 동양 텍스트의 수용과 재해석을 고찰하는 것은 이국주의에 대해 의문을 표하고 오늘날 세계 무대에서 다문화주의라는 보다 넓은 의미의 문제들을 다루는데 유용한 토대가 될 것이다. 이 주제에 관한 연구가 풍부하기 때문에, 나는 오리엔텔리즘의 사고체계가 어떻게 해서 문화번역의 어려움에 대해 좋은 예가 되는 지를 고찰해보겠다. 어떤 의미를 재맥락화하여 타자를 암묵리에 구성하는 것은 외래 문화 텍스트를 이해하지 못하게 한다. 따라서 혼성적인(heterogeneous) 공통의 공간 내에서 치환된 정체성을 재배치하는 것은 위험할 수 있다.

관련된 언어와 문화의 차이가 더 클수록, 번역은 더 많은 문제점이 발

생하며 난공불락의 정도가 더 높아진다는 사실을 전통적으로 받아들여
왔다. 그러므로 목표문화에서 원천 문화의 전통이 존재할 때 번역은 더
어려워진다. 일반적으로 받아들여지는 고정관념을 재차 확인할 때 문화
간 교량으로서의 번역은 또한 분리의 원천이 된다.

　최근의 연구는 한 민족이 다른 민족에 대해 지식이 축적되면 그 지식
이 그 자체로 공평한 탐구로 인해 객관적 사실이 드러난다고 가정하는
것에 대해 의문을 제기한다. 오히려 지식은 지식을 추구하는 사람에 의
해 결정되며 특히 연구 대상과 관련하여서는 주체로서의 인식자가 갖는
권력관계에 의해 결정된다.12) 대체적으로 지식은 지식의 추종자, 특히 이
것은 지식의 연구대상에 관한 주제로서 인식주체를 연결하는 권력관계
에 의해 결정된다. 서양에서 이국적인 것에 대해 가장 예리하게 분석한
것으로 에드워드 사이드(Edward Said)의 『오리엔탈리즘』(1978)을 들 수
있다.13) 이 저서는 오리엔탈리즘의 담론에 대한 독창적인 연구를 보여준
다. 사이드의 주요한 논거에 의하면 동양은 서양의 가치와 규범인 이데

---

12) P. J. Marshall, 'Taming the Exotic: the British and India in the Seventeenth and
　　Eighteenth Centuries,' in G, S. Rousseau and Roy Porter, (eds) *Exoticism in the*
　　Enlightenment (Manchester: Manchester U. P., 1990), 52-3.

13) 루소(Rousseau)와 포터(Porter)는 '실로 [사이드의 책]이 초래한 수많은 논쟁은 그 자체
　　만으로도 이국주의의 역사에 기여 할 것이다'라고 지적했다. 많은 중요한 글 중에서
　　다음 참조 C. A. O van Nieuwenhujze, 'Palestinian Politician-Scholar Hits Back Hard,'
　　Bibliotheca Orientalis, xxxvi, no. 1/2 (Januari-Maart 1979), pp. 10-26; Michael Beard,
　　'Between West and World. Edward W. Said. *Orientalism,' Diacritics* (December 1979), pp.
　　2-12; Bernard Lewis, 'The Question of Orientalism,' *The New York Review of Books* (June,
　　24, 1982), pp. 49-56; Norman Daniel, 'Edward Said and the Orientalisms,' *MIDEO* 15
　　(1982), pp. 211-22; Dennis Graffin, 'The Attack on Orientalism,' *Journal of Asian Studies*
　　vo. XLII, no. 3, (May 1983), pp. 607-8; Edward W. Said, 'Orientalism Reconsidered,'
　　Race & Class 27, no. 2 (Autumn 1985), pp. 1-15.

올로기가 투영된 상상의 공간이다. 즉 '상상적 배치' 안에서 동양은 '동양화'되며 실제의 모습보다는 마땅히 그렇게 되어야하는 것으로 그려진다.[14] '오리엔탈리스트'(orientalist)의 저술에는 친숙한 것과 이국적인 것이 공존한다. 동양은 '서양의 어떤 모습과 닮았다'(*like* some aspect of the West)[15]는 점에서 친숙한 세계로 보일지도 모르지만, 적어도 19세기 말까지는 익숙한 면보다는 낯설고 멀며 이국적인 면이 우세적인 것 같다. 그러나 P.J. 마샬(P.J. Marshall)이 지적하듯이 영국령 인도의 묘사에는 이 경우가 적용되지 않는다. 여기에서는 익숙한 모습이 강조되었다.

> 영국령 인도의 묘사를 보면 매우 일찌감치 익숙한 것이 이질적이고 이국적인 것을 대체한 것처럼 보인다. 17세기와 18세기동안 영국인들은 점점 더 '오리엔텔리스트' 고유의 언어가 아닌, 서양인의 경험에 관련되는 용어를 사용해서 인도를 설명하려고 했다. 서양인의 용어로 설명할 수 없는 부분은 거의 없다. 인도의 이국적인 면이 지닌 도발적인 면은 한정된 범위 안에서 유지될 것이다. (p. 53)

그러므로 우리는 낯설음뿐 아니라 익숙함도 소위 동양에 기원을 둔 텍스트의 해석에서 중요한 과정이라는 것을 알게 된다. (자쿼몬드(Jacquemond)는 '외래화'(exoticization)와 '자국화'에 대해 언급한다).[16] 사이드는 낯설음에 대한 몇 가지 예를 제시하는데, 다른 몇 명의 저자들도 사이드의 저서인 『오리엔탈리즘』을 본떠서 그러한 예를 든다.[17] 우리가

---

14) E. W. Said, *Orientalism*, p. 67.
15) *Ibid.* 다음도 참조. P. J. Marshall, 'Taming the Exotic,' p. 53.
16) Richard Jacquemond, 'Translation and Cultural Hegemony: The Case of French-Arabic Translation,' in Lawrence Venuti (ed.), *Rethinking Translation: Discourse, Subjectivity, Ideology* (Routledge: London and New York, 1922), p. 150.

동양학(동양문화에 대한 서양의 학문) 분야에서 더 멀리 나아간다면, 그리고 일반적으로 이국적이며(이국적이거나) 동양의 서양식 표현이라는 더 넓은 영역으로 나아간다면, 우리는 필연적으로 레반트, 남부 무어 스페인 등의 판에 박힌 소설에서 유럽의 독자와 저자가 극동, 알려지지 않은 아프리카 또는 토착인도인이나 토착민들에 대해 지닌 불변하는 취향을 불가피하게 보게 된다. 잘 알려 진 것처럼, 19세기의 이국적인 문학은 지금까지도 계속되는 두 가지의 대립되면서도 밀접하게 관련된 경향을 띠고 있다. 즉, 매력과 배척, 고귀하고 비열한 미개인, 전성기 또는 퇴폐기라는 경향이 있다. 나는 두 가지 경향의 결합을 언급했는데, 이러한 과정이 필수적인 까닭은 두 가지 표현이 (이상화된) 자아의 타자에로 투사라는 동일 근원에서 나오기 때문이다. 이것은 사이드의 진단(동양은 창조되었거나 동양에 대한 유럽의 관념에 일치하게 동양화되었다)에 대한 중요한 논점이며,18) 이것이 함축하는 것은 심원하며 광범위하다. 이국의 서사는 문학에만 국한되지 않는다. 이는 또한 객관성이 요구되는 학술서에도 해당되는데, 이 학술서의 객관성은 도전받는다. P. J. 마샬이 언급했듯이 최근의 저술이 도달한 결론은 "한 국민이 다른 국민에 대해 지식을

17) Thus D. Sinor (ed.) *Orientalism and History* (Bloomington 1970); Rank Kabbani, *Europe' Myths of Orient* (London: Macmillan, 1986); R. Schwab's *The Oriental Renaissance. Europe's Rediscovery of India and the East 1680-1880,* trans. by G. Patterson-Black and V. Reinking (New York, 1984); A. Hussain, R. Dison and J. Qureshi (eds), *Orientalism, Islam and Islamists* (Barateboro, 1984); Redouane, Joëlle, *L'Orient arabe vu par les voyageurs anglais* (Alger: L'Enterprise Nationale du Livre, 1988); 여러 참조 자료 중에서 앞에서 인용한 the collection of articles edited by Rousseau and Porter *Exoticism in the Enlightenment.*
18) 다음 참조 E. W. Said, *Orientalism* (1978), pp. 5-6. 사이드의 『오리엔탈리즘』(1978), pp. 5-6을 참조하라. 동양은 19세기의 일반 유럽인이 일반적으로 간주하는 모든 면에서 '동양적인' 것으로 발견할 수 있는 어떤 것일 뿐만 아니라 동양적으로 만들어졌기 때문에 동양화될 수 있는 어떤 것이다.

축적하는 것을 설명하는 것이 학문 자체의 공평무사한 탐구를 통해 객관적 지식이 점진적으로 드러내는 것을 기록한 것이 될 확률은 거의 없음"[19])을 보여준다.

이러한 숙고가 가장 중대하게 암시하는 것은, 지식이 권력의 이해관계와 동기, 입장 그리고 전략으로 깊이 새겨진 배경에서 산출될 때 비지배적이고 비강제적인 지식을 얻는 것은 거의 불가능하다는 것이다.[20] 타자의 이해와 판단에 대하여 언급할 때 우리가 얻는 것은 자아의 불가피한 반영을 지니지 않고 외래문화의 지식을 획득하는 것을 다룬다는 사실이다. 푸코적인 '외부로부터'의 주체 위치의 가능성을 다룬다. (사실, 푸코는 사이드 뿐 아니라 많은 탈식민지의 저술에 중요한 영향을 주었다). 우리는 선악에 대한 가치함축이 없는 문화를 적으려 하며, 훔볼트(Humboldt)에 의해 구상된 "경험적 세계인 현상의 실재와 의식의 내면화된 구조 사이"[21]에 있는 제 3 세계의 통로이자 중립적인 자아의 태도를 구성하며 객관적 의미를 띤 '제 3의 언어'로 쓰려고 한다.[22]

반면에 외래적인 실체에 대한 꽤 많은 서양의 묘사가 단지 허구적인 서양의 생각을 실제민족들에게 부여한 것이므로, 이러한 나라들에게서 서양의 억측이나 신화가 배제된 자아를 형성하는 것이 어느 정도로 허용되는가 하는 근본적인 의문이 생긴다. 두 가지 예를 드는 것으로 충분할 것이다. 아랍문명에 대한 전통적인 서양의 학문은 우리가 18세기 이래의

---

19) J. P. Marshall, 'Taming the Exotic,' p. 52.
20) Edward W. Said, 'Orientalism Reconsidered,' *Race & Class* 27, no. 2 (Autumn 1985), p. 2.
21) Talal Asad, 'The Concept of Cultural Translation,' p. 146; 다음도 참조. George Steiner's getting behind' of the translator, 'behind the language of the original with its local densities, idiomatic variables, and historical-sylistic accidence.' *After Babel*, p. 380.
22) *Ibid*, p. 85.

서양학자의 업적을 외면한다면 이 문명권의 문화와 다양성에 대한 어떠한 객관적 지식도 획득할 수 없다는 것을 분명히 한다. 하지만 사이드가 그의 평론에서 지적하듯이, "종종 서양의 학자들은 동양에 대해 중심 저술가(권위자) 입장에서 담론 형태를 문화적으로 유통하는데, 이들 학자의 존재에 의해 동양이 *대변된다*."[23] 자크몽(Jacquemond)이 조사한 바에 따르면, 프랑스에서 출판 된 아랍의 정세와 상황에 관한 책의 비율에서 프랑스어로 직접 쓰여 진 책과 아라비아나 다른 '동양의' 언어를 번역한 얼마 안 되는 책 사이의 커다란 불균형을 볼 수 있다.[24] 아랍의 대학들에서 선호하는 연구 분야이기도 한 이슬람 스페인에 대한 학문을 대충 살펴보는 것으로도 유사한 시각을 확인할 수 있는데, 최초의 안달루시안 출처를 제외하고(이 책의 출판은 스페인 학자 프란시스코 코데라(Francisco Codera)가 19세기 후반에 에스코리알 도서관의 책들을 이용할 수 있도록 초인적인 노력을 바쳤고 그 이래로 꾸준히 증가하고 있다),[25] 아라비아어로 쓰인 알 안달루스에 대한 어떠한 현대적 아랍 학문도 스페인어, 프랑스어, 영어, 독일어[26]로 번역된 것을 거의 입수할 수 없다.[27] 문화적

---

23) *Orientalism*, p. 122.

24) Richard Jacquemond, 'Translation and Cultural Hegemony,' p. 148.

25) 스페인의 이슬람주의의 발전과정에 대한 연구로는 다음 참조 James T. Monroe, *Islam and the Arabs in Spanish Scholarship* (Leiden: Bril, 1970). M. Manznares de Cirre, *Arabistas españoles del siglo* XIX (Maadrid, 1972). 무슬림 스페인에 대한 영미의 연구로는 다음 참조. A. Galán Sánchez, *Una visión de la 'decadencia española: la historiografía anglosanjona sobre mudéjares y moriscos (siglos* XVIII-XX), (Málaga: Diputación Provincial de Málaga, 1991), 그리고 내 Oxford M. 문학 학위논문 *Anglo-American Approaches to Muslim Spain: The Western Bridge* (unpublished, 1993).

26) 다음 참조. Richard Hitchcock, 'Hispano-Arabic Historiography: the Legacy of J. A. Conde,' *Arabia and the Gulf: From Traditional Society to Modern States. Essays in Honour of M. A. Shaban's 60th Birthday (16th November 1986)*, ed. I. A. Netton, London: Croom

패권은 분명히 번역에도 반영된다.

두 번째 예는 소위 제 3세계 국가에서 민족주의와 서양식 정부형태의 등장과 관련이 있다. 민족자결주의운동이 어느 정도로 확고하게 순수한 인도, 아랍 또는 다른 비서양식 이데올로기의 토대 위에서 서 있는가? 이러한 국가들이 결과적으로 그들의 목적에 파괴적으로 작용하는 서양의 담론과 혼합되지 않으면서 자신의 역사를 어떻게 고쳐 써야 하는가? 이러한 의문과 현대의 사유에 흔히 볼 수 있는 많은 다른 문제들은 그 중심부에 지식의 생산과 전달의 근본 논쟁을 지니고 있으며, 자아와 타자 사이의 동일성에 대한 경계를 재배치하고 전개하는 문제도 또한 지닌다. 이 근본적인 논쟁은 모든 단계에서 번역과 관계된다.

문화 이전이라는 실제 절차가 발생할 때, 근원(대상)문화의 기호구조 전체뿐 아니라 언어의 구조도 목표(주체)문화의 구조에 맞추어 일관성을 갖게 된다. 문자 그대로의 번역보다는 문맥에 맞는 번역이 발생한다. 외래문화의 언어중심적인 파편을 의미가 통하게 함으로써, 즉 목표문화의 상황에 맞춤으로써 문맥이 재현된다. "'어쨌든 '문맥적인 해석'과 그렇지 않은 해석 사이의 대립은 거짓일 뿐이다. 어떠한 의미도 '홀로' 생길 수는 없다. 문제는 항상 어떤 종류의 문맥인가? 이다"[28]는 우리는 타랄 아사드(Talal Asad)의 단언을 떠올릴 수 있다. 아사드의 진술은 민족학적 시각에서의 번역과 관계가 있다. 그러나 최근의 연구가 증명하듯이 텍스트, 문맥, 문화는 다른 문화의 텍스트를 번역할 때 그 자체로 유용하다. 우리가 이미 언급하였듯이 어떤 문화의 자아상이라도 타자의 이미지(재현)에

Helm, 1986, pp. 57-71.

27) R. Jacquemond, 'Translation and Cultural Hegemony,' p. 148.
28) Talal Asad, 'The Concept of Cultural Hegemony,' p. 148.

대립되는 방식으로 구성된다. 다시 말해, 의미 생산 과정의 핵심에 위치하고 차이의 관점에서[29] 생산된다. 우리 자신의 표현, 고정관념, 신화에 대해 인식하고 타자의 경험과 다른 사람, 문화 또는 텍스트가 세상을 다루는 방식을 더 잘 이해하기 위해서는 무엇보다도 번역되었거나 위에서부터, 아래로 문화적으로 해석된 정보를 분석하는 것이 무엇보다 필요하다. (인류학, 민족지학 또는 역사기술에서의 상관물로서) 60년대까지의 번역연구에 통용되던 *상향식* 분석 방식을 대신하여 이러한 분석이 거시적 맥락에서 미시적 맥락, 그리고 텍스트에서 기호로 방향 잡혀 이루어진다. 번역된 텍스트의 문맥의 기능이 고려될 때, 등가에 대한 중요 논점들은 더 큰 관련성을 띠게 된다. 필연적으로 번역은 번역가가 마주치는 이미 주어진 어떤 것이다. 일종의 이미 주어진 번역과 마주치게 된다. 벤야민에 대한 베누티(Venuti)의 논평에 의하면,

> 번역은 외래 텍스트를 정전화하며, 생존하게 함으로써 그 명성을 확인해 준다. 그러나 동시에 번역으로 가능하게 된 생은 파생된 형태에 의존함으로써 외래 텍스트의 독창성은 사라지게 된다. 즉, 번역은 문학적 명성을 확인하기보다는 창조한다.[30]

번역은 번역되는 문맥이나 풍토 하에 놓여 있는 특질에 따라 도착지 문화에서 수용될 것이다. 텍스트는 우선 번역가가 여러 가지 방식으로

---

29) Jacques Derrida, 'Des Tours de Babel,' in Joseph Graham (ed.) *Difference in Translation*, (Ithaca and London: Cornell U. P. , 1985). 번역에서는 의미하는 것과 말해진 것 사이에 만회할 수 없을 정도의 불균형이 있기 때문에, 즉 상이한 의미체계와 새로운 예술 작품이 번역과정을 통해 창조되므로, 데리다는 전통적인 번역이론을 거절하기까지 한다.

30) Lawrence Venuti, 'Introduction,' in *Rethinking Translation*, p. 12.

그것을 발견했으므로 선택된다. 이러한 발견이 처한 상황은 목표언어와 문화에서 텍스트를 최종적으로 재맥락화하는 과정에서, 즉 텍스트 의미를 최종적으로 재공급하는 과정에서 전달된다.

18세기의 학자들은 기존 사회 · 정치적 질서와 사회적 가치에 헌신하는 전통이 요구하는 속박에서 벗어나기 위해 또는 그 반대로 자축(self-congratulation)의 근원으로서31) 사회 고유의 가치와 지식을 강조하고 확인하기 위해 이를 대신할 감정의 동일시32) 대상을 찾았다. 18세기 후반에 영국인들은 '인도민의 역사, 언어, 관습 그리고 풍속'에 관한 지식을 축적했는데, 이것은 낯설음을 없애기 위해서였다.33) 애초에 원본 텍스트가 다루어지는 동기를 들 수 있는데, 이 동기는 원본 텍스트가 번역되고, 해석되며, 인용, 요약 또는 수록될 문맥에서 나온다.34) 현대적 포스트구조주의자의 텍스트성 개념에서 보면 원본 텍스트를 다른 배경에서 재배치하는 것은 독창성과 타협하는 것이다.35) 경계가 뚜렷하지 않은 전체로서의 문화뿐 아니라 언어를 구성하는 대립관계의 의미배열(그 경계는 명확히 구분되지 않는다)36)에 의존하는 언어개념은, 다시 말해 데리다의 용어를 사용하자면 차연(*différance*)과 대립에 의존하는 것으로서의 언어기호개념은 우리에게 언어와 문화의 등가개념을 의심하게 한다. 우리는 문

---

31) G. S. Rousseau and Roy Porter, *Exoticism in the Enlightenment*, p. 12.
32) Edward W. Said, *Orientalism*, p. 325.
33) P. J. Marshall, 'Taming the Exotic,' p. 57. E. W. Said, *Orientalism, passim*; Rana Kabbani, *Europe's Myths of Orient, passim.*
34) 다음 참조. André Lefevere, *Translation, Rewriting and the Manipulation of Literary Fame*, London: Routledge, 1992.
35) Lawrence Venuti, *Rethinking Translation*, p. 7.
36) Jacques Derrida, 'Round-table on Translation,' *The Ear of the Other* (Lincoln and London: University of Nebraska Press, 1988, p.100.

화 사이의 의사소통 또는 다른 문화에 대한 이해가 도대체 가능한지에 대한 중요한 인식론적 문제에 직면한다.

문화 간의 상호이해와 번역은 분명히 존재한다. 그럼에도 불구하고 현재의 후기구조주의자 이론은 두 문화에 존재하는 의미문맥의 이질적 특징을 지적한다. 원본 텍스트가 번역될 때 의미는 불가피하게 변한다. 즉 저자와 번역가의 의도는 같지 않으며 충돌할 수도 있다. 우선 서양학자가 입수할 수 있는 원본 텍스트가 중요한데, 동양의 텍스트에서 서양의 텍스트로 전달되는 정보의 총계가 그 문화에 대한 재현이 되기 때문이다. 정통하기가 특히 어려운 언어의 문화권을 다룰 때, 원본 텍스트를 (잠재적으로) 완벽히 활용하려면, 이를테면, 고대 중국어, 아카드어 또는 아라비아어의 연구에 수년을 바친 학자에게만 가능하며, 이러한 문제는 유럽의 언어를 다루어야 하는 비유럽계 학자에게도 해당된다. 이러한 공통적인 학자들의 꿈은 거의 달성되지 않는다. 이는 고대나 현대의 모든 문화의 모든 텍스트가 다 번역되는 것은 아니며, 앞으로도 당연히 그러하기 때문이다. 예를 들어 우리가 중세 아라비아의 텍스트를 다루려 할 때, 텍스트가 번역될 가능성은 그 분야의 학문적 전통이 있는지, 텍스트의 주제가 그 분야 연구의 발전과 관계 있는지, 그리고 다수의 잠재적인 전문 독자들에게 판매된 작품이 상당수 있는지에 달려 있다. '관심'의 문제는 예를 들어 그 문화와의 국가적 유대(스페인의 학문에는 흔한 일이지만) 또는 영국의 경우처럼 이국적인 요소에 끌리는 요소(이는 식민주의적 태도와 그리 다르지 않다)와 종종 관련되어있다.[37] 중세시대에 파리, 옥스

---

37) '신세계'의 이미지에 대한 이국적인 매력, 번역 그리고 식민지화 사이의 연관관계에 대하여는 다음 참조. Eric Cheyfita, *The Poetics of Imperialism. Translation and Colonialization from the Tempest to Tarzan,* (Oxford and New York: Oxford University Press, 1991).

퍼드, 볼로냐, 아비뇽 그리고 살라망카와 같은 서양의 대학에 아라비아어 강좌를 개설한 것은 정치적 지배의 목적과 그리 다르지 않는 이슬람교 지역 복음전파라는 종국적인 목적 때문이었다.[38] 스페인에서 아라비아어의 연구가 진전되는 과정을 보면 텍스트가 통용되는(주석판 또는 번역서의 형태로) 시대의 정치적 풍토에 맞추기 위해 문학적이며 역사적인 자료가 재해석된 예가 많다. 몇 가지 예를 들어보겠다. 이슬람교의 유산에 대한 문제는 16세기 이래로 대학에서 논쟁의 주제가 되어왔으며, 특히 장기적으로 볼 때 유럽문화의 본질을 암시하고 있기 때문에 지금도 여전히 선호되는 연구 분야이다.[39] 내전 이후의 스페인에서 아마도 유럽 로맨스 시집의 가장 초기 예의 발견과 해석은 로맨스 *kharjas*가 될 것이다. 그 외의 예로는 고도로 카톨릭교화 된 두 가지 이상의 언어가 섞인 아라비아 시가 있다. 히스페닉인, 아랍인, 히브리인 사이에서 똑같이 국가적인 열정을 불러일으켰는데 기여하지만 그 논쟁은 쉽사리 가라앉지 않고 있다.[40]

엄격한 학문적 훈련과 신뢰성 있는 (서양과 동양의) 자료를 사용해서 연구범위를 확장하는 것이 특정 외래문화에 편향된 관점을 충분히 해소해 줄 수 있는지에 대해서는 의심이 간다. 다른 문화를 다루는 학문분야의 역사에 대한 평가가 충분히 증명하듯이 사실상 어떤 텍스트에 특권을

---

38) R. W. Southern, *Western Views of Islam in the Middle Ages* (Harvard, 1962), p. 72.

39) 다음 참조. O. Carbonell, 'Al-Andalus as a Cultural Bridge Between East and West: The 'Arabic Thesis' Concerning Literary Transmission in Western Scholarship (17th-20th Centuries)', *Al-Andalus: Centuries of Upheavals and Achievements*, (Riyadh, forthcoming)

40) 참고 문헌이 책과 소논문으로 600개가 넘는데 이러한 논쟁의 주된 입장에 대해서는 다음 참조. O. Carbonell, 'Hacia una gramática del caos. Reflexiones sobre la poesia estrófica hispanoárabe, *Foro Hispánico* (*Revista Hispánica de los Países Bajos*) 7 Amsterdam-Atlanta, 1994., pp. 39-59,

주는 것은 불가피해 보인다. 텍스트의 선정, 번역 기법, 그리고 자료 분석을 결정하는 '시대정신'이 있다. 예를 들어, 19세기 동양의 텍스트를 해석할 때 숭고미와 미의 심미론이 영향을 미친다는 것을 입증하기는 상당히 쉽다. 이 시대에 만연된 낭만주의의 풍조로 인해 무슬림 스페인에 대한 동양연구자의 학문이 분류되었다. 전체에 대한 모델로서 다른 세계를 재현하는 것과 관련된 *과거 바라보기*(*looking at the past*(황금시대의 신화, 등등))[41]로서 '무어인 선호' 작품이 있다. 이에는 히타(Ginés Perez de Hita)의 *Las Guerras Civiles de Granada* (1801)[42]에 대한 토머스 로드(Thomas Rodd)의 번역, al-Maqqar에 대한 가얀고스(Pascual de Gayangos)의 번역, 또는 18세기로 접어들면서 시작된 무어인 로맨스(스페인 민요)에 대한 방대한 양의 영어번역을 들 수 있다. 이와는 달리 (재해석되었을 뿐 아니라) 반대되는 이미지로서 동양의 형태에 대한 저서, 즉 '고딕 연구'로 분류할 수 있는 학술 저서가 있다. 겉으로 보기에 모순되어 보이는 이러한 설명은 사실상 상호보완적이다. 도덕적 합의와 안락한 삶이 있는 유토피아적 공간을 그리려고 하는 이상적이며 현실도피적인 재현, 그리고 정통적인 이데올로기, 윤리 및 미적 가치에 대한 본질 등 이 모두가 서양의

---

41) 다니엘 밀러(Daniel Miller)에 의하면 '좁은 의미의 원시주의는 존재와 타자로 구성된 구조로서 사회적 자아-규정을 투영한 결과이다. (Primitive art and the necessity of primitivism to art, *The Myth of Primitivism: Perspectives on Art*, ed. Susan Hiller, Routledge, 1991, pp. 56-7).

42) Thomas Rodd, *Las Guerras Civiles, or The Civil Wars of Granada, and the History of the Factions of the Zegries and the Abencerrajes, etc.* Translated from the Arabic of Abenhamin, a native of Granada, by Ginés Pérez de Hita, of Murcia; and from the Spanish by Thomas Rodd. London, J. Bonsor, 1801. 다음 참조. O. Carbonell, 'Ecos de historia romántica: la 'España mora' en Thomas Rodd y Washionton Irving,' *Sharq al-Andalus* 8 (1991), pp. 11-24.

지배적인 사유양식을 확인해준다. 여기에서 *예상되*는 동양적 공간이 유사함에도 불구하고, 번역에 선택된 작품들은 근본적으로 다른 세계를 전달하지 못한다. *"lejanas y ajenas visiones"*43) 와 관련되기보다는 이러한 작품들은 우리 고유의 자기긍정이라는 기대를 저버리지 않으며/않거나 우리가 처한 텍스트의 그물 *내에서* 변화한다.

지난 몇 년 동안 유럽의 언어로 번역된 현대 아라비아 작품이 수적인 면에서 유일하게 증가했는데, 이것은 주로 대학 편집자의 노력 덕분이다 (스페인의 P.마르티네즈(P. Martinez), F.아르보스(F. Arbos), M. 빌레가스 (M. Villegas), M.J.비게라(M. J. Viguera) 외에도 많은 사람들이 있다). 그러나 오늘날 교육받은 아라비아의 번역가들 사이에 전체적으로 균형 잡힌 접근법이 널리 펴져있음에도, 번역가들은 이국적인 특성이나 흥미를 끄는 주제에 부합하는 작품을 선택하여 번역하는 경향을 아직도 벗어나지 못하고 있다. 작고한 마르셀리노(Marcelino Villegas), 혹은 페드로 마르티네즈(Pedro Martinez Montavez)와 같은 번역가들의 객관성과 충실도는 칭송할만하더라도, 리차드 자크몽드(Richard Jacquemond)가 현대 아라비아 문학의 초판 불어번역에 대하여 말해야 했던 것을 잊지 말아야 한다. '번역하기로 결정된 작품은 저자의 모더니스트적인 이상과 (그들의 표현에 의하면)44) 전통적 사회의 후진성 사이의 차이를 강조한 저술'이라는 자크몽드의 언급은 현재 지도적인 스페인계 아라비아어 연구가의 번역 활동에서도 해당된다. 스페인에서 현대 아라비아 문학 번역의 시대를 연 에밀리오 가르시아 고메즈(Emilio Garcia Gomez)는 안달루시아의 역사와 문학을 전공했는데, 중세 스페인계 아랍 문학과 역사를 선호하고 아

---

43) M. J. Rubiera, *La arquitectura en la literatura hispanoárabe,* (Madrid: Hiperión, 1985).
44) Richard Jacquemond, 'Translation and Cultural Hegemony,' p. 51.

랍민족에 대한 그의 편애가 현대의 (명백히 비스페인계인) 아랍은 배제한다는 사실은 잘 알려져 있다. 의미심장하게도 현대 아라비아 문학 중에서 그가 유일하게 번역한 것은 필자가 알고 있는 한 타하 후세인(Taha Husayn)의 작품『나날들』(*Al-Ayyam*)45)과 타우픽 알 하킴(Tawfiq al-Hakim)의『지방검사의 일』(*Yaumiyyat na ib fi-l-aryaf*)46)의 스페인어 번역인데, 이두 '근대주의자'의 작품들은 프랑스에서 번역되고 그로 말미암아 스페인어로 번역된 최초의 이집트 작품들이라고 자크몽드는 분명히 한다.47)

'그렇지 않았더라면 권위 있었을 그의 번역이론에 관한 저술에서' 슈타이너(Steiner)가 식민정책과 문화적 패권 문제를 배제한 것에 대하여 사미아 메레쯔(Samia Mehrez)가 이의를 제기한 것은 적절하다. 사실, 번역을

---

45) *Los dias,* Valencia, 1954; first published in Arabic in 1929.

46) *Diario de un fiscal rural* (Madrid, 1955). 번역가의 서문 중에서 몇 가지는 상세하게 인용할 가치가 있다. 가르시아 고메즈(Garcia Gomez)는 출판업이라는 유기체(the Instituto Hispano-Árabe de Cultura, a branch of the Ministerio de Asuntos Exteriores) 에 대해서 말한다. 'tiende a dar a conocer entre nosotros las obras que le parecen máa bella — y más 'comunicables' — dentro del campo de la literatura contemporánea del Oriente Medio. Es salvedad importante para todos. Los orientales no deberán extrañarse de nuestra elección, que puede ser errónea, pero que no es caprichosa, tiene sus leyes y no afecta en modo alguno a la categoria estética de algunas obras que de monento pueden quedar excluidas. Y el publico del habla española debe asimismo pensar que lo que va a ofrecérsele viene pasado por muchas y diferentes cribas y que la clidad literaria, — que siempre se ha tenido, naturalmente, en cuenta — ha de ir hermanada, aparte otros factores, con el porcentaje de "comunicabilidad" de la obra Que se traduzca.' (Ibid., p. vi).

47) 이 작품들의 프랑스어 번역에 대한 논평을 참조하라(151쪽). 먼로(Monroe)에 의하면 이러한 번역서에서 가르시아 고메즈의 역할은 스페인의 아라비아 연구에 새로운 국면을 연다는 측면에서 중요하다. 이 연구는 그의 제자 페드로 마르티네즈 몬타베즈(Pedro Martinez Montavez)와 마드리드의 오토노마 대학의 동료들에 의해 달성한 성과이다.

통해 접근 가능한 외래의 작품에 어떻게 외래적인 방식을 부과하는지 곰곰이 생각해보면, 최근 연구에서 문화 정체성에 대한 서양의 고전적 신조, 즉 문화 정체성, '인본주의', '보편주의', 그리고 서양 문화적 전통에 관한 '장중한 설화문학'에 대한 의심에 우리가 관심을 갖는 것도 당연하다. 서양규범의 문맥 안에서 자신들의 입장과 역사를 다시 쓰려는 후기 식민주의의 목소리는 다(多)언어와 다(多)문화적인 환경에서 출현할 때 문화번역이라는 논쟁에 또한 직면하게 된다. 이것은 그 이미지들이 번역가들이 살고 있는 문화권에서 지배적인 외래 문화를 환원적으로 재현하는 전통(번역가는 이를 바꾸는데 공헌한다)에 의해 결정되기 때문이다.

우리가 이미 언급한 것처럼 이국주의는 일방적이며 한쪽으로 치우친 시각에서 단일 문화권에서 부가된 기호의 모형을 구성한다. 그런 까닭에 문화권으로 수입되거나 자체 내에서 발생한 텍스트는 어떤 것이든지 취약점을 지니고 있으며, 그 의미망은 지배/피지배 관계의 소외 구조에 갇히게 된다. 이러한 상황은 르페브르(Lefevere)가 제시하듯이 고전적인 아라비아 시의 번역 또는 어떠한 이국의 예에도 해당되지만, 전체적으로 식민지 이전의 문학 또는 문화 생산 일반의 경우에도 해당된다. 그런 다음 텍스트는 종종 여러 층으로 된 복잡한 문화적, 언어중심적인인 문맥의 복잡성 속으로 침몰하게 된다. 비록 오래 전의 대도시의 언어로 씌어졌다 하더라도 이러한 텍스트들은 사실상 다른 세계에 속하는 미묘함을 드러내는데, 이 미묘함이란 의미가 상이한 '혼성어' 체계를 만들어 내는 새로운 의미와 새로운 내포를 말한다. 여기에서 번역은 언어등가의 수준과는 상이한 수준에서 이루어진다. 의미는 원문화 일의성의(univocal) 의미화 움직임을 지닌 목표문화에 위치하는 것이 아니며, 오히려 충돌과 복잡성이 난무하는 제 3의 문화공간에서 끝없이 창조된다. 번역은 힘든 작업이다. 즉, 복잡성을 파악해야 하고, 원본 텍스트의 모델과 기준과의 차이를 인식해야하며, 바깥의 시각으로 '저쪽'을 수용하는 긍정의 태도를 지녀야하기 때문이다. 다시 말해, 타자의 언어를 말할 수 있어야 한다.[48] 카티비(Khatibi)에 의하면, 메레쯔(Mehrez)가 인용한 다(多)언어중심의 독서경험으로 종종 우리는 번역할 수 없음에 이르게 된다.[49]

사미아 메레쯔는 *métissés*와 같은 텍스트를 해석하는 행위 자체가 하나 이상의 언어가 개입된 지시 세계에 대한 해독을 수반한다고 한다. 만약 탈식민주의의 환경이 단일 국어를 사용하는 작품을 다룰 때조차도(그러나 문맥은 다(多)언어적이다) 독자에게 그러한 번역 활동을 요구한다면, 번역가의 전통적인 모방역할에 의문이 제기된다. 번역가의 전통적인 모방, 원본 텍스트에 대한 충실도 혹은 등가는 새로운 관계 및 즉 새로운 차이점이 형성하는 의미를 재정의 하게 한다. 번역가로서의 독자는 새로운 (다른) 재현의 장을 연다.

호미 바바 (Homi Bhabha)의 주요 글인 「새로움이 세계 속으로 들어가는 방법」(How newness enters the world)[50]은 후기식민지적인 동일성이 발생하는 상황에서 뒤얽힌 재현의 장을 탐구한다. 식민지화하며 (이전에) 식민지화된 지식 대상 사이의 충돌 관계는 각 문화주체가 세계를 구성하고 새로운 문화적 내용을 재배열(번역)함으로써 분석된다. 번역은 문

---

48) Samia Mehrez, 'Translation and the Postcolonial Experience: The Francophone North African Text,' in L. Venuti (ed.), *Rethinking Translation, Discourse, Subjectivity, Ideology,* London and New York: Routledge, 1992, pp. 121-2.

49) Abdelkebir Khatibi, *Amour bilingue* (Paris: Fata Morgana, 1983), Eng. trans. by Richard Howard, *Love in Two Languages* (Minneapolis: University of Minnesota Press, 1990), pp. 4-5, *apud* Mehrez, p. 122.

50) *The Location of Culture,* (London and New York: Routledge, 1994), pp. 212-35.

화 간 이동성의 관점에서 의미의 번역 개념을 제시한 발터 벤야민에서 출발함으로써 번역에 대한 정의를 내릴 수 있다.[51] 즉 지식의 내면화, 지식의 합병과 이해, 단순한 모방의 가능성을 배제하는 광범위한 인식론상의 과정으로 정의된다.

메레쯔의 전술한 카티비(Khatibi) 인용에 필적하는 것으로, 바바의 견해, 즉 추방되거나 이주하거나 métissé인 주체가 지닌 재현 세계의 충돌에 대한 견해와 일치하는 번역과정이 있다. 벤야민의 표현에 의하면 저항 요소인 번역 불가능한 공간이 늘 존재하는데, 이곳에서 문화의 국경이 확장되고, 문화 층의 중첩은 새로운 혼성주체의 출현을 결정한다. 이러한 번역불가능성의 결과 때때로 루쉬디 사건(the Rushdie affair)에서처럼 불경스러운 것으로서 '새롭게' 출현하기도 하고, 결과적으로 나타난 주체를 일시적으로 대체하기도 한다. 그러나 문화의 차이에 대한 모든 과정들이 충돌하는 곳은 이 틈새 통로이며, 그 결과 '이주하는' 역사적 (시간적이며 공간적인) 경험으로 그 주체는 재배치되며 문화의 차이에 대한 새로운 체제를 형성한다. 문화적인 그리고 언어 중심적인 (그렇지만 언어 중심적인 것만으로는 국한되지는 않는) '외래요소'는 어떠한 문화에서라도 변화의 요소가 된다. 문화 간의 의사소통은 번역과정에 의하여 자신의 재현문맥에 따라 타자의 의미를 다시 정의하는 것 뿐 아니라 의미에 대한 '제 3의 공간'을 건설하게 한다. 여기에는 예를 들어『한밤중의 아이들』(*Midnights Children*)에서 살먼 루시디(Salman Rushdiedml)의 인도역사를 개인적으로 재정의 하는 것, 또는『오메로스』(*Omeros*)에 대한

---

51) *Iluminaciones*, p. 69. '*la traducción entraña una continuidad transformativa y no la comparación de igualadades abstractas o ámbitos de semejanzá* apud *África Vidal*, 'Los estudios de traduccion,' (forthcoming) p. 29.

데렉 월컷(Derek Walcott)의 언어 중심적인 재해석이 생겨난다. 이를 통해 월컷은 크레올 안틸리안 문화의 개성 있고 혼성적인 세계를 반영하는 시적이고 개인적인 언어를 낳는다.

> 나는 파도의 포말이 대리석 마냥 차거운 팔을
> 그리고 다락방에서 겨울 빛에 빛나는 어깨를
> 지켜보는 나 자신을 느낀다. 나는 '오메로스'라 말하네
>
> 그리고 O는 소라껍질의 기도, mer는
> 우리 Antillean방언으로 어머니, 그리고 바다도 되지,
> os는 잿빛유골, 그리고 거품 흩뿌리는 백색 파도
>
> 해변 가에 부서져 쉬쉬 소리 내며
> Omeros는 낙엽 부서지는 소리, 그리고 조수가
> 동굴 입구에서 울리는 파도 소리.52)

나는 바바의 설명적 순서를 변경하여, 이주자 경험에서 나온 번역활동에 대한 그의 견해의 개요를 소개한 이후 어떻게 새로운 것이 식민지 기획 또는 이국적 열망과 동양의 신비화를 지닌 특권적 주체로서의 자아의 세계로 들어가는지에 대해 논의한다.

바바의 주요 논쟁점은 '새로운 세계 질서(경계)((b)order)'53)인 포스트모더니즘 공간에 대해 제임슨이 내린 해석을 평가한 것이다. 탈근대성에 대한 유명한 이 마르크스주의 이론가 제임슨은 세계적인 문화 간의 공간

---

52) Derek Walcott, *Omeros,* New York: Farrar Straus Giroux, 1990; biligual ed. English-Spanish Barcelona: Anagrama, 1994 (Sp. trans. by J. L. Rivas), 24.

53) *Postmodrnism or, The Cultural Logic of Late Capitalism,* Secondary Elaborations,' pp. 297-418.

을 구상하는데, 여기에서는 개개의 주체가 근본적으로 불연속적 현실인 다차원의 집합체에 삽입된다. 이러한 파편 속에서 문화적 총체성은 사이 공간(공간의 단절과 시간의 단절)에서부터 발견되며, 이때 '제 3의 공간 으로부터 새로운 역사적 주체가 등장한다. 이 공간에서 새로운 문화의 실천과 역사의 서사가 병렬되어 동시에 시작된다. 바바는 의미구조에 대 한 제임슨의 묘사를 비판하는데, 이는 의미에 대한 틈새적인 문화작용을 암시적으로 잘 묘사했지만 역사의 전치(轉置)의 중요성을 고려하지 않았 다는 이유에서이다.54) 제 3의 공간은 시간적/ 역사적 차이의 장소이며, 여기에서 비교할 수 없는 차이와의 절충이 경계선상 존재에 유일한 긴장 을 형성한다.55) 이곳은 문화번역이 발생하고 문화번역이 다른 문화적 실 체 사이의 전달수단이 되는 불안전한 공간이다. 제임슨이 새로운 포스트 모더니즘의 국제문화라고 칭한 문화의 간극에 대해 묘사한 부분은 중요 하지만 문화 재현에 대한 번역의 동향을 적절하게 평가하지 못하고 있다. 과감하게도 그는 비평이론의 방향을 세계화의 출현, 그리고 각 주체의 분열과 단절에서 나타나는 역사 서사의 가능성으로 돌린다. 하지만 그의 노력은 어쩔 수 없이 자신의 재현을 다른 문화에 불가피하게 부가한다. 엄밀히 말해 이 다른 '이주자' 경험은 합법적 주체로서 자신을 구성할 수 없으며, 자신의 역사를 다시 쓸 수 없으며, 자신만의 경험을 재현하지 못 하며, 틈새에서 발생하는 문화번역에서 자신의 공간을 구성할 수 없다.56)

---

54) Homi Bhaha, 'How Newness Enters the World,' p. 217.
55) *Ibid, p. 218.*
56) 몇 명의 비평가들에 따르면, 전지구적인 의미 담론을 향하는 제임슨의 경향은 현재 (서양의) 권력구조 사이에서 내포된 관계를 드러내려는 정치적 의도를 보여준다. 제 임슨의 '인식의 지형그리기에 대한 미학이론'에 대한 평가는 베넷을 참조하라. 그리 고 제임슨이 타문화의 재현이라는 면에서 역사담론을 다루는 방법에 대하여는 로버

여기에서도 제임슨은 마찬가지로 이국적인 것을 친숙하게 만들고 있는 것은 아닌가?

제임슨의 '제 3의 것'은 계급구조 분석(이는 내부와 외부, 토대와 상부 구조사이의 차이를 구분한다)의 결과인 이원론의 변증법에 따라 발전되었다. 이에 바바는 마르크스주의 비평가의 체계에 기초가 되는 자기애를 고찰한다. 자기애는 계급차가 모든 것을 포괄하는 범주로 포섭되지 않는 한, 성, 인종, 민족문화와 같이 다른 이론적 틀에 의지하여 공동 정체세계를 확립할 수 없게 한다.

> 이러한 자기애는 차이의 주체와 문화적 타자성의 형식을 두 가지 방식 중 하나로 분명히 표현할 수 있다. 즉, 모방적으로 부차적인 것으로 (이제는 어 정도는 부적절하다고 할 수 있는 계급관계의 신뢰성과 독창성이 그 빛을 바랬다) 표현하거나 시간적으로 선행하거나 때가 아닌 것(현재의 사회 공동체라기보다는 낡고 의인화되고, 보충적인 현실)으로 표현할 수 있다. (pp.222-3)

그래서 '제 3의 공간'은 불가피하게 도전받게 되며, 타자의 두 번째 공간이라기보다는 자아의 '첫 번째 공간'에 가깝다. 번역은 (익숙한 것의) 낯설게 하기와 (낯선 것의) 익숙하게 하기라는 피할 수 없는 전략으로 인해 실패한다. (동양, 제 3의 세계, 원시시대 또는 고대사회이던 간에)[57] 문화차이의 과정은 타자가 진실 되게 전개된 지식보다는 서양의 자기중

트 영(Robert Young)의 『백색 신화: 쓰기, 역사 그리고 서양』(*White Mythologies: Writing, History and the West*, (London: Routledge, 1990)을 참조하라.

57) 다음 참조 Talad Asad, 'The Inequality of Languages,' in 'The Concept of Cultural Translation,' p. 158.

심적 욕구를 충족시키는 욕망된 지식만을 가능하게 한다. 제임슨이 상술하지 않은 것은 문화차이에 대한 틈새 통로의 기초가 되는 전복하는 힘이다. 이 통로는 새로운 정체성, 새로운 텍스트와 문맥이 형성되는 유사공간이다. 즉, 지속적이며 본질적인 번역 공정이 끊임없이 전개되는 공간이다.

번역은 결국에는 모든 단계에서의 전복 텍스트의 구성을 의미한다. 여기에서 나의 논지는 원본 텍스트뿐 아니라 목표 텍스트 문맥이 번역과정에서 주입되는 변화를 겪으며, 이때 이 둘이 지닌 더 깊은 내포가 드러나게 된다는 것이다.

다른 문화를 읽는 것은 외래문화에 *내포*되어 있는 것을 읽는 것이다. 만약 인류학의 번역가가 분석자와 마찬가지로 주체의 의미를 결정할 때 최종적 권위를 가진다면, 인류학의 번역가가 주체의 의미를 결정하는 실질적 *저자*가 된다. 이러한 견해에 의하면, '문화번역'은 내포된 의미를 결정하는 문제이다[58] "암시" 또는 "무의식"의 관념을 통해 주체에 대한 의미를 창조하는 이러한 힘은 의미를 공인하는 것과 마찬가지이며, 민족지학적 권위에 대한 토론은 이러한 관점으로 이뤄진다. 그러나 이것은 또한 목표문화 자체에 대한 공인된 표현을 낳는다. 즉, 오래거나 새로운 상투적인 문구를 지지하거나 부정하거나 파기한다. 번역의 전복적 효력은 내포가 원본 텍스트뿐 아니라 목표 텍스트에서도 발견된다는데 있다. 이 국적인 이미지에 관하여 밀러(Miller)는 다음과 같이 지적한다.

> 시간이 지나면 표현은 종종 동화되며 동일한 사회의 자기의식에서 강력한 요소로 작용하게 되는데, 그 과정에는 상호적 힘이 있기 때문이다.[59]

---

58) Talad Asad, 'The Meaning of Translation,' p. 162.

실로 부정하는 행위는 경계를 설정하는 머나먼 저쪽의 것에 대하여 매개
하는 작용이다. 교량으로 현존이 시작되는데, 이것은 고향과 세계의 재배
치하는 어떤 낯선 의미를 포착하기 때문, 즉 익숙함/낯설음(unhomeliness)
때문이며, 이는 치외법권적이며 교차적인 문화가 창설되는 상태이다.
(H. 바바, 『문화의 위치』The Location of Culture, 9쪽)

번역은 전통적으로 모방적인 행위로 간주되어왔다. 등가에 대한 진부
한 논쟁과 연결되는 언어번역은 한 가지 텍스트 의미를 다른 것으로 다
시 정의하는 것(다시 말해 동등한 언어 중심적인 문맥과 의미론적 문맥
을 재건하는 것)을 목표로 하는 것처럼 보이지만, 사실은 개방되고 확대
된 문화의 장을 지향하며 단순한 모방인 닫힌 순환성을 초월한다. 번역
은 여기와 저기, 지금과 그때, 우리와 그들 사이의 변증법을 형성하는 '초
월적인' 움직임이다. 그리고 문화적 차이가 처리되며, 바하에 의해 지적
된 틈새의 '새로움'이라는 공간이 발생하는 이러한 개방적인 공간은 문화
적 경계가 끊임없이 타협되는 공간이다.

우리 자신의 문화를 요소로 해서 형성된 교량역할은 동일한 기호적 재
현 전략을 공유하며, 이러한 전략에 의해 다른 문화가 묘사된다. 그러나
동시에 이렇게 형성된 전략과 방식에 의해 '저편'의 다른 문화는 교량의
이편에 나타나게 된다. 비록 번역이라는 수단으로 형성된 재현의 거울을
통하여 나타나지만 말이다.

이 거울이 지니는 모양, 색깔 그리고 투명도에 따라서, 그리고 하나의
텍스트에서 다른 텍스트로의 번역과정에서 사용된 전략에 따라서, 타문
화는 더 접근하기 쉬울 수도 아닐 수도 있으며, 실제 경계선의 그림자는

---

59) David Miller, 'Primitivism and the Necessity of Primitivism to Art,' p. 60

더 가까이 있거나 더 멀리 있을 수도 있으며, 더 분명하거나 덜 분명할 수도 있다. 바바의 인용에서 알 수 있듯이, 경계를 만드는 것은 부정하는 행위이다. 번역은 가상의 경계선을 실제의 것으로 만들 수 있으며, 반대로 거의 완벽하게 지울 수도 있고 이 경우 여기와 머나먼 저편, 우리와 그들 사이에는 아무런 차이점도 없다. 몹시 광택이 나는 거울은 우리의 감각을 현혹시킬 수도 있다.

그러나 번역은 배척하거나 동질화하는 부정적인 행위를 지양하며 사이-공간에서 또한 작동할 수 있다. 부단한 정의 내리기, 논쟁 그리고 애매성의 시대인 탈식민주의시대에 글을 쓰는 것은 모든 번역활동의 동기, 과정 그리고 결과를 번역이론으로 정의 내릴 것을 요구한다. 그리고 번역이론은 문화와 가장 관련된 분야의 하나이다. 번역은 확인에 익숙해져야 하는데, 이것은 문화 간 교량의 중간에 위치하는 '저편'으로부터만 달성될 수 있다. 비평이론의 타협 없는 제 3의 공간은 유일하게 가능한 합리적 번역의 공간이다. 또한 그곳은 문화의 국경이, 데릭 월콧의 시에서 파도모래와 거품, 그리고 바다가 뒤섞인 혼성물이 형성하는 해변의 가장자리처럼, 부단히 이동하는 상태에 있다.

6.

번역과 화용론

1. 번역학(Traductology)과 번역론(Translemcis)

번역학(Traductology)과 번역론(Translemcis)은, 물론 번역학문(translatology)
이라는 이름도 이 분과학문에 적절한 명칭으로 제시되고 있지만, 번역의
이론과 적용 문제에 관해 깊이 있게 고찰하는 학문 활동에 가장 널리 수
용되는 두 개의 용어이다. 이 두 용어는 크게는 "번역 이론과 적용"으로
알려진 보다 전통적인 연구 영역과 번역 "과학"(science)처럼 현학적인 용
어의 영역을 포함한다. 어떤 사람들은 번역론이라는 용어에서 보다 현학
적인 느낌을 받기도 한다.1)

---

1) 다음 참조 Gerardo Vázquez Ayora, *Introducción a la traductologia* (Washington DC:

번역론을 지지하는 자들은 번역이 또 그 자체로 과학이라고 주장한다. 비록 번역을 예술의 개념으로 신봉하는 사람들이 더 많고, 번역의 예술성이나 번역의 과학성에 관해서가 아니라,[2] 오히려 "번역 행위"에 대해서 언급하는 번역가 더 많다는 사실을 말하지 않더라도 말이다. 번역이 과학인가 예술인가의 문제는 사소한 논쟁거리로 보일 수 있는데, 왜냐하면 페르디난드 소쉬르(Ferdinand de Saussure)가 말한 것처럼 번역은 "창조된 대상의 관점"(*le point de vue cree l'objet*)이기 때문이다.[3] 결과적으로, 관찰, 가설 세우기, 결과 측정 등과 같은 과학적 절차와 매개 변수들이 번역의 방법론적인 연구에 적용된다면, 번역은 과학적 특성의 영역에 위치할 충분한 자격을 갖춘 셈이다.[4]

그러나 이와 같은 "번역 이론"은 최근 몇 년간 언어학자와 철학자들의 압도적인 관심사였음에도 불구하고, 여전히 단순한 그림자에 지나지 않는다. 번역론과 번역학 분야의 전문가들의 연구는 최소한 다음의 두 가지 주요한 목적을 가지고 있다. (1) 동일한 의미이지만, 다른 언어로 쓰인 두 개의 텍스트 상의 관계를 언어적으로 분석할 때 이때 나타나는 등가 문제에 대한 해결책을 지속적으로 모색하기 위함이다. (2) 이러한 등가를

Georgetown University Press, 1977); Julio César Santoyo and Rosa Rabadán, 'Traductologial/translémica. Una uneva disciplina lingüistica,' *Revista española de lingüistica aplicada* (Grandada: AESLA, 1990); and G. Radó, 'Outline of a Systematic Translatology. The Terminology of Translation,' *Meta,* 30, 4 (1885), pp. 34-52.

2) W. Wills, *The Science of Translation* (Tubingen: Gunter Narr Verlag, 1982); and Lauren Leighton. *The Art of Translation* (Knoxeville: The University of Tennessee Press, 1984).

3) Philip Lewis, 'The measure of translation effects' in Joseph F. Graham (ed.), *Difference in Translation* (Ithaca and London: Cornell University Press, 1985).

4) William Frawley, 'Prolegomenon to a Theory of Translation,' in William Frawley, ed, *Transaltion. Literary, Linguistic and Philosophic Perspective* (London and Toronto: Associated University Presses, 1979), pp. 159-74.

번역가들이 열정적으로 시도하는 중에 일어나는 조작(manipulations)의 문제점을 좀 더 잘 이해하기 위함이다.

지금까지 언급한 두 개의 핵심 어휘는 "조작"과 "등가"로, 조작은 "언어적 효율성과 빈틈없음"을 내포하는 단어이며, 등가는 "동일한 의미의 보존"을 뜻한다. 한편, 이런 점에서 번역가들은, 원천언어의 핵심과 본질을 보존하기 위해 등가를 찾는 과정에서, 목표언어를 조작하는 사람들로 여겨진다. 다른 한편으로 번역학자들(traductologists)은 원천언어 언어와 목표언어 양쪽의 언어적 장치들에 대한 분석가이자, 관련된 두 가지 언어가 접촉할 때 파생된 문제를 명쾌하게 설명하고 훌륭히 서술하는 방법을 제공하는 번역 이론과 모델(model)을 제안하는 사람으로 여겨진다. 번역학자들이 이루어낸 이 과업은 번역가들에게는 분명 도움이 되는 것이기 때문에, 번역학자들과 번역가의 임무는 공통지점으로 향하는 경향이 있다. 불행히도, 이 두 부류의 사람들이 항상 공통지점에 도달하지는 않는다. 많은 번역가들은 번역학자들을 그저 번역의 핵심에서 동떨어진 언어 이론가 정도로만 여긴다. 하지만, 다른 언어학적 견지에서 언어의 본질을 잘 이해하는 것은 번역가들에게 매우 유용하며, 기술(description), 모델, 이론과 관련된 사변적인 번역학자들에게는 번역 경험이 부족하다는 점이 아무런 해가 되지 않는다는 것은 말할 필요도 없다.

2. 언어와 언어학적 패러다임: 구조주의

우리가 지적한 대로, 번역론이나 번역학 분야의 전문가들이 언어적인 장치들을 주제로 삼는데, 이 장치들이 전적으로 언어의 우세한 개념에 의존하기 때문에 표면적인 현상에 대해 보편적인 수단이 되는 것은 분명 아니다. T. 쿤(T. Kuhn)5)이 지적한 대로, 실재(reality)는 언어적이든, 예술적이든, 과학적이든 간에, 중립적 관점에서는 검토될 수 없다. 그것은 기대, 신념 혹은 이전의 경험으로부터 결코 자유롭지 못하다. 실재는 항상 이론의 기존 관점을 통해, 여기에서의 경우에는 언어의 우세한 언어학적 이론을 통해 이해된다.

헤라클레이토스(Heraclitus)와 다윈(Darwin)은 정적인 것은 없다고 말했다. 모든 것은 변화하고 전진한다. 그리고 다행히도, 언어학적 이론은 변화와 진보를 향해 항상 열려 있다. 쿤은 그의 과학적 탐구과정에서, 과학의 진보가 문학, 음악, 예술과 인문학에서의 진보와 동일한 패턴을 따른다고 주장해왔다. 기존의 과학적 구조는 주요 이론의 우월성과 과학적 목표와 방법의 일치로 특징지어 질 수 있는데, 이 속에서 상당한 연구 기간이 지나면 불가피하게 과학 세대 간의 분열이 뒤따른다. 이 분열이 암시하는 것은 과거에 행해진 연구의 초석이었던 잘 만들어진 과학적 문체와 양식을 포기하고, 그 뒤를 이어 뛰어난 새 구조물이 출현한다는 것이다.

패러다임은 토마스 쿤이 이와 같은 우세한 구조물에 붙인 이름이다.6) 그에게 패러다임은 일관성 있는 과학적 구조로 (1) 새로운 과학적 목표와 방법을 구축하고 (2) 결과적으로 연구대상이 될 문제들을 선별하며 (3) 이러한 문제의 해결책을 제시하기 위해 필수적으로 필요한 이론적, 실천적 원칙들과 과학적인 공통성을 제공한다.

20세기 하반기에 구조주의, 생성주의와 화용론은 언어학적 연구에 적

---

5) Thomas Kuhn, *The Structure of Scientific Revolutions* (Chicago: The University of Chicago Press, 1962) and *The Essential Tension* (Chicago: The University of Chicago Press, 1977).
6) Enrique Alcaraz, *Tres paradigmas de la investigación lingüística* (Alcoy: Marfil, 1990).

용하는 작업과 이론적 고찰에 풍성하고 유리한 배경을 제공해 온 가장 탁월한 세 가지 패러다임이었다. 그리고 비록 몇 가지 해석은 하나의 패러다임에서 다른 패러다임으로 변하는 분열을 일으키는 것으로 볼 수 있지만, 현재의 방법과 목표에 대한 일반적인 불만족과 권태감에 수반되는 "지적 능력의 고갈," 즉 "과학적 피로"는 새로운 패러다임의 출현을 정당화하는 아마도 가장 강력한 이유일 것이다.

20세기 초반의 첫 30년은 19세기의 언어학적 연구영역을 압도적으로 통제했고 이에 대해 많은 학자들이 싫증을 냈던 사실 때문에, 두 가지 (매우 영향력 있는) 텍스트의 출간(소쉬르의 『일반 언어학 과정』(*Course de Linguistique General*)과 블룸필드(Bloomfield)의 『언어』(*Language*)와 더불어, 대서양을 둘러싼 양 대륙에서 구조주의가 나타났던 시기였다.

생성주의도 어느 정도 그렇지만, 언어를 원자론적이고 분류학적인 접근으로 분석하는 구조주의는, 과거에는 그다지 분명하게 나타나지 않았던 언어 조직의 상당히 중요하고 의미 있는 부분들, 조각들, 단면들과 구획들을 우리가 인식할 수 있도록 해주었으며, 또 이러한 단위들과 요소들이 어떤 방식으로 질서정연하게 배치되는지를 알려 주었다. 구조주의 덕분에 언어는 조화를 이루는 패턴으로 모두 맞물려 있는 구조와 단계와 구성 요소와 관계가 잘 조직되어 있는 항목으로 인식되고 있다.

요약하자면, 이 원자론적인 접근은 문장과 음운론적, 형태학적, 어휘적, 의미론적 하부조직 전체의 언어학적 시스템에 대해 깊이 있는 이해를 용이하게 했다. 그리고 동시에 번역에 적용되는 가장 가치 있는 언어학 가운데 한 가지인 대조분석의 발전에 탄탄한 기반을 놓는 역할을 했다. 이 연구 영역은 상관하는 두 가지 언어 사이의 음운론적, 형태학적, 어휘적, 의미론적 하부 조직 내의 가장 두드러진 차이점들을 매우 분명한 방식으로 밝히고 있다. 언어학습에 있어서, 대부분의 문제들은 문제의 요점에 대한 간섭에서 비롯된다고 생각되었기 때문에, 대조분석이 처음에는 언어를 교육하는 데 적용되었지만 그 결과는 번역 연구에도 도움이 되고 있다.

3. 구조주의와 번역학: 의미론적 등가

번역가의 업무와 목표에 관한 단어인 "등가"는 처음에는 아무런 한정사 없이 언급되었다. 하지만, 구조주의가 한창인 시기에, 유진 나이다 (Eugene Nida)가 의미론적 등가 연구를 번역의 문제들을 찾아내기 위한 필수적인 전제조건 중 하나라고 주장하자, "등가"는 "의미론적 등가"를 지칭하는 것이 되었다.7) 대조 분석과, 특히 대조 사서학은 당연히 의미론적 등가를 명확하고 좀 더 적절하게 이해하는데 있어 크게 도움을 주었다. 그리고 번역과 번역학에 미친 대조 사서학의 영향과 공헌은 (1) 대조 어휘 분야와 (2) 대조 동의성과 다의성, 그리고 (3) 속기 쉬운 동계의 언어(contrastive deceptive cognates) 즉 "거짓 친구" 분야에서 시행된 연구에서 더 나은 평가를 받을 수 있다.

대조 어휘의 이 세 가지 분야에 대한 연구는 새로운 일이 아니었다. 왜냐하면 과거에도 이에 대한 연구는 다소 직관적인 방식으로 정기적으로 이루어졌기 때문이다. 그러나 구조주의의 장점은 분명하고도 일관성 있는 방법론을 제공했다는 사실과, 이 방법론이 많은 연구를 할 수 있도록 동기를 부여하고 영감을 주었다는 점이다.

스페인의 *brillar* (*centellear, refulgir, rielar, tilitar,* etc.)와 영어의 "shine"

---

7) Eugene Nida, *Language Structure and Translation* (Stanford: Stanford University Press, 1975).

(sparkle, gleam, flicker, glow, etc.)처럼 어휘 분야의 비교 덕분에, 의미와 함축, 내포와 외연에 있어 일반적인 용어의 의미 주변에 군생하는 특정한 어휘의 의미에 대해 명확하고 덜 모호한 의미론적이고 문체론적인 윤곽을 그려낼 수 있게 되었다. 예를 들어, 스티븐 울만(Stephen Ullman)이 어휘의 동의성 분야에서 했던 작업은 두 개의 어원(앵글로 색슨과 라틴어), 또는 세 개의 어원(앵글로 색슨, 라틴어, 불어)에서 파생된 등가 용어를 가지고 있는 영어의 경우처럼, 한 언어의 동의어가 지닌 함축의미를 잘 이해할 수 있도록 안내자 역할을 해왔다. 이와 같은 작업은 어떤 상황에서는 라틴어 어근의 단어를, 다른 상황에서는 앵글로 색슨 계통의 단어를 사용하는 아일랜드 시인 마혼(Mahon)의 시와 같은 문학 텍스트를 번역하는데 유용하다.

다의성은 항상 번역가들에게 장애물이자 방향감각을 상실하게 만드는 원인인데, 특히 번역가들은 대체로 번역에서 차용을 쉽게 피할 수 있다. "번역 차용어"를 별다른 저항감 없이 쓰기 쉽기 때문이다. 다의성은 법률 영어(어휘) 같은 특정 영역에서도 나타나는데, 예를 들어, 영어의 "case"(소송)를 스페인어로 번역할 때는 적어도 네다섯 가지의 다른 법적 의미를 지니게 된다. 존 F. 케네디 대통령의 암살을 다룬 영화 *JFK*의 스페인어판에서, 스페인어에 보다 적절하고 분명한 표현이 있는 경우에는 규칙적으로 "*caso*"로 쓰였다. 이런 방식으로 원래 스페인어로는 "*el fondo de la cuestion*"(문제의 핵심)의 뜻인 "the basis/merits of the case"(소송의 근거/가치)는 "*la base del caso*"(사건의 근거)로 번역되었다. "*tesis mantenida o expuesta por cualquiera de las partes*"(대부분 어떤 것에 의해서 설명되는 명제를 유지하는 것)의 의미인 "the theory of the case"(소송 이론)은 "*la teroia del caso*"(사건의 이론)으로, "*Cearece Vd. de soporte legal*"(당신에게는 법적 근거가 없다)로 쓰이는 "You have no case"는 "*Vd. no tiene caso*"(당신은 사건과 무관하다)로 번역되고 있다. 토렌츠 델스 프레츠(torrents dels Prats) 8) 이후에, 법률 용어 "case"는 스페인어에서 매우 분명한 대응어를 갖게 되었다.

(1) *Tengo muchos asuntos pendientes*의 *asunto*
해결하지 못한 많은 사건들이 있다의 사건

(2) *causa, pleito, proceso, litigio, expendiente*
원인, 소송, 고소, 소송, 수단

(3) *argumentos, razones que le asisten a uno, fundanemntos en que basar una peticion, pretension, legitima, reivindicadiones, justificacion, ventajas*
논쟁, 어느 한 가지 지지에 대한 이유들, 염원에 기반을 두고 있는 토대들, 소망, (피 상속자에 대한) 법정 상속 재산, 청구, 정당화, 이득

(4) *defensa, acusacion, base para la defensa/acusacion, argumentos juridicos, fundamentos de derecho, caso*를 포함한 그 외의 여러 가지들.
변호, 고소, 변호/ 고소를 위한 기본, 법률상 논쟁, 올바른 근거, 소송

거짓의 친구 혹은 속기 쉬운 동계 언어는 또한 여러 가지 곤혹스러운 상황의 원인이 되어 왔다.9) 그 한 가지 예는 1991년 불어 assiste를 영어

---

8) A. Torrents dels Prats, *Diccionario de dificultades del inglés* (Barcelona: Juventud, 1976), pp. 70-2.

9) R. J. Hill, *A Dictionary of False Friends.* (London: Mcmillan, 1982).

로 "assisted"로 번역한 것으로, 프랑스와 미국 간의 외교 마찰의 불씨가 되었던 사건이다.[10] 제라드 드파르디유(Gerad Depardieu)의 난잡한 유년기에 관한 기사는 기록된 인터뷰를 토대로 그가 강도행각을 "도왔다"고 썼는데, 그 범죄 행위를 "지켜보았다"는 것이 명확한 의미였다.

대조 언어학의 결과는 사서학에서 더 두드러지지만, 통사법에도 도움이 된다. 예를 들어, "I have been his sole agent since 1932." (1932년부터 내가 그의 유일한 대리인이다)는 "*Soy su agente desde 1932*" (1932년부터 내가 그의 대리인이다)대신, 그의 원칙을 어긴 단독 대리인에 의해서 제기된 손해배상 민사소송의 진술에서 "*He sido su agente exculsivo desde 1932*" (1932년부터 유일한 대리인이 존재해 왔다)로 번역한 것은 원고와 피고가 더 이상 관련 없음을 인정하는 것으로 판사가 이해했기 때문에 소송을 기각했다.

요약하면, 비록 구조적 패러다임은 퇴락의 순간에 있을지라도, 대조 분석에 관한 관심은 그 힘이나 강도를 전혀 상실하지 않고 있다는 것이며, 화용론의 패러다임 안에서 열려있는 새로운 의미의 파라미터(매개 변수)에 대해 호기심의 범위가 확장해 나가고 있기 때문에, 관심이 줄어들지 않고 오히려 증가 추세에 있다.

4. 새로운 패러다임의 출현: 화용론

구조주의자들이 언어의 정확성과, 어떤 경우에는, 언어의 다양한 단계와 구조와 구성요소를 명확하게 기술해 주었다는 점에서 그들은 응용언어학 역사에 있어서 중요한 위치를 차지할 자격이 충분하다. 생성문법가들

---

10) Victor del la Sernan en 'Traduttore, traditore,' *El Mundo,* 6.4. 1991, p. C4.

역시 언어학 체계의 세밀하고 세부적인 연구 결과를 제공하고 있는데, 언어적 기술과 설명에 대한 접근법은 다르기는 해도, 생성문법 역시 구조주의의 두 가지 기본 특징을 지닌다. (1) 최대 단위로서 문장을 전제하고 (2) 언어를 자체적으로 닫힌 체계로 본다. 또한 동시에 이 특징들은 언어 사용과 언어의 의사전달 측면은 중시하지 않는다.

그러나 20세기의 마지막 10년 동안 수많은 언어학자들은 앞서 언급한 "과학적 피로"(science fatigue)를 실감하기 시작했는데, 이는 모델을 지나치게 추상화하거나 형식화하는데서 야기된 것이었다. 이러한 피로는 새로운 패러다임인 화용론이 분명 등장하고 있다는 것의 신호로서 (1) 이미 시행된 연구의 토대가 된 기저의 모델과 이론을 포기하는 것과 (2) "행동 안의 언어"라고 불려온 역동적이면서도 효과적으로 언어를 다루는 새 이론으로 대체하는 것에서 구체화되고 있다.

오스틴(Austin)과 설(Searle)의 "발화 행위", 그라이스(Grice)의 "협력 원리", 스퍼버(Sperber)와 윌슨(Wilson)의 "관련성"11) 외에도 이러한 이론들을 지지하는 많은 사람들에게 있어서 언어학적 분석은 정적인 "언어학적 체계"를 고찰하는 것이기보다는 역동적인 "의사소통 현상"을 조사하는 것을 뜻한다.

이런 방식으로, 화용론12)은 다른 길로 나아가고 있다. 화용론은 행동

---

11) J. L. Austin, *How to Do Things with Words* (London: Clarendon Press, 1962); J. R. Seale *et al., Speech Acts, Theory and Pragmatics* (Dordencht: Reidel, 1980); H. P. Grice, 'Logic and conversation,' pp. 44-58 in Cole, P. and J. L. Morgan, eds., *Syntax and Semantics, Vol. 3: Speech Acts.* (New York: Academic Press, 1975); D. Sperber and D. Wilson, 'Mutual Knowledge and Relevance in Theories of Comprehension,' pp. 61-85 in N. V. Smith (ed.), *Relevance: Communication and Cognition.* (London: Blackwell, 1986).
12) Charles Morris, *Signs, Language and Behavior* (New York: Prentice Hall, 1946).

안의 언어에서 파생되는 문제점, 즉 소쉬르와 촘스키(Chomsky)가 각각 자신들의 언어학 연구 분야에서 다루지 못한 채 남겨놓은 "파롤"과 "언어활동(performance)"에서 나타난 문제점들을 다루고자 한다. 화용론은 여러 가지 면에서 구조주의와 생성 문법과는 다르다. 화용론은 다른 학문과의 학제적인 접근 방식과 언어학적 과정의 경험적 분석, 즉 언어 사용과 기능 연구에 관심을 두고 있는데, 왜냐하면 정말 중요한 점은 "의사소통 능력"이라고 불리는 것에 있기 때문이다.

이는 언어학적 연구의 토대에 영향을 끼치는 심오한 방법론과 개념의 변화를 뜻하는 것이며, 따라서 행동 안의 언어를 다루는 데 있어서 화용론이 언어학적 분석을 위한 새로운 범주를 수용해야만 했었다는 것을 의미한다. 아마 "행동 안의 언어"의 가장 새로운 점 가운데 하나는 담론(혹은 텍스트)로서의 언어 개념(작용)과 담론은 발화로 구성된다는 사실일 것이다.

4.1 담론(또는 텍스트)

화용론에서 언어는 구조주의에서나 생성문법의 경우처럼 일군의 구조 혹은 일단의 문장이다. 언어는 담론이다. 직관적으로 이해할 수 있다고 해도, 이 용어는 기술적인 모델로 설명되어야만 한다. "담론"이라는 이 새로운 언어 단위를 명백하게 설명하고자 했던 많은 모델들이 있는데, 대부분은 최소한 다음과 같은 특징을 지니고 있다. 응집성(cohesion), 일관성(coherence), 진보성(progressivity), 의도성(intentionality), 종결성(closure), 그리고 의미(meaning). 응집성이란 텍스트의 모든 언어 단위의 통사적인 관계(connection)를 말한다. 일관성은 텍스트에 의미론적 안정감을 제공하며, 진보성은 텍스트가 수용자에게 제공하는 정보의 지속적인 유동성을 의미한다.[13] 의도성은 중립적이거나 공정하거나 순수한 텍스트는 없다는 사실을 뜻하는 것으로, 항상 텍스트 저자가 차지한 위치를 폭로하는 언어적 특질이나 장치들이 있다. 전략적 입장이나 특정한 어간(thematic) 조직, 반복이나 생략에 자리한 부사나 형용사는 메시지의 수용자가 텍스트 저자의 입장을 추론하게 한다. 종결성은 텍스트를 폐쇄된 것으로 인식하도록 유도하는 언어적 장치들을 검토하는 것과 관련되어 있다.

4.2 텍스트의 의미 또는 화용론적 의미(textual or pragmatic meaning)

텍스트의 의미는 그 자체만으로도 대부분의 언어학 이론의 주요 논쟁거리가 되어왔는데, 그 이유는 텍스트 의미가 담론의 가장 두드러진 특징이기 때문이다. 의미가 없는 공백이나 공허가 있으며, 이 경우 텍스트 의미나 화용론적 의미는 하나의 텍스트로부터 발전한 의미들의 무한한 원천으로 여겨진다. 모든 번역가들이 알고 있는 것처럼, 모든 메시지는 사전적이고 화용론적인 가정과 전제조건의 복합체 안에서 포장되는데, "눈(snow)"처럼 지극히 간단한 단어를 번역할 때에도 어휘사전 대신 문화 백과사전을 이용하도록 요구한다는 것이다.[14] 그러므로 화용론적 의미는 구조주의나 생성문법의 의미 모델에서 도출한 정보로 축소시키기에는 너무 복잡한 것이다. 텍스트나 실제 의미를 보다 상세하게 설명하기 위해서 몇 가지 정교한 모델들이 탄생했으며, 문맥, 발화행위, 어휘 함축, 화용론적 함축, 어휘 가정과 화용론적 가정과 같은 "의미 있는 매개변수(파라미터)"가 여기에 포함된다.

가정이란 용어는 저자나 발신자가 전제한 단락(passage)의 화용론적인

---

13) O. Ducrot, *Decir y no decir* (Barcelona: Anagrama, 1982).
14) Frawley, *art. cit.*, p. 159.

의미가 지닌 여러 측면들이 이미 청자나 수신자에게 알려져 있다는 것을 말한다. 그러므로 이러한 측면들은 메시지 발화에 앞서 구축되어야 하며, 메시지가 뜻이 통하고 정상적으로 전해지도록 하기 위해서는 반드시 사실이어야만 한다.

사람이 의미하는 모든 것이 명료하고 분명하게 나타나는 것은 아니다. 게다가 모든 의미를 명확하다고 단언하는 사회는 오히려 싫어질 법도 하다. 예를 들어, "내 사위가 일본 출장 중이다(*My son-in law is on a commercial trip to Japan*)"는 발화는 "나에게는 적어도 딸이 한 명은 있으며(*I have at least one daughter*)", "딸은 결혼을 했다(*She is married*)"는 가정을 포함하고 있다. 정보가 전달되는 데 있어서 별다른 어려움이나 장애가 없다면, 이와 같은 가정은 반드시 사실이어야 하며, 알려진 사실이거나 이 메시지를 받아들이는 사람이 추정할 수 있는 것이어야 한다. 그러나 이 발화는 또 다른 몇 가지 함축적인 의미를 지니는데, 예를 들어, 일부는 어휘적인 것으로 발화된 단어의 사전적 의미로부터 나왔다("그는 며칠 간 떠나 있을 것이다" *He will be away for a few days*). 다른 것은 "화용론적인 함의" 또는 "내포"라고 불리는 것으로, "그는 아마 자기 회사에서 최고의 자리에 있을 것이다(*He probably has top position in his firm.*)"와 같이 사회적 맥락에 대한 우리의 지식에서 파생된 것이다. 이와 같은 측면들을 번역하는 것은 다음의 6항목에서 논의될 몇 가지 문제점들을 야기할 수도 있다.

4.3 담론과 정보: 주제화(thematization), 반복과 생략

행동 안의 언어는 여전히 또 다른 면을 지니고 있다. 언어는 다른 패턴과 배열 내에서 지속적으로 흐르는 정보를 포함하고 있다. 출발언어의 언어적 장치들을 반복하고 생략하는 경향은 바로 이러한 패턴 가운데 하나로,

언제나 의미로 가득 차 있기 때문에 목표언어에서도 이와 같은 것에 충분한 주의와 관심을 기울일 수밖에 없다. 스페인어보다는 영어가 더 많이 어휘 반복을 하는 것으로 생각할 수 있다. 예를 들어, 다음 텍스트에서는 "내부자 거래"(insider trading)라는 말이 무려 4번이나 반복되고 있는데, 스페인어 번역에서는 이 단어를 단 한 번 사용하면서, 이 단어가 필요한 자리에는 우회적인 표현과 앞서 나온 어구를 가리키는 말(대명사)이나 후방 대용적(명사 다음에 나오는 어구가 명사를 특정화할 때) 요소를 사용하고 있다(*la aludiad pratica, el mencionado delito, la ya citada conducta* etc.).

The SEC has reinforced the *insider trading* restrictions with promulgation of Rule 14e-3 of the SEC, an independent provision prohibiting *inside trading* in connection with tender offers. Congress has further reinforced these trading restrictions by providing the SEC with the power to seek a treble penalty under the *inside Trading* Sanctions Act of 1984(ITSA). This legislation empowers the SEC to base enforcement actions on any recognized theory of *inside trading* restriction.

SEC는 미묘한 제의(tender offers)와 연관된 내부자 거래를 금지하는 자체적인 대비책으로서 규칙 14e-3을 시행하는 것과 더불어 내부자 거래에 대한 제한을 강화하고 있다. 의회는 1984년의 ITSA(내부자 거래 금지 법령) 하에 세 배의 벌칙을 부과할 권한을 SEC측에 제공함으로써 내부자 거래에 대한 제한을 더욱 강화시켜왔다. 이 법규는 내부자 거래 제한을 인정하는 이론에 실행의 토대를 놓을 수 있도록 SEC측에 힘을 실어준다. 그것은 노동심판소가 세액 공제를 다루도록 하며, 지방법원이 지불 불이행 문제를 다루도록 하기 위한 것이었다.

결국, 텍스트의 반복과 생략을 번역하는 것은 화용론과 번역에 있어서도 중요한 문제이다.

5. 화용론과 번역학: 화용론적인 등가

화용론의 패러다임에 대한 새로운 원칙 일부를 소개하는 입장에서 보면, 번역론과 번역학을 위해 새로운 분야가 열리고 있다고 결론짓는 것은 그리 과장이 아닌 것으로 보인다. "행동 안의 언어"라는 이 새로운 분야에서 번역학자들이 직면한 첫 번째 도전은 초기 패러다임들이 필수적으로 언어 체계의 구조, 수준과 구성요소를 다루었던 의미적 등가가 이제 그 영역을 텍스트나 화용론적인 등가로 지칭되는 보다 복잡하고 야심만만한 것으로 그 영역을 넓혀 나가고 있다는 점이다. 그러나 "텍스트"라는 용어는 이전의 패러다임에서 이미 쓰던 것인데, 예를 들어 『번역 연구』(*Translation Studies*)[15]에서 바스넷(Bassnett)은 "한 텍스트의 통합적인 등가, 즉 형식과 모양의 등가"에 대해 말하고 있다.

화용론적인 등가가 의미론적인 등가보다 훨씬 넓은 적용범위를 가지고 있는 것은 분명하다. 화용론적인 등가는 두 개의 다른 언어로 쓰인 동일한 단락의 텍스트적 의미에 대한 비교, 분석뿐만 아니라 (화용론의 이론과 모델의 견지에서 보자면, 두 개의 언어를 사용하는 사람들의 최종 인식에 영향을 미칠 수 있는) 다른 텍스트의 범주인 응집성, 주제화 등에 대한 분석과 비교도 포함한다.

바즈께즈 아요라(Vazquez Ayora)는 간접적인 번역에서 나타나는 두 가

---

15) Susan Bassnett, *Translation Studies* (London: Routledge, 1991).

지 주요한 기술(techniques)을 구분한다. 전환과 조절. 전환은 원 메시지의 문법적 범주가 목표언어의 다른 문법적 범주로 대체되는 것이다. 예를 들어, 중심부가 동사에 있는 "He held that...(그는...라고 생각했다)"을 중심부가 명사에 있는 스페인어 *en su opinion*(그의 의견에)으로 번역하면, 이것은 동사에서 명사로 전환된 것이다. 만약 "for late delivery"(배달이 늦었기 때문에)라는 표현을 *demora en la entrga*(인계의 지연 때문에)로 번역하면, 형용사 "late(늦은)"가 명사상당어구인 "*demora*(지연)"로 전환된 것이다.

그러나 조절은 보다 추상적 범주에서 발생하는데, 소위 "사고의 범주"에 해당되는 것이다. 예를 들어 "the keels(배나 비행기의 용골)"을 los barcos(선박들)로 번역하면, 전체에 대한 부분의 조절이 이루어진 것이다. 『번역학 소개』(*Introduccion a la traductology*)라는 책에서 아요라는 "생각의 범주"와 함께 실행될 수 있는 조절의 많은 예를 들고 있다. 다음 텍스트의 (2)에서는 명사 "restoration(회복)"를 형용사 "*restaurado*(재건하는)"로 적절히 전환된 예를 볼 수 있으며, (3)에서는 동사 "demonstrate(시위하다)(거리에서 외부적으로 항의하다)"가 그 의미 중 하나를 뜻하는 것으로 (*la calle* 도로) 번역되어 조절이 이루어진 예를 보여준다.

> Puerto Rico's linguistic schizophrenia is not a consequence of last Thursday's (1) restoration (2) of equal legal status for both Spanish and English, although the new law prompted thousands of citizens to demonstrate (3)repeatedly against a decision they considered unfair. It was born of the difficult coexistence with English, the language of the ruling nation. And also, on the mainland, of the growth of a fascinating and controversial hybrid: Spanglish. On the island, demonstrators called for a return to "the Spanish of Puerto Rico not of Spain."

La esquizofrenia lingusitica que padece Puerto Rico no nace de (1) la co-oficialidad,
restaurada (2) el jueves, del espanol y del ingles, qunques esta ley ha volcado a la calle
(3), y varias veces, a millares de ciudadanos que consideran injusta la decision. Nace
de una historia de dificil coexistencia con el ingles de la potencia ademinstratdora. Y
tambien, en el continente, del credimiento de un apasionante y polemico hibrido, el
『『Spanglish』』. En la isal, el espanol reivindicado en la calle no es 『『el de Espana,
queremos hablar el espanol de Puerto Rico』』.

el Mundo, 30 January 1993

푸에르토리코의 언어적인 분열증은 지난 주 목요일에 있었던 (1) 스페인
어와 영어의 모든 동등한 법적 상태를 (2) 회복한 결과가 아니다. 새 법률
로 인해 수천 명의 시민이 부당하다고 여긴 결정에 대해 (3)계속 저항시
위를 했음에도 불구하고 말이다. 분열증은 지배국가의 언어인 영어와 공
존해야하는 어려움에서 파생된 것이었다. 또한 미국 본토에서는, 놀랍고
논쟁거리인 혼종의 언어 스펭글리쉬(Spanglish)가 성장세에 있다. 푸에르
토리코서 시위자들은 스페인의 스페인어가 아닌, 푸에르토리코의 스페인
어로 다시 돌아가야 한다고 주장했다.

(1) 의미적 등가가 전환의 목표이며 화용론적인 등가는 조절의 목표라
는 사실과 함께 (2) 전문 번역가에게는 두 가지 기술 모두의 습득이 필수
적임을 염두에 두어야 할 것이다. 올더스 헉슬리(Aldous Huxley)의 소설
『연애 대위법』(*Point Counter Point*)을 번역한 경우 구문 번역이 기저의 의
미를 전환하거나 조절하는 데 있어 그다지 성공적이지 못했는데, 스페인
어 번역에서는 강제적이거나 부자연스럽게 느껴진다. 특히 형용사 *frivolo,*
serio y aduto (유치한, 진지하고 어른스러운)가 그러하다. 스페인어를 모국
어로 쓰는 화자라면, 강제적인 표현인 *fan completa y pureilmente frivolo, etc*

(전적으로 어린애같이 유치한) 대신 *Yo soy ni tan listo ni tan frivolo* (나는 그렇게 영민하지도, 그렇게 경박하지도 않다)같이 좀 더 "자연스러운" 표현을 생각할 것이다.

— *Yo no soy* tan completa y pureilmente frivolo *como pareces figurarte tu-dijo con dignidad y colera dontenida.*
— *Al contrario-contesto* ella-*eres* demasiado adultamente serio. *Serias incapaz de ocuparte de un nino, porque no eres bastante nino* tu *mismo. Tu eres como uno de esos personajes* espantosamente adultos de la Matusalen *de Bernard Shaw.*

Aldous Huxley, *Point Counter Point* (Harmondsworth: Penguin, 1955); trans. Lino Novas, *Contrapunto* (Buenos Aires: Edhasa, 1978). p. 403

"I'm not quite *so childishly frivolous* as you seem to imagine," he said with dignity and bottled anger.
"On the contrary," she answered, "you're *too adultly serious.* You couldn't manage a child because you're not enough of a child yourself. You're like one of those *dreadfully grown-up creatures* in Shaw's *Methuselah.*" (p.302).

"당신이 상상하는 것처럼 나는 그토록 *유치하게 경박한* 사람은 아니오," 그는 위엄을 갖추고 분노를 억누른 채 말했다.
"오히려, 당신은 너무 어른같이 심각하죠. 당신은 어린아이의 감성이 없기에 어린이답다는 것을 상상조차 할 수 없을 거예요. 마치 쇼(Shaw)의 『므두셀라』에 나오는 끔찍하게 다 커버린 피조물 같으니까요". 그녀가 말했다.

6. 문학 텍스트의 화용론적인 의미와 다성성(polyphony)

4.2에서 언급한 것처럼, 여간해서 우리는 의미하는 모든 것을 명확히 나타내지 않는다. 모든 메시지를 절대적으로 표현하도록 요구했던 사회 공동체는 견디기 힘들었을 거라는 것을 쉽게 이해할 수 있다. 그러나 언어의 이러한 특질은 종종 번역하기에 용이하지 않다. 문학 텍스트의 경우, 단락이 전달하려는 수많은 전제와 함의들이 손실되거나 잘못 해석될 때는 재미는 말할 것도 없고, 메시지조차 이해하지 못하는 위험 부담이 있기 때문이다.

사전적 뜻과 실제적인 전제와 함의는 분명 번역과 번역학에 있어서 가장 취약한 부분 중의 하나이기 때문에, 이 문제에 대해 적절한 해답을 찾기 위해 몇 가지 제안이 있었다. 예를 들어, 블레이크모어(Blakemore)는 문맥에 중요성을 부여하고, 결과적으로는 작가나 화자의 진술과 동일한 뜻으로 해석해 낼 수 있는 모조의 유사 문맥이라는 것을 제시한다.

일부 고전 문학 텍스트들은 독자들에게 이야기의 초반부터 알아야 하는 "실제적인 전제"를 제공해 왔다. 예를 들어, 제인 오스틴(Jane Austen)의 『오만과 편견』(*Pride and Prejudice*)에 나오는 "대단한 부를 가진 독신 남자는 반드시 부인을 얻고 싶어한다는 것은 널리 알려진 사실이다(It's a truth universally acknowledged that a single man in possession of a large fortune must be in want of a wife)"라는 문장은 독자들을 이끌기 위해서 텍스트 내에 내레이터가 있다는 중요하고도 실제적인 전제를 보여준다.

그러나 대부분의 텍스트는 그다지 분명하지도 않고 독자들에게 실제적 전제와 함의를 자주 제공하지도 않는다. 레오 히케이(Leo Hickey)[16]는

---

16) Leo Hickey *et al*., 'A Pragmastylistic Aspect of Literary Translation,' *Babel*, 39, 2 (1993),

"문체의 효과를 왜곡시키는 것"을 피하기 위해서는 "중간 과정"(middle course)이 있어야 한다고 주장한다. 그의 제안에 따르면, 번역가는 특히 조절의 기술에 의존하며, 텍스트 속의 일부 "목소리", 특히 전지적인 내레이터와 작가와 주제 넘는 내레이터 또는 등장인물들의 목소리를 조작하게 되는데, 이는 어휘나 말을 통해 독자들이 필수적인 전제나 함의를 놓치는 경우를 막기 위해서이다.

번역가는 항상 조절 기술을 지속적으로 사용하여 이와 같은 사소한 변화를 텍스트에 불어넣을 자격이 있는데, 이는 내레이터의 목소리가 다음의 두 가지 주요 기능을 하기 때문이다. (1) 이야기 속에서 일어나는 모든 사건과 상황에 대해 항상 주시하며 이해하게 하는 필터로서의 기능과 (2) 등장 인물에 대한 애착이나 공감대를 만들어 내는 기능. 애착에 대한 공감대라는 특질은 목표언어에서 전제나 함의가 적절하게 추론되지 못할 때에는 쉽게 사라질 수 있다.

7. 화용론적인 등가의 응집성, 일관성, 전제와 함의

주제화, 번역의 응집성 그리고 번역의 일관성은 화용론이 제공하는 새로운 연구 환경이 개선되는 것에 새로운 토대로서 중요한 방향과 범주이다.

7.1 정보의 흐름: 주제화

앞서 언급한 바와 같이 번역가들의 목표 가운데 하나는 목표언어의 텍스트에서 원천언어의 본질을 잘 보존하는 것이다. 이 점을 염두에 둔 채로 번역가들은 다음과 같은 골치 아픈 선택의 순간에 직면한다. 번역가들은

---

pp. 77-88.

원천 텍스트의 "담론 입장"(discourse orientation), 즉 주제의 질서를 존중할 의무가 있는가? 혹은 번역가들은 "메시지의 본질"을 보존하려고 애쓰는 가운데 이 주제의 질서를 조작할 수 있도록 허락 받았는가?

주제화의 문제는 분명 매우 중요한 것으로, 법과 관련된 텍스트 번역에서 가장 빈번하게 대두된다. 예를 들어, 아래의 문장은 영어와 스페인어에서 각각 다른 주제적 방향을 나타낸다.

> Person bringing a derelict ship or goods belonging to her, into port, raising a sunken ship, securing wreck, or protecting th cargo of a stranded vessel by transshipping it, or removing it to a place of safety, *may be entitled to salvage.*

> (선박의 유기선이나 물품들을 항구로 들여오고, 침몰 선박을 예인하고, 난파를 예방하거나 좌초된 배의 적하물을 다른 배에 옮겨서 보호하거나 안전한 장소로 옮기는 사람은 해난 구조 보상금을 받을 자격이 있다)

> Pueden reclamar la indemnizacion por el servicio de salvamento *quienes lleven a puerto*, etc.

그리고 다음 단락은 스페인어로 최소한 4개의 다른 주제를 가지고 있다.

> A prospective tenant who pays quarterly rent for possession of premises pending negotiation of th lease is not presumed to have acquired a quarterly tenancy.

> (임대 협상 중에 부동산 소유물에 대한 임대료를 분기별로 지불하는 잠재

세입자는 분기별 차용권을 가진 것으로 가정할 수 없다.)

첫 번째 버전에서는 동사 술어(is not presumed 가정할 수 없다)가 주제화되었다.

No debe presumires que necesariamente adquiere la condicion de inquilino periodico el que durante la fase de negociaciones del arrendamiento pague una renta trimestral pro el alquier de un local.

두 번째 버전에서는 주제가 주격 보어이다 (el hecho de que... pague).

El hencho de que un inquilino potencial que durante la fase de negociaciones del arrendamiento pague una renta trimestral por el alquiler de un local, no ha entenderse necesariamente como que adquiere la condicion de inquilino periodico o trimestral.

세 번째 버전은 영어 텍스트 주제와 가깝다.

El inquilino potencial, que durante la fase de negociaciones del arrendamiento, pague una renta trimestral por el alquiler de un local, no adquiere necesariamente la condicion de regiment periodico o trimestral.

마지막 버전은 앞의 것과 비슷하지만, 복수로 일반화하고 있다(*Quinese siendo...*).

Quienes siendo inquilinos potenciales paguen una renta trimestral por el alquiler de un local durante la fase de negociaciones de su arrendamiento, no adquieren necesariamente la condicion de inquilinos de regimen periodico o trimestral.

7.2 번역의 응집성

번역 응집성은 더매소 알론조(Damaso Alonso)가 제임스 조이스(James Joyce)의 『젊은 예술가의 초상』(*A Portrait of the Artist as a Young Man*)[17]을 번역한 부분에서 잘 나타나는데. 특히 *"Este era el cuento"* *"Esta era la cancion..."*에서 지시대명서 *"este"*와 *"esta"*를 쓰는 부분이 그렇다.

Once upon a time and a very good time it was there was a moocow coming down along the road and this moocow that was coming down along the road met a nicens little boy named baby tuckoo...

His father told that story: his father looked at him through a glass: he had a hairy face.

He was a baby tuckoo. The moocow came down the road where Betty Byrne lived: she sold lemon platt.

> *O, the wild rose blossoms*
> *On the little green place.*

He sang that song. That was his song.

Alla en otros tiempos (y bien buenos tiempos que eran), habia una vez una vaquita(!mu!) que iba por un caminito. Y esa vaquita que iba por un canminito se encontro un nunin muy guapin, al cual el llamaban el nene de la casa...

Este *era el cuento que contaba su padre. Su padre le miraba a traves de un cristal; tenia la cara peluda.*

El era el nene de la casa. La vaquita venia por el caminito donde vivia Betty Byrne:

---

17) James Joyce, *A Portrait of the Artist as Young Man* (St. Albans: Triad/Panther Books, 1977); trans. Dámaso Alonso, *El artista adolescentre* (Madrid: Alianza, 1978).

Betty Byrne vendia trenzas de azucar al limon.
Ay, las flores de las rosas silvestres
en el pradecito verde.
Esta *era la cancion que cantaba. Era su cancion.*

아주 먼 옛날, 무척 살기 좋은 시절에 음매 소 한 마리가 길을 따라 내려
왔지. 그 음매 소는 먹보 아기라는 작고 귀여운 사내아이를 만났지...
그 아이에게 아버지는 그런 이야기를 들려주었다. 아버지는 외알 안경
을 끼고 그를 보았다. 아버지는 얼굴에 부숭부숭 털이 난 털보였다.
"먹보 아기"란 바로 자신. 음매 소가 걸어오는 길은 베티 번이 사는 거
리. 베티 번은 레몬 향기가 나는 엿가락을 팔았어.
오오, 들장미가 피었네
작고 푸른 들녘에
그는 그런 노래를 불렀다. 그것은 그의 애창곡이었다.

이 단락의 스페인어 번역은 다음의 몇 가지 이유로 훌륭하다.

(1) 스페인어 버전의 대응하는 통사적 반복(*Este era el cuento que contaba
su padre/ Esta es la cancion que cantaba*)은 영어로 된 원본("His father told
him that story"와 "He sang that song. That was his song.")보다 시적 리
듬감이 더 많다.

(2) 지시 대명사 "*este*"와 "*esta*"를 쓴 것은, 영어 "that"을 단순하고 기계
적으로 재생하지 않는데, 이는 다음의 두 가지 분명한 기능 때문에 스페
인어에서 중요하다. 첫째는 그것이 이전 정보를 따라가는 것과 관련 있
기 때문이며, 둘째는 새로운 화제(여기서는 이야기와 노래에 관한 보충설

명)가 대두되는 것에 대해 독자들이 민감하게 인지하도록 하기 때문이다.

(3) *cantaba, contab, cuento, cancion*에 나타나는 무성 연구개 폐쇄음의 반복은 잠재의식적인 리듬 효과를 만들어 내는데 도움이 되는 것으로, 원본의 "song, sang, song"의 반복이 나타내는 효과와 유사한 것이다.

이와 같은 "의식적" 반복은 의미가 있을 뿐만 아니라, 텍스트의 응집성을 형성하는 데도 도움을 주기 때문에 매우 가치가 있고, 독자들에게 감사인사를 받을 만한 것이다. 이는 부에로 발레호(Buero Vallejo)의 *En la ardeinte oscuridad*의 원본에서 볼 수 있다.[18]

Andres	Hance un rato *que dieron las diez y media.*
Pedro	*Y la apertura del curso es a las once.*
Elisa	*Yo os preguntaba si habian dado ya los tres cuartos.*
Lolita	*Hace un rato que nos lo has preguntado por tercera vez.*

Andres	You heard the clock strike ten-thirty a moment ago.
Pedro	And we don't have to be at the opening ceremony until eleven.
Elisa	I was only asking if you'd heard it strike a quarter of eleven.
Lolita	It's only the third time you've asked.

안드레: 좀 전에 시계가 10시 30분을 알리는 소리를 들었잖아.
페드로: 열한 시까지는 개막 행사에 갈 필요가 없지.
엘리사: 난 그냥 네가 11시 15분을 알리는 종소리를 들었는지를 물었을

---

18) Antonio Buero Vallejo, *En la ardiente oscuridad* (Madrid: Espasa Calpe, 1972); trans. Marion Peter Holt, *In the Burning Darkness* (New York: Trinity University Press, 1985).

뿐이야.

롤리타: 네가 겨우 세 번 밖에 안 물어봤지.

저자는 주제의 위치에서 "*hace un rato*"를 두 번이나 반복하고 있지만(*hace un rato que dieron las diez y media. Hace un rato que nos lo has preguntado por tercera vez*), 영어 버전의 번역가는 아마도 이 주제적 반복의 가치를 잘 몰랐거나, "불필요한" 반복으로 여기고 무시한 것으로 보인다. 그러나, 공정하게 말하면, 이 반복의 특별한 효과가 영어 버전에서 손상된 것은 아니다. "it's only"를 이용하는 조절 기술을 통해, 영어 버전의 "It's only the third time you've asked.(네가 겨우 세 번 밖에 안 물어봤지)"에서 강조의 암시가 아이러니 또는 풍자(빈정거림)를 나타내고 있다.

7.3 번역의 일관성

이 부분 역시 더매소 알론조가 번역한 조이스의 『젊은 예술가의 초상』에서 잘 나타난다. 다음의 단락에서 제임스 조이스는 "he"(그)로 표현하고 있지만, 더매소 알론조는 두 개의 단락 모두에서 "he"를 "Stephen"(스티븐)으로 나타낸다. 번역가는 "he"가 암시하는 이름이 텍스트 내에서 너무 멀리 떨어져 있다고 여기고, 이야기의 맥락을 놓치지 않도록 하기 위해서 "Stephen"이라고 번역한 것 같다. 그 다음의 경우는, "Lawton"(로턴)이라는 Stephen의 또 다른 이름이 나오는데 이것이 텍스트의 일관성을 방해할 수 있기 때문에, 오해를 피할 목적으로 "Stephen"으로 나타낸다.

He kept on the fringe of his line, out of sight of his perfect, out of the reach of the rude feet, feigning to run now and kicking and stamping. Then

Jack Lawton's yellow boots dodged out the ball and the other boots and legs ran after. *He* ran after them a little way and then stopped. It was useless to run on.

Stephen *se mantenia en el extremo de su linea, fuera, fuera de la vista del prefecto, fuera del alcance de piernas y puntapies. De pronto las boats amarillas de Lawton lanzaron el balon fuera del corro y taodas las otras botas y piernas corrieron detras.* **Stephen** *corrio tambien un trecho y luego se paro. No tenia objeto el suguir.*

그는 아이들의 거칠 발길질과 떨어져서 선생의 시야에서 벗어난 채 뛰는 척, 발을 구르는 척 하면서 가장자리에 있었다. 그 때 잭 로톤의 노란색 장화가 공을 잽싸게 피해가자 다른 아이들의 발들이 뒤쫓았다. 그는 잠시 달리다가 멈췄다. 뛰는 것은 부질없는 짓이었다.

그러나 번역가가 원래 텍스트의 통사구문을 따르는데 너무 몰두한 나머지 조절을 하지 않을 때에는, 골치 아픈 결과가 나올 수 있으며, 앞서 나온 어구를 지칭하는 표현(그, 그녀)이 과도하게 사용되어서 다음 단락의 경우처럼 반대의 결과를 야기할 수도 있다. 이 경우에는 원본의 일관성을 보전하는 데에는 생략이 더 효과적임을 입증할 수 있어야 했다.

Realizing her power, Gladys began to withhold what he desired. Perhaps he could be blackmailed into the generosity which it was not in his nature to display spontaneously. Returning from a very inexpensive evening at Lyon's and the pictures, she pushed him angrily away when, in the taxi, he attempted the usual endearments.

"Can't you leave me in peace?" she snapped. And a moment later, "Tell the driver to go to my place first and drop me.";

"But my dyah child!" Mr Quarles protested. Hadn't she promised to come back with him? (p.310).

Dandoes cuenta de su poder, Gladys comenzo a rehusar aquello que deseaba el. Acaso fuera posible forzarlo por medio del chantaje a desplegar una generodiada que no estaba en su naturaleza edsplegar espontaneamente. Al regreso de una noche muy poco onerosa en la casa de comidas y en el cinematografo, ella lerechazo, colerica, cuando, en el taxi, trato el de prodigarle las caricias acostumbradas.

— ? No puede dejarme en pas? - dijo secamente. Y un momento desputes: Digale al chofer que nos lleve primero a mi caso para apearme.

— Pero, !cielito mio, venga usted aca! - protesto Quarles. ?No le habia prometido ella regresar con el? (p.400).

그녀의 힘을 깨달으면서, 글레디스는 자신이 원했던 것을 억누르기로 했다. 아마도 그는 타고난 성격에는 없는 관대함을 나타나도록 위협받을 수도 있었다. 리온 모텔에서 그리 비싸지 않은 저녁을 보내고 그림을 본 후 그녀는, 택시 안에서 그가 애무를 시도하자 화난 기세로 그를 밀쳐 냈다. "날 좀 가만히 내버려 둘 수 없어요?" 그녀가 차갑게 말했다. 잠시 후 "운전사에게 우리 집에 나 먼저 내려달라고 하세요." 하고 말했다. "그치만 내 사랑!" 쿼러스 씨가 항변했다. 그녀가 그와 함께 가겠다고 약속하지 않았던가?

같은 번역가의 *Yo no soy* tan complea y puerilmente frivolo como pareces 로 시작하는 단락에서 *yo*(나)와 *tu*(너)가 필요없이 성가시게 반복되는 것을 또한 살펴 보라. 더구나 "withhold(억누르다)"를 "*ehusar*"로, "display(나타내다)"를 "*desplegar*"로 표현한 것은 그다지 좋은 번역이라고 보기 어렵다. 오히려, "*negarle*"와 "*mostrar*"로 표현했다면 더 자연스러웠을 것이다.

8. 결론

이 글은 번역에 적용되던 언어 분석 초기 단계의 구조주의와 생성 문법에서 나타난 모델들이 중요한 공헌을 했다는 점을 인정하고 있다. 하지만 새로운 언어적인 패러다임인 화용론이 제공하는 이론과 모델에서 가능성이 발견될 수 있다는 점을 주장한다.

원천언어와 목표언어의 단락에 담긴 텍스트 의미(함의, 전제 등)를 분석, 대조하는 것과 응집성, 일관성, 주제화 등과 같은 텍스트의 특질들을 검토하는 것은 십중팔구 번역 연구의 영역을 넓혀줄 것이다.

7.

번역, 대항문화, 미국의 『1950년대』

이 나라에는 두 가지 문화 흐름이 있다. 솔 벨로우와 『세러데이 리뷰』
(*Saturday Review*) 같은 상업문화가 있고, 그 기저에는 상부의 흐름과 전혀
무관한 다른 문화가 있다.
— 로버트 블레이, 『아침내내 말함』(*Talking all Morning*)

들어가는 말

이 글에서 나는 (1) 번역학의 "이론적" 분과 내부의 최근 전개 양상, 예를
들면, 거의 뒷받침할 수 없는 증거에 기초를 둔 번역 현상을 법칙화하려
는 시도에 대해 우려를 나타내고, (2) 문학 시스템에 대해 생각할 수 있는
대안적인 접근법, 다시 말해 주어진 문화 간에 문학 번역이 지닌 복잡한

기능을 고려하는 접근법을 제공하고 (3) 로버트 블라이(Robert Bly)와 윌리엄 더피(William Duffy)가 공동 편집한 『50년대』(*The Fifties*)에서 문학번역이 어떻게 "사용"되었는가를 살펴봄으로써 이 접근 방식을 설명하고자 한다.1) 이 문제에는 "강력한(strong)" 문화 내의 번역의 역할에 관한 다체계적인 가설에 존재한다. 이타마르 이븐-조하르(Itamar Even-Zohar)와 기드온 토리(Gidenon Toury)2)와 같은 학자들은 문학번역이 종종 "부차적"이고 "낡고" "평범하고" "혁신의 중심에서 멀리 떨어져 있는" 규범과 문체의 관습을 쓴다고 주장한다. 나는 이븐 조하르가 "문학 관계의 보편성"(『역사시학』(*Historical Poetics*)에 수록된 글, 1978)에서 공식화한 가설에 대해 말할 것이다. 특히 번역된 텍스트는 출발언어 텍스트와 관련하여 부차적인 시스템처럼 작용하고 (no.11), 번역 텍스트는 기존의 출발언어에서 텍스트의 장르를 도용하며(no. 12), 이와 같은 도용은 단순화, 정규화, 도식화 되는 경향이 있다(no. 13)는 점에 대해 언급할 것이다. 예를 들어, 이븐 조하르는 "내가 '부차적인 활동들(번역, 비정전화된 문학, 아류 문학)'이라고 지칭하는 것들"은 비교적 자리 잡힌 것들로 이 활동들은 "(번역을 위해) 주어진 원천 텍스트와, (비정전화를 위해) 정전화된 텍스트, 그리고 (아류 문학을 위한) 주류 문학 내에는 비교적 자유로운 패턴들을 규칙화하는 경향이 있다'고 기록한다.3) 이븐 조하르는 번역이 "신

---

1) Robert Bly and Willam Duffy (eds) (1958-60), *The Fifties* (*The Sisties*), issues 1-4.
2) 다음 참조 Itamar Even-Zohar, *Papers in Historical Poetics* (Tel Aviv: Institute for Poetics and Semiotics, 1978); *Polysystem Studies, Poetics Today* 11, 1, 1990. Gideon Toury, *In Search of a Theory of Translation* (Tel Aviv: The Porter Institute for Poetics and Semiotics, 1980); and 'What are Descriptive Studies into Translation Likely to Yield apart from Isolated Description?', in Kitty M. van Leuven-Zwart and Ton Naaijkens (eds), *Translation Studies: The State of the Art* (Amesterdam: Rodopi, 1991).
3) Even-Zohar, *Papers in Historical Poetics,* p. 53.

진” 문학에서나 “취약한” 시스템 안에서는 주요하거나 혁신적인 기능을 하고 있다고 보았으나, “강력한” 문화 시스템 내에서는 이와 같은 기능을 거의 찾지 못했다. 번역이 “강력한” 문화 내에서 주요한 위치를 차지하고 있음을 인정한 유일한 경우는 그 문화가 “위기”에 처해 있을 때이다.4) 이븐 조하라는 심지어 강력한 문화 속에서도 번역이 하나의 시스템 속에 편입되는 새로운 아이디어와 문학 장치들을 만들어낸다는 역설적인 상황을 인정함에도 불구하고, 그는 번역이 “전통적인 취향을 보존하는 방식”으로 사용될 뿐이라고 주장한다.5) 문학 중심 자체의 시각(perspective)을 전제로 잘 발달된 문학 시스템 안에서 이븐 조하르의 번역 분석은 매우 체계적이고 본질적이라는 사실을 알 수 있다.

개인적으로 나는 번역학이 시스템의 다른 모델을 이론으로 고려해 보는 것이 어떨까 싶다. 즉, 그것은 문학 혁신의 중심에서 멀리 떨어진 주변부의 소수 그룹들의 시각을 전제로 하는 이론이다. 이 글의 두 번째 부분에서는 미셸 드 세르토(Michel De Certeau)의 사고방식에 대한 개인적인 생각을 간략히 피력할 것인데, 그의 글 『일상생활의 실천』(The Practice of Everyday Life)(스티븐 렌델 역 1984)과 『이종성: 타자에 대한 담론』 (Heterologies: Discurse on the Other)(브라이언 마쓰미 역, 1986)은 현존하는 다체계 모델에 잘 맞지 않는 언어자료들을 분석하는 번역학자들에게는 유용한 자료가 될 것이다. 마지막으로는 로버트 블라이가 그의 저널 『50년대』에서 사용한 문학 번역 방식을 살펴보고자 한다. 스페인계 시인인 후안 라몬 히메네즈(Juan Ramon Jimenez, 1881-1936), 안토니오 마차도 (Antonio Machado, 1875-1939), 페데리코 그라시아 로르카(Federico Garcia

---

4) *Ibid*, p. 24.
5) *Ibid*, p. 25.

Lorca, 1989-1936)의 작품을 번역한 자료들에 우선 중점을 두겠다. 여기서 살펴볼 논제는, PS 이론(다체계 이론)에 의해 가정되듯이, 문화적 위기에서 파생된 점보다는 문학 번역들이 문화적 위기를 일으키는 데 주요한 역할을 할 수 있다는 점이다. 블라이의 경우, 번역된 자료가 현존하는 규범(norms)에 부합하지 않았지만, 매우 독자적으로 그리고 교대로 미국 내 문학과 문화의 중심을 바꾸는 역할을 했다.

다체계 이론(Polysystem Theory)

다체계 이론은 1970년대 초기 이타마르 이븐 조하르의 글에서 소개된 것으로, 『역사시학』(*Papers in Historical Poetics*)(1978년)에 실렸다. "다체계"란 용어는 혁신적인 시형과 같은 "고급" 형식부터 낭만소설과 아동문학과 같은 "저급" 형식을 다 포함한 문학 시스템 전체를 의미한다. 예를 들어, 이븐 조하르는 다체계 내의 번역에서 새로운 장르와 스타일을 만드는 것은 "주요한" 것으로, 장르와 스타일 기능을 강화하는 것은 "부차적인" 것으로 인식한다. 그는 또 다체계 내에서의 번역이 수행하는 역할에 관한 자신의 입장을 두 개의 줄기로 나누었는데 (1) 문화 내에서 지위가 "약한" 번역물들은 강력하거나 주요한 역할을 하려는 경향이 있고 문학의 중심에 자리 잡고 있다는 것과 (2) 문화 내의 "지위가 강력한" 번역물들은 부차적인 역할을 수행하려는 경향과 함께 문학 중심에 의해서 주변화되는 경향이 있다는 점을 언급한다.

전 세계의 사례 연구 자료들은 앞서 말한 이븐 조하르의 주장에 힘을 실어주고 있는 것으로 보인다. 신흥 국가, 개발도상국가, 그리고 급진적인 변화를 겪는 국가에는 다체계 이론이 문학 연구의 도구로서 필수적인 것이다. 이스라엘의 경우, 기존의 문학 중심지도, 기관도 없었고, 동시대의 문학이나 문학 모델이 없었고, 통치가 위임된 비정상적인 국가 정세에 있던 점을 고려해 볼 때, 전후 이스라엘 사회 문화의 발전에 있어서 문학 번역이 얼마나 중요했는지는 놀랄 일이 아니다. 그러나 동일하게 흥미로운 사실은, 19세기 체코, 15세기의 영국, 라틴 아메리카 국가 문화의 초기 상태 번역들과 같은 초기 시대의 사례 연구의 결과이다.

다체계 이론을 이처럼 흥미롭게 만드는 것은 한번 이것을 붙잡으면 바로 눈앞에서 펼쳐지는 과정을 볼 수 있다는 점이다. 예를 들어, 캐나다에서 최근 실시된 선거에서, 퀘벡 독립당(The Bloc Quebecois)은 엄청난 성공을 거두었는데, 의회의 54석을 확보하면서 가장 강력한 야당으로 떠올랐다. 혹자는 하나의 국가 안에 현재 두 개의 나라가 존재하고 있으며, 신생 국가가 부각되기 시작한 것이라고 주장할 수도 있다. 분명, 퀘벡의 독립 가능성은 중대한 문제이다. 번역이 정체성 형성과 기존 기관들을 전복하는데 있어서 행한 역할은 몬트리올과 퀘벡의 페미니스트 번역학자 글에 의해 잘 정리되었다. 일부는 무엇보다 연극 번역이 문화적 변화의 과정에 공헌했다고 주장할 지도 모른다. 1989년의 전조적인 글 「목표 언어를 찾아서: 퀘벡의 연극 번역의 정치학」(In Search of a Target Language: The Politics of Theatre Translation in Quebec)에서, 애니 브리셋(Annie Brisset)은 번역, 정치학, 국가의 정체성에 관한 문제를 다루고 있다. 번역은 자발성의 상징적인 행위이자 자신들의 언어에 대한 욕구의 성취로 보인다. 퀘벡의 경우에는 자주 재번역(이미 많은 텍스트들이 불어로 번역되고 있다)이 자신들의 어휘와 사고력을 표현하는 중요한 방법이었다. 퀘벡의 불어는 프랑스의 불어와는 상당히 다른 것이었다. 브리셋과 같은 학자들에 따르면,6) 번역은 퀘벡의 경우에서처럼 이국 텍스트를 소개하는 방식이기보다는 분명한 민족학적이고 정치학적인 본질을 합법화하는 방식이다.

프랑스, 영국, 러시아처럼 잘 발달된 문학 전통과 각종 글들이 있는 "강력한" 문화에서 번역이 행한 역할처럼 반대상황의 경우에는 이븐 조하르의 주장은 신빙성이 떨어진다. 이븐 조하르는 그런 상황에서는 오로지 "원본"만이 아이디어와 형식의 혁신을 만들어낼 수 있고, 번역은 그 중요성이 덜하다고 주장한다. 그는 "문학 구조물들이 정전화된 시스템의 한 부류가 되기 전에는 비정전화된 시스템에 의해 채택되는 경우는 없었으며"7) "이 경우 번역된 문학은 보수주의의 주요 요소가 된다."8) "동시대 문학은 새로운 규범과 모델을 발전시켜 나갈 수 있지만, 번역된 문학은 요즘에나 예전에나 (새롭게) 자리잡은 중심에서 벗어난 규범에 매여 있다"고 진술한다.9) 여기서부터 나는 반대 입장을 내세운다. 우선, 나는 자료들이 그의 논제를 뒷받침하는 지에 대해 신뢰할 수 없다. 더욱 중요한 사실은 그의 "원본"이라는 개념이 미학적이고 이데올로기적인 편견을 담고 있으며, 특히 그 자신이 세운 문학 계층 안에서 시는 상위에, 탐정소설처럼 원전을 덜 중시하는 종류의 글은 하위에 두고 있다는 점이다.

나는 하향침투식 모델에 관해 논의하고자 하는데, 이 모델은 고급문학 자료들 내에서 비롯된 요소들이 자연스럽게 대중적인 글로 하락하고 결국은 외부문학으로까지 하락한다는 점을 전제로 하고 있다. 결론적으로, 문화 강대국에서 번역물들은 이미 특정한 장르 내에서 미리 자리잡은 형

---

6) 다음 참조. Annie Brisset, 'In Search of a Target Language: The Politics of Theatre Translation in Quebec,' *Target* 1, 1 (1989), pp. 9-28.

7) *Ibid.,* p. 17.

8) *Ibid.,* p. 25.

9) *Id*

태들이 있다는 것을 전제로 하며 이미 거부당한 "고급" 형태들의 규범 (norms)에 순응한다는 이븐 조하르의 주장에 대해 논의할 것이다. 정말로 번역이 신생국가들의 문화적 형성에 그토록 중요하다면, 기반이 약한 문화권이든 강한 문화권이든 간에 모든 문화권에 동일한 근본원리를 적용할 수는 없겠는가?

70년대 동안 성급하고 종종 도발적으로 전개되었던 이븐 조하르의 공식이 후대의 학자층에게 엄청난 영향력을 발휘해 왔다는 것은 유감스러운 일이다. 예를 들어, 기드온 토리는 1991년 글 『번역 연구: 예술의 상태』(*Translation Studies: The State of the Art*)(1991)에 수록한 「고립된 기술을 제외하고 번역의 기술연구가 가져올 효과」("What are Descriptive Studies into Translation Likely to Yield apart from Isolated Descriptions")이란 글에서 비슷한 주장을 한다. 그는 번역 행위 법칙의 일관된 한 쌍의 공식 "만일 X면, Y의 더 큰/작은 가능성"[10]이 있다는 번역학의 궁극적인 목표에 우리가 도달한 것으로 보인다고 기록하면서, "현재의 연구가 따라잡을 수 있도록 진행되어 온" 한 가지 예를 들고 있다. 그 법칙은 다음과 같다. 번역에서는 극단(extremes)이 목록(repertoremes)으로 바뀌는 경향이 있다. 토리는 특수용어를 줄인 다양한 어휘로 이 간단한 법칙을 번역하면서 다음과 같이 주장한다. "번역은 목표 체계 내의 주변위치를 전제로 하며, 일반적으로 부차적인 모형을 취하고 보수주의의 주요 요소로 작동한다." 여기에는 이븐 조하르가 1978년에 가설로 만든 강대국의 동일한 하향 침투식 가설의 특징이 있다. 이제는 80년대에 실행된 연구 자료들에 의해 지지를 받아 "법칙"의 형태를 취하고 있다. 토리에 따르면,

---

10) Toury, 'What are Descriptive Studies into Translation Likely to Yield Apart from Isolated Descriptions' in *Translation Studies: The State of the Art*, p. 186.

"서술적 연구는 그것이 깨지지 않는다는 것을 충분히 입증해 왔다".11) 10
년 간의 연구 끝에 번역학은 새로운 것을 전혀 배우지 못했는가? 기술적
묘사가 그것의 출발 때의 단순한 명제가 지닌 가설을 확인하는 것인가?
토리에 따르면, 이 분야에서 이론의 전개 방식은 누군가가 생산물의 실
제 상태를 고찰하기 이전인 1970년대에서 나온 체계적 행동 양식의 모형
을 그저 확인하는 것처럼 보인다. 이 특별한 글에서, 토리는 연구의 한
가지 사례인 단 한 저자의 텔 아비브의 석사논문만을 조사결과에 첨부하
였다. 놓친 것은 없는가. 정확히 무엇이 이러한 법칙들과 이 수사학을 감
추는가? 그러한 문화권 내의 중심주의자의 입장을 가정해 볼 때, 번역자
는 사실, 번역이 처한 주변적인 상황을 재확인하면서 번역에 대한 어떤
전형(판에 박힌 형식)을 영속시킬지 모른다. 번역이론의 궁극적 목적은
법칙을 양산하는데 있는 것일까?

　사실, 많은 사례 연구를 통해 번역이 기존 체계의 규범을 타파하려는
투쟁에서 문화적인 무기로 사용될 수 있음을 알 수 있다. 예를 들어, 20
세기 초반의 영국을 문화약소국이라고 부를 사람은 거의 없다. 여전히
에즈라 파운드(Ezra Pound)는 번역을 통해 앵글로 색슨의 두운시나 일본
의 하이쿠와 같이 새롭고 다양한 형식을 문학 시스템 내부로 들여 올 수
있었다. 지난 500년에 걸친 시학에서 비롯된 주요한 모든 변화들이 토리/
이븐 조하르가 말하는 "원본"이 아니라 번역을 통해 유도되어 왔음을 영
국 문학 체계의 최근 연구는 잘 보여준다. 아마도 우리는 "약한" 문화와
"강한" 문화라는 어휘를 함께 재고할 필요가 있을 것이다. 아프리카 계통
의 많은 문학 시스템들은 원래 구전으로 전해지던 것들이며, 아마 세계

---

11) *Ibid.* p. 186.

에서 가장 오래되고 가장 강력한 구전 전통의 일부일 것이다. PS 이론가들이 아프리카의 이와 같은 체계를 약하다고 말할 수 있는가. 마찬가지로, "원본의 글"이란 무엇인가. 많은 아프리카 "문학" 텍스트들은 (1)이미 다른 언어로부터 번역된 것이며 (2) 이 번역물들은 이미 공연물 혹은 일부 공연의 다시쓰기로 탄생한 것들로, 적당히 얼버무려서 그것이 같은 계통 언어(종종 불어나 영어)의 한계에 들어맞도록 만들어진 것이다. 이 경우 "원천 텍스트"는 정확히 무엇인가? 분명 구전 형태의 것이다. 어떤 시스템이 "약한" 것인가? 아마도 서양 언어일 것이다. 어느 체계가 우세한가? 아마도 주변화된 체계일 것이다. 이런 상황에서 "강"하다거나 "약"하다는 어휘를 쓰는 것이 의미가 있는가? PS 이론은 글로 쓴 형태를 선호하는 편견을 가지고 있지는 않은가? 다수의 강력하고 문화적으로 풍성한 과정들은 명백하게도 이미 많은 "원본" 텍스트의 발생과 연관되어 있다. 두 가지 전통의 차이점은 무엇인가? 우리가 용어(술어학)와 문화적 견지(이를 우리는 그러한 차이를 분석한다)가 어느 정도 우리의 시야를 결정할 수 있는가?

토리와 이븐 조하르는 분명히 아프리카 국가들이 "약"하므로, 강력한 문학 시스템을 가진 국가에서는 번역의 역할에 대해 이전 분석을 문제삼을 수 없다고 주장했다. 다음의 나의 분류는 사회-정치적인 관계로 실행되지만, 논의를 위해 PS 용어를 수용하고 2차 세계 대전 후의 미국이라는 "강대국"의 경우에 집중해보기로 하자. 1950년대 미국은 세계에서 막대한 군사력을 가진 두 국가 중 한 곳으로 당대 문학 체계의 풍요와 다양성을 누렸었으며, 전통적, 대중적, 정치적이면서도 매우 실험적인 글쓰기의 스펙트럼을 일으켰다. 이때는 정치적인 안정성과 사회적인 보수성이 강한 시기였다. 드웨이트 D. 아이젠하워(Dwight D. Eisenhower)가 대통령이었고, 리차드 닉슨(Richard Nixon)이 부통령이었다. 초기 수십 년의 상황과 비교했을 때, 일반 대중들은 경제적 번영을 누렸고 일자리도 풍부했다. 맥도날드 사는 햄버거를 대량 생산했으며, 제럴드 모터스 사는 대량으로 자동차를 생산했고, 레빗타운의 개발자들은 대량으로 주택을 지었다. 산업의 성공 스토리들이 삶의 높은 기준과 일반화된 번영에 대한 인식을 부추겼다. 연구를 위해 선택한 나의 자료에는 50년대와 60년대 초기 미국의 시에 대한 번역물이 포함되어 있는데, 블레이가 스페인어에서 번역한 것에 초점을 맞추고 있다. 나의 초기 자료들은 번역이 보수적인 세력이라거나 이미 존재하는 모델과 규범적인 행동 양식에 순응하는 것이기보다는, 사실상 십 년 후 새로운 세대가 행한 표현의 대안적 모델을 앞서 제시했으며 선두에 서서 연구하고 있었던 것을 보여주는 것 같다.

미셸 드 세르토

미국의 문학 번역 상황을 살펴보기에 앞서, 형식주의자들의 이론보다는 유럽 대륙의 철학에 토대를 두고 번역/ 문화 연구의 다른 모델을 검토해 보기로 하자. 이 주제에 관해서 내가 염두에 둔 텍스트는 미셸 드 세르토의 『일상생활의 실천』(스티븐 렌델 역 1984)』과 『이종성: 타자에 대한 담론』(브라이언 마츠미 역 1986)이다. 드 세르토는 신학이나 종교사, 인류학, 역사가 어떻게 구축되었는가의 문제, 현대 문화 비평, 문학이론, 요리에 관한 책들을 써 낸 바 있다. 그는 최근 사망할 때까지, L.A와 파리에서 후학을 양성했다. 나는 이 글에서 니체로부터 시작하여 하이데거를 거쳐 데리다에 이르는 상호텍스트적인 선상에서 지속되는 드 세르토의 작업을 살펴볼 것이다. 니체, 하이데거와 데리다가 여전히 존재의 본질에 관한 철학적 질문들에 열중했다면, 드 세르토는 더 작고, 외형적으로는 덜 중요한, 언어의 거의 세속적인 양상에 초점을 두고 있다. 니체, 하이데거, 데리다가 선악의 초월(니체), 전-존재자적-존재적 사고(하이데거), 또는 차연(데리다)과 같이 "타자"를 드러내거나 최소한 "타자"에 접근하는 어려운 개념들을 사용한 데 비해, 드 세르토는 이와 유사한 위치에 접근할 수 있는 것으로 대중적인 문화를 사용하고 있다.

드 세르토의 대중 문화에 대한 정의는 일반 대중이란 무엇 혹은 누구인가에 대한 정적인 개념 주변을 덜 배회하며, 그들이 무엇을 하는가에 대한 문제 주변을 맴돌고 있다. 드 세르토에 따르면, 일상 생활은 쇼핑, 요리, 작업, 이야기, 독서와 욕구 같은 행위들로 구성된다. 우리의 평범한 존재를 구성하는 모든 행위들은 물론 다른 것들이지만, 드 세르토는 어떻게 사람들이 그들의 행위 속에서 생산물을 사용하는지, 또는 생산물의 재현을 사용하는 지(예를 들어, 독서에서 텍스트를 활용하기)에 대한 그의 생각을 체계화한다. 사실 코카콜라가 우리의 두뇌를 식민지화하고, 우리를 수동적이고 생각 없는 소비자로 축소하며 특정 제품과 자신을 주관적으로 일치시키는 정도까지 성공하는 것으로 보일 수 있다. 하지만 이론가들이 믿게 하는 것보다 더 많이 사람들은 스스로를 통제한다고 드 세르토는 주장한다. 예를 들면, 소비자들은 코카콜라를 세일할 때까지 기다릴 수도 있으며, 다른 브랜드의 콜라를 살 수도 있고, "개선된 제품" 출시에 대해 항의하거나, 전적으로 다국적 제품 불매 운동을 벌일 수도 있다. 간단히 말해, 고객들은 그들이 실제 통제한다고(비록 가끔은 무의식적이거나 자발적일지라도) 생각한다.

토리나 이븐 조하라 같은 이론가들은 목표 문학 시스템 내에 어떤 형식적이거나 문체적 "진공상태" 때문에 텍스트가 번역되는 것을 추상적인 방식으로 언급했었다. 예를 들어, 만약 문학에 탐정 소설이 없다면, 영미권이나 불어권의 탐정소설 양식은 대기 중에서 공기가 진공을 채우기 위해 무차별적으로 돌진하는 방식으로 선택되거나 수입될 지도 모른다. 물리학에서 나온 유추법으로 가득 찬 유사 과학적 담론을 사용하여, 이와 같은 분석에서 거의 인간의 의사 결정 과정을 삭제한다. 실제로 대부분의 체계적이거나 구조주의자적인 방법학들은 역사적 변화에 인류의 작인(agency)을 연결하는 과업에 실패한다. 그러나 많은 번역가들은 이론이 가정하는 것보다 훨씬 덜 보수적인 문학 모델들에 좌우된다. 다시 말해 이들은 하나의 문화에서 어떤 변화를 가져오길 원해 번역을 "이용"하기 때문에 번역할 텍스트를 의도적으로 선택한다는 점을 언급하고 싶다.

드 세르토는 일상 생활에 관해 말하기 위해 "소비자"라는 용어를 사용하지만, 바로 이 용어가 얼마나 많은 것들을 감추는가를 지적한다. "소비자"는 수동적이고, 다루기 쉽고, 지배되는 존재를 암시하지만, 드 세르토는 소비자가 또한 제작자, 사용자, 발명가라고 주장한다. 심지어 그는 그리스 용어인 "포이에시스 poiesis"(제작, 창조)[12]를 차용하여 소비자의 "만들거나", "행하는" 행위에 대해 말하고 있다.

그러나 시인, 소설가, 문학 비평가, 영화제작자, 언론인, 광고인처럼 "문화" 생산에 참여하는 모든 사람들은 소비자를 위한 공간을 남겨 두지 않은 채로 "생산"이라는 용어를 전유해 왔다. 마찬가지로, 번역 학자들은 문학 번역가들의 생산물을 이차적이며, 지배되는 활동의 일종임을 암시하는 부차적인 활동으로 치부했다. 드 세르토의 모델은 우리에게 사용자/번역

---

12) Michel de Certeau, *The Practice of Everyday Life,* trans. Steven Rendell (Berkeley: University of California Press, 1984), p. xii.

가의 영역에 있어서의 포이에시스를 탐구하도록 허용해 주는데, 그것은 종종 감추어져 있고, 침묵하며, 비가시적이지만, 드 세르토에 의하면 어디서든지 암시되고 있는 것이다.

많은 사회학자들과 시스템 이론가들이 소비자들(외부-문학)을 묘사하고 시스템 속에 편입시키고, 행동을 설명하는 통합된 모델을 만들어내려는 시도를 해 온 반면, 그러한 일반화와 보편화하려는 주장들은 여러 가지 구별되는 행동들을 감추는 경향이 있다. 사실, 드 세르토는 심지어 일상생활의 실천이 어떤 일관성 있는 체계의 어느 법칙에도 순응하지 않는다는 점을 주장한다. 일상의 실천은 시스템에 의존하지만, 일부 과학자들과 후기-구조주의 비평가들이 주장하는 것처럼 그것을 구성하는 사용 방식 속에 변함 없이 숨겨진 채로 항상 상황과 연관을 맺고 있다. 드 세르토는 그러한 현상을 설명하기 위해 은유 한가지를 쓴다. 그러한 현상은 신체에 파고들어 서식하지만, 의사의 진찰뿐만 아니라 신체의 방어(면역) 체계를 피하는 미생물처럼, 그러한 행동들은 "기생적"인 성질을 가진 것이다. 이러한 시스템이나 주/ 국가/ 문화는 침범되고 이용되는 유기체와 유사하다. 일상생활의 실천은 종종 그래서 너무 작기 때문에 통제될 수 없다. 또한 홀로 제거되고 지워지거나 일소될 수 없는 것은 물론이고 통제를 교묘히 빠져나가는 특징을 가지는 순응을 하는 것이다. 이러한 활동들은 문화와 문학 비평가들에 의해 가끔 세속적이고 부차적이거나 파생적인 이름을 부여받지만, 어쩌면 창조적인 것인지도 모른다. 예를 들어, 일하는 어머니는 20세기에는 칭송 받지 못하는 영웅 중 하나다. 자녀에게 어떤 TV 프로그램을 허용할 것인가, 어떻게 쇼핑할 것인가, 매달 똑같은 급여를 어떻게 사용할 것인가, 무엇을 행해야 하는가, 어떻게 행해야 하는가의 문제는 불가피하게 창조적인 것이다. 어머니가 쓰고, 만들고,

발명하고, 반드시 해야 하는 수없이 많은 방법들과 어머니의 행동은 드 세르토가 정의한 소비자의 창조적인 성격과 밀접하게 관련되어 있다. 사실, 드 세르토는 아마도 시스템에 의해 덫에 걸리거나 억제될 때 개인이 일시적인 창의성을 보여주는 비밀활동들에 가장 큰 관심을 두고 있었는지도 모른다. 그는 또 말없이 보이지 않게 방해하는 실천과 발화되지 않고 직관적이고 충동적인 실천들에 큰 관심을 두었다.

이러한 사정으로, 드 세르토의 과제와 해체주의자들의 과제 사이에는 연관성이 있다. 그와 같은 비가시적 행동들은 변함 없이 비결정적이며, 종종 무의식적으로 작용한다. 어떤 절차가 세워지고, 규정화되며, 규범화되는 즉시 그러한 실천들은 바뀌거나 이동한다. 드 세르토의 말로 하자면, "떠돌아다닌다"는 것이다. 그러한 행동들은 이성이나 힘에 의해서가 아니라 이성과 힘의 시스템을 피하는 것에서 특징을 지닌다. 드 세르토의 말에 따르면, 사용자/ 소비자가 언어, 문화, 체계에 의해 지배되는 반면, 그들의 행동 역시 다른 관심거리와 욕망의 윤곽석을 그린다. 이것들은 시스템에 의해 결정되지도 포착되지도 않는다.13) 그들의 책략은 복잡하고 혼종적인 것으로(혼종성),14) 그 관습과 규범적인 행동 내의 문화 속에 숨어 있다. 소비자들은 그래서 인식되지 못한 생산자로 다시 규정된다. 일상의 사람들을 그들 자신을 행동의 시인(제작자)으로 본다. 연구, 여론조사, 통계학적 조사들은 사용되는 어떤 요소들을 찾아낼 수 있는 반면, 그러한 사회학적 작업물은 (구성) 요소들이 결합하는 방법에 대해 예술가같은 창조성을 포착할 수 없다.

통계학자들은 규칙에 따라서 결과를 재편성하려는 경향이 있으며, 그

---

13) *Ibid.*, p. xviii.
14) Trans. Brian Massumi. (Minneapolis: University of Minnesota Press, 1986).

러한 편성을 통해 찾고 나타내려는 것을 보지 못한다. 이제는 문학 번역가들도 제작자로, 자신들만의 활동과 텍스트를 만드는 사람들로 인식되어야 할 때이다. 드 세르토는 그의 작업을 쇼핑, 요리, 독서에서 많은 예를 들어 설명한다. 그는 또 중국 작가 선 추(Sun Tzu)의 『전쟁의 기술』(*Art of War*)과 아랍 계통의 선집 『음모의 책들』(*The Books of Tricks*)을 인용하는데, 그의 작업적 위치를 정하는 데 도움을 준다. 최고의 예시 가운데 하나는 미국 인디언들의 문화, 특히 남아메리카의 부족들이 스페인 문화를 사용했던 것과 관련된 것이다. 외부적으로는 정복자들에게 순응하는 주체가 되어 가지만, 이 원주민들은 그들의 목적에 맞게 스페인 예식과 제의와 법률을 사용했다. 그들은 그것들을 거부하거나 바꾸지 않았다(이 부분에 있어서는 선택의 여지가 없었다). 실제로 원주민들은 외부에서 유입된 것에 복종하는 것처럼 보였다. 대신, 그들은 (선택할 수 있는 경우에는) 외부의 문화들을 지배 체계에 이질적인 목적과 고려사항들에 맞게 사용함으로써 전복하고 재조정하였다. 예를 들자면, 기독교가 도입된 목적, 더 구체적으로는 라틴 아메리카에서 성모 마리아가 어떻게 이용되었는지를 생각해 보라. 원주민들 역시 자신들의 약점 안에서도 권력을 행사했던 것이다. 드 세르토는 지배 사회질서를 떠나지 않고서도 이 질서를 벗어나는 일상의 사람들의 관점에 대해 말한다. 또한 그는 약하고 복종적이며, 분명 예속된 이들이 어떻게 힘을 행사할 수 있으며 행사하고 있는가에 대해 말하고 있다. 드 세르토에 의하면, 미국 인디언들에 관한 이러한 예는 개인적 목적에 맞게 엘리트들이 만들어낸 문화를, 예를 들면 언어를 만들어내는 문화를, 사용하는 현대의 소비자들의 모습과 흡사하다.15)

다른 예는 드 세르토의 "가발"(*la perruque*)의 읽기다. 이 용어는 프랑스의 르노(Renalt) 자동차 공장에서 노동자들이 쓰던 말로, 이 공장은 많은 북아프리카인들을 고용했는데 고용주를 위해 일하는 체 하지만 자신의 이익과 재미를 위해 일하는 노동자들을 지칭하던 말이었다. 시간은 돈이었기 때문에 노동자가 취한 유용(diversion)이 취한 형태는 시간이었다. 다른 자유롭고 창조적인 이익활동을 위해 시간을 짜나고 사용하였다. 이는 편지를 쓰기 위해 시간을 잠시 내거나, 한밤중에 집에서 쓸 도구를 빌리는 것 같이 간단한 것일 수도 있다. 조직된 행동과 다른 노동자들과의 공모를 통해, 그리고 공장이 주입시키려했던 경쟁심을 꺾으려 모의하는 그 교묘함을 통해 재미를 얻는다. 그래서 재미와 이윤은 그 본거지에 설립된 것에 내맡김으로써 파생되는 것이다. "가발"은 개인적이거나 특정 집단의 생산양식으로 축소되지 않으며, 오히려 다른 시대의 기술들을 현대 산업 공간 내로 도입된다. 드 세르토에 따르면, "가발"의 행위는 자신의 목적에 맞게 사적으로 책을 읽는 독자나 TV를 보는 시청자와 유사한데, 이는 문화 생산자들이 거의 혹은 결코 알 수 없는 이유로 독자나 시청자가 책이나 TV를 보기 때문이다. 사실 모든 것은 하나의 큰 게임이 되는데, 이를 위해 다른 이의 게임을 좌절시키는 수많은 방법이 있다. 그래서 소비자들은 지속적으로 통제하는 문화가 제시하는 소비 행태를 피한다.

드 세르토가 번역에 관해서는 특별히 말하지 않는 반면, 번역활동은 그의 생각을 드러내는데 적합한 것 같다. 예를 들어, 샌 프란시스코의 마임 단원들이 어떻게 런던 웨스트 엔드의 극과는 대조적인 방식으로 몰리에르의 극을 무대에 올릴 것인가 하는 문제와 같이, 대중적인 정치극을

---

15) *Id.* 참조

위한 번역 정책들이 분명 즉각적으로 떠오른다. 개인의 목표를 위해 시스템을 사용하는 전략들은 50년대에서 80년대 후반에 이르는 동안 러시아나 중유럽에서처럼 엄격한 압제 체제 아래의 번역에서 극적으로 잘 나타난다. 가령, "창작물"을 쓰는데 검열을 받고 있던 파스테르나크(Pasternak)는 번역에 눈을 돌렸는데 – 예를 들면, 셰익스피어의 소네트를 외관상 애매하게 번역하는 것 – 이는 당시 지배적인 문학 시스템 내부에서는 명료하게 나타낼 수 없었던 무엇인가를 말하기 위한 것이었다. 모든 작가들과 대다수의 사람들은 그의 번역물을 읽고 시구 사이에 나타난 위험스러운 정치 비판을 감지할 수 있었다. 오직 당원들만이 작품에 나타난 창조적인 애매함의 과정을 인식하지 못하고 있었던 것 같다. 사실, 이 시기에 많은 중앙유럽 국가에서는 "창작물" 쓰기보다는 번역을 통한 창의적인 활동이 더 성행했다.

드 세르토의 생각을 쫓아가면서 번역을 연구하는 것은 가끔 단일어를 사용하고 잘 보이지 않는 영역에서 이끌어낸 그의 일부 예시들보다는 더 많은 것을 실제로 깨닫게 해준다. 예를 들어, 그는 다른 문화 이론가들처럼 그 자신도 제대로 접근하지 못했던 활동들인 일상의 독자들이 취하는 독서방식이나 시청자들의 TV 시청법에 대해서 단언한다. 그러나 만일 번역이 읽기 행위로 간주된다면, 그러한 이론화는 더 이상 사변적인 것이 아니다. 번역 연구를 중심으로 이동시키는 것은 일상생활의 실천에서 눈에 잘 띄지 않는 자취를 자료화하는 한 가지 방법이 될 것이다.

미국의 번역과 『50년대』

로버트 블라이는 1960년대의 가장 중요한 시인이자, 번역가이며, 대응 문화 운동의 주역 중 한 사람이었다. 그는 1966년 리드 칼리지와 워싱턴 대학에서 반전 시 읽기 운동을 조직하고, 베트남 전쟁 반대 미국 작가 모임을 (데이빗 레이와) 공동 설립하였다. 곧이어, 이 단체는 전국을 돌며 낭송회를 가지면서 국영 TV와 뉴욕 타임즈의 관심을 받았다. 처음에는 경멸과 야유를 많이 받았는데, 블라이의 말에 따르면, 청중의 90%가 낭송회를 반대하는 이들이었다고 한다. 로버트 로웰(Robert Lowell), 로버트 크릴리(Robert Creeley), 데니스 르베르토브(Denise Levertov)와 더불어 블라이는 반전 시인으로 유명세를 타기 시작했고, 그의 시 낭송회는 대응 문화 행사가 되었다. 1968년 내셔널 북 어워드(National Book Award)를 수상한 그의 저서 『몸을 감싸는 빛』(*The Light Around the Body*)(1967)과 『손을 맞잡고 꿈꾸는 자들』(*Sleepers Joining Hands*)(1973)은 1950년대 북미의 지적이고 형이상학적인 시적 특성의 변화를 대표하며, 시인을 정치와 문화 정책의 분야로 이동시켰다. 링컨 센터에서 있었던 수상소감 발표에서 그는 상금으로 받은 수표를 초기 항의자 상담 센터의 대표에게 전달했으며, 도서 산업과 메트로폴리탄 현대 미술관의 전쟁 공모에 대해 혹평을 했다. 블라이의 예술적 전개에서 나타난 급진적인 변화를 어떻게 설명할 수 있을까? 대응 문화에 대립하는 문학 중심이 얼마나 많이 그의 사고 형성에 기여했을까? 그리고 블라이의 문학 번역은 정확하게 어디에 부합하는가?

동시대 사람들과 마찬가지로, 블라이 역시 아방가드르, 반(反)문화적 환경에서 자라지는 않았다. 미네소타의 검소한 한 농부의 아들로 태어난 그는 공립학교에서 교육을 받았으며, 하버드에서 수학했고(1947-51), 뉴욕에서 살았으며(1951-4), 저명한 아이오와 작가 프로그램(1956)에 나가곤 했다. 그의 시선집 『새로운 영미 시인들』(*New Poets of England and*

America)(1957)이나16), 그의 첫 시집 『눈 내리는 들판의 고요』(*Silence in the Snowy Fields*)(1962)17)에 수록된 그의 초기 시들은 서정적이고, 낭만적이며, 고립주의자적인 경향이 있다. 고요, 눈과 고독의 이미저리는 그가 미네소타 북부지방과 뉴욕에서 혼자 지내던 시절의 외로운 경험을 나타낸다. 대립적이거나 정치적인 요소는 전혀 찾아볼 수가 없다. 「잠에서 깨어나」에서 블라이는 다음과 같이 기록하고 있다. "우리의 모든 육체는/ 새벽녘의 항구와 같다." 「세 부분의 시」에서는 "(우리는) 영원히 살겠네/ 먼지처럼." 「침묵」에서는 "이 새로운 눈은 처녀를 이야기한다'고 노래하고 있다. 그가 북미의 신생 시인들 중 한 사람으로 부각되는 시기에는 그의 초기 작품들이 기존 문학 관행을 재차 확인하며, 기존에 사용되던 형식과 이데올로기를 담고 있다.

당시 우세하던 문학의 중심을 구성하던 것은 무엇이었을까? 그 중심부에는 북미 중진들이 자리하고 있었다. T.S 엘리엇(T.S. Eliot), 에즈라 파운드, 월리스 스티븐슨(Wallace Stevens), 마리엔 무어(Marianne Moore)와 윌리엄 카를로스 윌리엄스(William Carlos Williams)가 여전히 생존해 있었고 모더니즘 시들을 썼다. 하지만 1910년대와 20년대의 혁신적인 흐름은 보이지 않았다. 구체화되고 정제된 보수적인 모더니즘이 세력을 떨쳤다. 엘리엇은 기독교로 개종했고, 영국 시민이 되었으며, "우리는 문학 안에서 삶의 남은 시간동안 마찬가지로 혁신의 영원한 상태에서 살 수는 없다"18)는 글을 썼다. 그는 계속해서 시가 "구어"를 구체화하기보다는

---

16) Donald Hall, Robert Paqk and Louis Simpson (eds), *New Poets of England and America* (Cleveland: Meredian Books, 1957).

17) Middletown, CN: Wesleyan University Press, 1962.

18) Quoted in Elliot Emory (ed.), *Columbia Literary History* (New York: Columbia University Press, 1988), 1080.

"정제"해야 한다고 말한다. 에즈라 파운드는 2차 세계 대전 동안 무솔리니를 지지하는 파시스트 라디오 방송을 했다는 대역죄로 재판을 받았으며, 정신이상으로 엘리자베스 병원에 감금을 당했다. 그는 거기서 모더니즘 시의 걸작으로 일컬어지는 『칸토스』(*The Cantos*)를 계속 집필했다. 『시의 현실』(*The Presence State of Poetry*)에서 델모어 슈베르트는 그 시대를 (도시 문제들과 논쟁에서 벗어난 소박한 농촌 공간인) 일요일 오후의 평화로운 일반 공원으로 특징짓고 있다.

이 시대의 "새로운" 것으로 특징지을 수 있는 것이 있다면 그것은 아마 존 크로우 랜섬(John Crowe Ransom), I.A 리차드(I.A. Richards), 윌리엄 엠프슨(William Empson), 이버 윈터스(Yvor Winters), 알렌 테이트(Allen Tate), 클린스 부룩스(Cleanth Brooks)와 엘리엇의 지지를 받았던 "신비평"일 것이다. 신비평주의자들은 내용보다는 형식을 강조했고, 고유의 의미를 가진 비유와 리듬 같은 문체적인 장치들에 관해 논했다. 시의 가치는 그 형식성, 특히 전혀 다른 요소들을 하나의 통일된 전체로 결합시키는 시인의 능력, 혹은 엘리엇의 표현대로라면, "시인의 심리 작용으로 혼종성을 통일체로 바꾸는 것"으로부터 나오는 것이었다.[19] 문학외적인 요소들은 궁극적으로 시의 가치와는 무관한 것으로 여겨졌기 때문에 전기적이고 문화적이며 역사적인 부분은 점차 문학을 해석하고 교육하는 데서 무시되었다. 새로운 비평 학설에 따르면, "좋은" 시는 미학적 분석으로 결정되며, 형식적이고 심미적인 발전의 "역사"에 참여해야 하며, 시간을 초월하는 보편적이고 인간적인 가치들을 반영하는 것이어야 했다.

---

19) Quoted in Alex Preminger and T. V. F. Brogan (eds), *Prenceton Encyclopedia of Poetry and Poetics* (Princeton: Priceton University Press, 1993).

주요 언론 매체들을 이와 같은 추상적이고, 형식적이며, 지적인 시들에 환호를 보냈다. 랜섬은 유력한 『케넌 리뷰』(*Kenyon Review*)의 편집자로 일했다. 해리엇 몬로(Harriot Monroe)는 잡지 『시』(*Poetry*)를 출판했다. 존 시아르디(John Ciardi)는 『세러데이 리뷰』(*Saturday Review*)를 출간했다. 하워드 모스(Howard Moss)는 『뉴욕커』(*The New Yorker*)를 발행했다. 심지어 존 홀랜더(John Hollander)의 『빨치산 리뷰』(*Partisan Review*)나 도널드 홀의 『파리 리뷰』(*Paris Review*)같이 좀 더 자유주의적인 저널들도 문학의 헤게모니를 강화했다. 젊은 시인들은 무비판적으로 신비평의 교리를 수용했던 것처럼 보인다. 『새로운 영미 시인들』(1957)에 실린 시인들인 블레이, 아드리안 리치, 제임스 메릴, W.S 머윈, 리차드 윌버, 하워드 모스, 윌리엄 메러디스는 모두 당시에 신형식주의자로 불렸다. 대안세계가 존재했지만, 그곳은 너무 지적이고, 추상적이며, 고립적이었다. 예를 들어, 1950년대 초에 출판되기 시작한 찰스 올슨(Charles Olson)의 블랙 마운틴 학파(Black Mountain group)의 시들은 여러 가지 면에서 추상적이며, 너무 지적인 풍조의 체계를 이루었다.

사실 블라이가 그의 저널 『50년대』에서 보여준 입장은 블랙 마운틴 학파 시인의 한 사람으로서는 대립적인 것이었다. 크런키(블레이)가 "로버트 크릴리의 작품"이라고 제목을 붙인 두 번째 발행판(1959)에서는 블라이가 크릴리의 작품에 호의적이지 않다는 것을 알 수 있다. 왜 그랬을까? 그 이유는 그 시가 너무 "미국적"이며, 너무 "고립적"이라는 데 있다. 블라이는 크릴리의 시에는 이미지가 부족하며, 시인이 스스로에게 충분히 몰입하지 못했다고 주장한다. 그는 또 크릴리의 시들이 일상의 억압이나 일상의 묘사와도 전혀 무관한 매우 추상적인 것이라고 여겼다. 블라이에 따르면, 현대시는 일상에서 쓰는 말을 써서 삶을 묘사해야 하며,

자기 계시에서 대담해야 한다는 것이다. 그리고 주제는 "모든 국가에서 증가해 가는 보이지 않는 억압"에 대한 문제여야 한다는 것이다. 블라이는 영미 시들이 너무 지적이고(열정에 반대되고), 너무 도시주변적이며(도시적인 것에 반대되며), 너무 고통에 무관심하다고 (자비로운 것과 반대된다고) 보았다. 블라이는 북미 시가 기쁨과 무의식의 외상을 회피하고 합리성을 추구하며 메마르다고 인식하였다. 무의식을 통해 깊은 이미지 ─ 블라이의 현대시의 야만적인 특징인 대담하고 감각적인 이미지─ 가 발견된다. 그리고 그에게 있어서는 시가 바로 이미지 자체인 것이다.[20]

그는 어디서 이와 같은 (북미권에서는) 새롭고 혁신적이며 독창적인 미학을 획득하게 되었을까? 학계의 중심(하버드)인가? 출판의 수도(뉴욕)인가? 아니면 가장 명성 있는 독창적인 글쓰기 프로그램(아이오와)을 통해서였을까? 사실, 블라이의 이러한 미학은 문학 번역에서부터 비롯된 것이다. 1956년 블라이는 노르웨이어로 된 시를 영어로 옮기는 일을 하면서 풀브라이트 재단의 장학금을 받게 되었다. (그 당시 그는 노르웨이어를 전혀 몰랐다. 북미 번역가들에게 있어서는 외국어에 대한 지식 소유 여부가 결코 중요한 기준이 아니다.) 블라이가 후안 라몬 히메네즈, 파블로 네루다, 안토니아 마차도, 페데리코 그리시아 로르카, 구나르 에켈로프(Gunnar Ekelof), 게오르그 트래클(Georg Trakl) 같은 작가들을 "발견한" 것은 오슬로의 한 도서관에서였다. 그의 상상력을 표현할 새로운 수단을 찾으면서, 블라이의 고독한 시대는 끝이 났으며, 그는 실천주의자가 되었다. 미국으로 돌아오자 그는 미네소타의 한 농장에 정착하여 윌리엄 티피와 함께 『50년대』를 창간해냈는데, 이는 그 당시 만연해 있던

---

20) 원문에서의 강조. *The Fifties*, 1959, p. 14.

문학 규범과 자신이 얼마나 다른가를 분명히 나타내기 위함이었다. 이를 위해 그는 다양한 형식을 사용했으며 좋고/싫은 것을 나타내는 매우 풍자적이고 비판적인 글을 썼다. 이 새로운 미학을 표현했던 루이스 심프슨(Louis Simpson), 데니스 레베르토브, 제임스 라이트(Jame Right)의 시를 출판하고, 문학계의 우상화된 작가들과 비평가들을 패러디하고 실체를 폭로했던『푸른 두꺼비의 명령』(*The Order of the Blue Toad*)라는 가공의 상을 재정하였다. 하지만 그가 문학의 헤게모니와 투쟁하기 위해 '무명' 유럽 시인들의 시를 번역한 것이 아마 가장 영향력 있는 방법이었던 것 같다.

『50년대』의 첫 판은 구나르 에켈로프의 스웨덴 시, 탐 크리스텐슨(Tom Kristensen)의 덴마크 시와 헨리 미차우스(Henry Michux)의 프랑스 시가 수록되어 있다. 블라이는 또 도널드 홀(Donald Hall), 게리 스나이더(Gary Snyder), W.D. 스노드그래스(Snodgrass) 같은 미국 시인들의 시집들을 출판하였고「미국 시의 50년」이라는 글을 수록했는데, 이 글에서 그는 1910년대의 "새로운 상상력"은 미국의 엘리엇, 파운드, 윌리엄스와 프랑스의 아폴리네르(Apollinaire)와 세인트 존 퍼스(St. John Perse), 이태리의 사바(Saba)와 운가레티(Ungaretti), 그리고 독일의 트래클 및 벤(Benn)과 더불어 처음 등장했다고 주장하였다. 그러나 블라이는 북미에서 어떤 일이 일어났는가에 대해서는 의구심을 표하면서『50년대』에 실린 에켈로프, 르네 차르(Rene Char), 미차우스 같은 유럽 시인들은 계속적으로 "새로운 상상력"에 공헌을 한 반면에, 북미 시인들을 그것을 상실했다고 주장한다. 그는 왜 더 많은 북미 시인들이 절망과 2차 세계 대전, 일, 주유소, 군대 참호 속에서 일어난 수많은 죽음에 대해 쓰지 않는지를 묻는다. 그는 "우리는 현대의 삶에 대해 지속적으로 습격할 수 있는"21) 더 많은 시인이 필요하다는 말로서 결론지음으로써 지난 50년 간 미국 시에 대한 그의 입장을 주장한다.

『50년대』에 처음 등장한 스페인계 시인은 후안 라몬 히메네즈(Ramón Jiménez)로 카를로스 드 프란스시코 지아(Carlos De Sanfrancisco Zea)가 시를 번역하여 1959년에 제 2판이 출간되었다. 1898년 세대의 모든 스페인계 시인 중에서 히메네즈는 아마 북미에 가장 덜 알려진 인물일 것이다. 1916년 망명 후 그는 거의 일생을 미국과 푸에리토리코에서 지냈으며, 뉴욕에 있는 스페인-미국 신문사 사장의 여동생과 결혼했다는 점에서 볼 때 그의 무명은 더욱 아이러니하다. 1956년 당시 노벨 문학상을 수상했지만 미국 내에서 그의 시집은 단 한편도 출판되거나 번역된 적이 없다. 오늘날에는 거의 단순하고 지나치게 감상적으로 여겨질 수 있는 그의 시에서 블레이는 어떤 매력을 발견했던 것일까? 그의 작품은 전복성이나 정치성은 거의 찾아보기 힘들다. 이와 같은 단순성에도 불구하고 히메네즈는 매우 복합적인 시인이었다. 그에게 있어 시는 단순한 글쓰기의 한 형태가 아니라 종교이며, 길이며, 구원의 방법이자, 무엇보다도 사랑의 황홀경의 일종이었다. 블레이를 매료시킨 것은 바로 이와 같은 감성, 혹은 히메네즈의 말로 표현하자면, "벌거벗은 시"였다. 이 말은 1918년에 쓴 제목 미상의 한 유명시에서 그가 쓴 첫 시구에서 나온 것이다. "처음에 그녀는 순수함으로 다가왔다/ 순결의 옷을 입고서." 이 시는 그가 사랑했던 벌거벗은 어린 소녀처럼 어떻게 시가 그에게 처음 다가왔었는지를 노래한다. 이후 소녀가 자라면서 옷을 입고 보석으로 치장하자 그는 씁쓸함을 느끼기 시작한다. 결국 그녀가 과거의 순수함으로 다시

---

21) *The Fifites*, 1958., p. 39.

돌아가자 그는 다시 그녀를 믿게 된다. 시는 "오 벌거벗은 내 삶의 열정이여/나의 시는 영원하리라"로 끝난다.[22] 블라이는 단지 몇 개의 단어로 히메네즈가 가장 강력한 느낌을 주는 것과 같은 정교함에 매료되었다.

"벌거벗은 시"는 또 직설적이고 일상적인 말을 사용하여 꾸밈과 기교가 빠져있음을 뜻한다. 블라이에 따르면, 그의 시는 이기적이지 않으며, 길고 복잡한 연의 형식이나 복잡한 통사론으로 섞이지 않았다. 『50년대』의 제 2판에 실린 첫 시는 "지성을 내게 다오/ 사물의 명확한 이름을/... 내 말이/ 사물이 되게 해 다오"라는 시구로 시작한다.[23] 블라이는 히메네즈를 통해 북미 시들의 지성주의, 직무 집행적인 태도, 고상한 형식과 추상적인 언어에 대해 비판한다. 그에 따르면, 크릴리와 서부 해안 출신의 일부 시인들은 그가 비난한 매우 지적인 학자적 시인들과 크게 다르지 않다. 「영미 시에 관하여」라는 제목의 한 글에서 그는 "서부의 계간지에 수록된 많은 시들은 추상적인 글들의 눈보라ー『케년 리뷰』에서 수록된 시인들ー 와 그 점에서 아무 차이가 없다"[24]고 기록하고 있다. 그래서 히메네즈의 시들은 그에게 감성을 탐구하고, 기쁨과 불안을 명확히 나타내며, "무의식의 깊은 이미지들"을 탐험할 수 있는 길을 열어준 것이다. 동시에 블라이는 누구라도 이해할 수 있는 솔직하고 직접적인 문체를 지지한다는 자신의 입장을 밝히는 데 있어서도 히메네즈를 이용하고 있다.

네 번 째 저널인 『60년대』(*The Sixties*)에서 블라이는 "새로운 양식" 또는 "새로운 상상력"이라고 부르는 미학을 계속 발전시킨다. 그가 번역한

---

22) *The Fifites* 2, 1959, pp. 54-5. 참조.
23) *Ibid,* p. 24.
24) *Ibid,* p. 46.

멕시코 시인인 엔리케 곤잘레스 마르티네즈(Enrique Gonalez Martinez)의
시는 그의 미학에 대한 선언문 역할을 한다.

> 부풀어 오른 깃털의 백조를 잡아, 그 목을 비틀어라
> 그러면 솟구치는 분수의 물웅덩이의 푸르름에 새하얀 필치를 남길 것이다
> 그는 자기의 우아함만 나타낼 뿐, 이해하지 않는도다
> 피조물의 영혼 혹은 고요한 들판의 소리는[25]

여기서 백조는 사람들의 일상에 대해서는 전혀 다루지 않는 아름답고 추
상적이며, 잘 짜여진 시를 쓰는 모든 북미 시인들을 의미한다. 블라이는
『60년대』에서 스페인계 시인인 안토니오 마차도(Antonio Machado)와 그
라시아 로르카(Garcia Lorca)를 "소개했다". 「마차도에 대한 단상」이란
글에서 그는 북미 시인들이 아이디어와 지적인 공식화에는 민감하여,
"구별", "자연스러운", "시간", "도덕성" 같은 단어들을 쉽게 사용한다고
주장했다. 반면, 스페인계 시인들은 "올빼미", "바다", "방", "어둠"과 같
은 단어 사용에 더욱 주의를 기울인다.

> 현대의 모든 미국 시인들의 세계를 대변하는 메리언 무어의 지적인 세상
> 속에서, 우리는 실제 올빼미들을 시 속 상상의 과수원으로 이끌어가려고
> 하지만, 마차도는 그렇게 하지 않는다. 그는 시를 올빼미에게로 이끌어간
> 다.[26]

마차도는 – 울고 있는 사람들, 교회 종탑의 울림, 성벽을 기어오르는 행

---

25) *The Sixties* 4, 1960, p. 2.
26) *Ibid.*, p. 14.

동, 더러운 뒷골목, 짖고 있는 개들, 까악 하고 우는 까마귀들과 콩이 맺힌 식물에서 나는 향기 같은─ 평범한 일상에 관한 시들을 썼다. 이 시들은 단순한 일상의 묘사에 그치는 것이 아니라 감정, 가끔은 유쾌한 느낌을 담고 있는 것들이다. 히메네즈의 시들처럼 마차도의 시들도 블라이와 윌리스 반스톤(Willian Barmstone)의 번역을 통하여 미국에서 처음으로 출판되었다.

마차도에게 있어서는 단순한 삶 역시 고상한 것의 일종이었다. 그 자신도 산속 작은 마을에서 생애 대부분을 보내면서, 마을과 언덕을 산책하며 지냈다. 그가 지적인 공식화를 피하고 내면의 소리에 귀 기울일 수 있었던 것은 바로 이와 같이 단순한 삶에 있다. 블라이는 『60년대』에서 마차도의 초기시 『고독』(Soleades)(1903년 출판)을 재발행한 1907년 판에서 쓴 메모를 번역하여 실었는데 이것이 마차도의 미학을 이해하는 데 도움이 되었다. 마차도는 "시의 본질은 단어의 소리에도, 그 색채에도, 시구에도, 복잡한 감각에 있지 않고, 영혼의 깊은 곳에서 울리는 고동에 있다. 그리고 이 깊은 고동은 영혼에 의해 부여된 것이다"고 기록하고 있다.[27] 그는 계속해서 시인은 자기 내면과의 대화에서 "자신을 놀라움으로" 사로잡아야 하며, 사람의 가장 깊은 감정을 표현하는데 도움이 되는 "기운찬 이미지들"을 기록하려고 애써야 한다고 주장한다. 블라이는 마차도가 그려내는 개인의 깊이 있는 감정 표현이 일상의 삶과 결합된 것에 매료되었다. 그는 단순하고, 일상적이면서도 명확한 의미를 담은 지시어로서 기능하는 것으로 마차도의 텍스트를 활용하였다. 이는 또한 그가 억압적인 정치와 체제의 구조에 대한 비판을 두려워하지 않는다는 의미

---

27) *Ibid,* p. 15.

이기도 했다. 그는 미국 내 문학 편집자들, 교사들, 비평가들에 의해 쉽게 유기될 수 있었던 글쓰기 양식에 권위를 실어주기 위해 마차도의 명성과 그 시의 탁월함을 이용하였다.

히메네즈와 마차도와는 달리, 가르시아 로르카는 작가이자 극작가로 미국 내에서 유명하다. 1929-30년 동안 콜롬비아 주 뉴욕시에서의 삶의 경험을 노래한 시 『뉴욕의 시인』(*Poeta en Nueva York*)은 1940년에 처음 스페인에서 출판된 직후 랄프 험프리즈(Ralph Humphries)가 번역했다. 스태펜 스펜더(Stephen Spender)는 가르시아 로르카의 시를 이미 1939년에 번역했다. 1951년에는 랭스턴 휴즈(Langston Hughes)가 로르카의 『집시 발라드』(*Gypsy Ballads*)를 번역했다. 50년대 중반에는 그레이엄-루잔(Graham Lujan)과 리차드 L. 오코넬(Richard L. O'Connell)이 그의 극본들을 공동 번역하여 2권 짜리로 출판하였다. 1936년 프랑코 열성당원에 의해 그가 살해당한 사건 역시 그의 국제적 명성을 높이는 데 한몫 했다. 로르카와 르네 차르에 대한 글에서 블라이는 어떻게 프랑스와 스페인이 각각 차르와 로르카 같은 시인들을 육성해 낼 수 있었는가에 대해 질문하고 있다. 반면 미국에서는 30년대 동안 좌파 작가들의 메마른 돌풍 후에, 시들이 매년 "멈춰버린 시계"처럼 쇠퇴하는 것처럼 보인다.[28] 블라이는 엘리엇과 파운드에게는 무의식을 이긴 정신, "늙은 청교도인의 승리"가 있었다고 주장하면서 자신이 던진 질문에 대해 답을 한다. 그럼에도 블라이는 지적인 시가 아닌 일상의 시들을 쓰는 것은 충분히 가능하며, "스페인의 시들은 무의식의 혁신적인 시 세계를 열어주는 강력한 길이 될 수 있다"고 주장한다.

---

28) *Ibid*, p. 7.

히메네즈의 "벌거벗은 시"의 개념이나 마차도의 "깊은 고동"처럼, 블라이는 평인들의 무의식적 느낌을 표현하는 이미지들을 구사하는 로르카의 능력－그가 "심연의 노래" 또는 "갈색의 빵"으로 언급했던－에 매료당했다. 예를 들어, 블라이는 제임스 라이트가 번역한 「팔월...」이란 짧은 시를 출판했다.

옥수수 열매에는
그 순결한 웃음과 노랗고 단단한 팔월이 있다
어린 소년들이 먹는다
갈색의 빵과 풍성한 달을[29]

갈색 빵과 풍성한 달의 이미지들은 모든 사람들－어린이, 노동자, 노인－이 함께 공유할 수 있을 것 같은 근원적이고 감각적인 감정을 담고 있다. 한편에서는 그것들이 1910년에 시작된 유럽 전통을 실천하고 있는 "현대적인 이미지"인 반면에 또 다른 전통인 우화와 발라드라는 구전 문화로 전승되어온 민속 전통에 물들어 있다. 정치성이 필연적으로 개입된다.

J.A. 커튼우드가 번역한 『칸테 혼도』(*Cante Jondo*)를 인용한 글에서, 로르카는 소박한 선술집을 오가는 이들에 대해 노래한다.

죽음이
들어왔다가 나간다
선술집에
검은 말과 어둠을

---

29) *The Fifties*, 1960, p. 25.

사람들이 타고 있다
기타(guitar)의
깊은 길 너머로30)

어둠(dark)이 "사악함(siniestra)"의 분위기를 잘 전하고 있는가는 별개의
문제이다. 그럼에도 음조, 공포, 우울함이 전달된다. 그리고 내용과 분위
기가 강조되는가 하면, 말하지 못한 내면의 불안이 나타나고, 문체는 꾸
밈없고 단순하며, 직접적이다.

블라이와 더피는 북미 문학의 제도에 변화를 모색하기 위한 방편으로
써 번역을 활용하는 이러한 전략을 60년대 내내 계속 실천하였다. 『60년
대』(The Sixties)의 후속 발행본에서는 칠레의 시인 파블로 네루다(Pablo
Neruda)와 페루 시인 세자르 발레호(Cesar Vallejo) 같은 작가들의 시를
번역하여 소개했다. 블라이는 마음 깊은 곳의 감정을 전달하기 위해서는
더 많이 그림과 같은 이미저리를 사용해야 한다고 주장하면서, 내적 느
낌과 정치적인 시와의 연관성에 대해 구체적으로 생각하기 시작했다. 그
는 또 미국인들의 각성을 방해하기 위해 국가가 어떻게 학교, 교회, TV,
박물관을 이용했는지를 인식하기 시작했다. 이 시기에는 자기 시를 출판
하는 일조차도 어려웠다는 것을 그가 인식하고 있었다는 점은 번역학자
들에게도 새로운 일이 아닐 것이다.

50년대 아이젠하워 재임동안에는 너무 정치적이라는 평가를 받았던
『J.P. 모건의 승천을 위해』(For the Ascension of J.P. Morgan)는 오늘날까지
출판되지 못하고 있다. 블라이의 첫 출판서는 그와 제임스 라이트가 번
역한 『게오르그 트라클의 시 20선』(Twenty Poems of Georg Trakl)(1961)이었

---

30) Ibid, p. 21.

다. 블라이의 경우, "강력한" 문학 시스템 내의 문학 제도를 변화시키려는 도구로서의 번역은 없어서는 안될 것이었으며 분명 그러했을 것이다. 그 후 1960년대에 블라이의 작업은 빛을 보기 시작했다.『눈 내리는 들판의 고요』(1962)가 스페인에서 있었던 정치적 억압과 관련된 그의 대립보다는 북 미네소타에서의 삶과 뉴욕의 외로운 삶을 반영한 것이라고는 하나, 몇 가지 예외가 있다. 불온하고 복잡한 시「걱정」("Unrest")에서는 로르카와 마차도의 메아리가 들린다.

　　이 나라에 감도는 낯선 불안
　　이것은 마지막 춤이며, 모간(Morgan) 바다의 거친 흔들림이다

이 불안은 1967년 블라이의 시선집『몸을 감싸는 빛』에서 보다 구체화된다. 여기서 그는 증가하는 소비주의, 자동차에 대한 의존, 패스트푸드, 1회 용품 같은 물건들을 추구하는 미국 내 문화추세를 비판하고 있다. 이러한 비판은 책의 중간 부분에서 최고조에 이르는데, 여기서「베트남 전쟁」이라는 60년대의 아마 가장 유명한 10편의 반전시가 수록되어 있다. 단순한 정치적 선전 시를 쓰는 것에서 벗어나 블라이는 전쟁을 미국의 자본주의 확장과 연관시키며, 새로운 시장에 대한 자본주의의 고유한 필요 때문에 미국의 서구 변경 지대를 계속 아시아로 향하도록 만들었다고 주장한다.「산업 혁명 이후, 모든 것은 한꺼번에 일어난다」라는 제목을 붙은 첫 시에서, 블레이는 다음과 같이 적는다.

　　나는 워싱턴에서 검은 천사가 춤추는 것을 보았다
　　나룻배 위에서, 말하기를,

이제는 사육장의 개들과 사냥개들을 나누어 보자. 뉴욕에서는 헨리 카봇 로지,

쿠바에서는 사탕수수에 대해 말해보자. 디트로이트에서는

포드 모유를 마시고 있다...

그리고 윌슨을 말한다. 제너럴 모터스 사에게 좋은 것은 무엇인가...

누가 노래하고 있나?[31]

단순히 블라이의 정치성이 아니라, 주류에 의해 보급된 공식적인 버전들을 전복시키려 그가 언어를 사용하는 방식에 흥미로운 점이 있다. 우선, 블라이는 관료주의자들과 그들의 홍보용 언어를 사용하여 그들을 전복하면서 그들의 목소리를 패러디한다. 둘째, 1970년에 시티 라이트 북스 (City Light Books)사에서 처음 출판되었다가 이후『손을 맞잡고 꿈꾸는 자들』(*Sleepers Joining Hands*)에 수록된「마침내 벌거벗고 저항하는 어머니」("The Teeth Mother Naked at Last")에서 인용한 다음의 내용처럼 초현실적인 이미지들로 그들의 언어를 방해한다.[32]

"정치적 견지에서 보자면, 민주적인 기관들이
베트남에 세워지고 있지 않습니까?"

녹색의 앵무새가 손톱 아래서 떨고 있다
피는 주머니 속으로 빠르게 떨어진다
비명소리는 꼬리처럼 세차게 휘두른다.

"반대하는 목소리로 우리의 과업을 중단하지 않도록 합시다..."

---

31) Robert Bly, *The Light Around the Body* (New York: Harper and Row, 1967), p. 29.
32) New York: Harper and Row, 1973.

제트기의 하얀 흔적이
긴 바늘같이 찔러댄다.

대통령이 기자 회견을 끝내자, 검은
날개가 그의 말을 훔쳐 달아나고,
육체의 굴레는 여전히 거기 매달려 있다.

블라이가 백인들의 언어와 논리를 지적하며 희롱하는 것에서 볼 수 있듯이, 이 시에는 유럽의 블랙 유머가 섞여있다. 또 철학적인 점도 있는데, 이는 전쟁을 덮어버린 일부 작가들에 의해 간파되었다. 전쟁에 관해 유포된 정보로 쓰인 언어들은 무엇을 말하고자 하는가? 무엇이 진실이며 무엇이 거짓인가? 정부 관리들은 실체의 한 가지 형을 가지고 있으며, 그들은 그것에 집착한다. "진리"와 관련된 것은 무엇인가? 일부 언론인들은 베트남에서 군대가 전하던 뉴스 브리핑을 "5시의 바보짓거리"이라고 불렀다. 그러나 실제로 무슨 일이 일어나고 있었는지를 아는 사람은 거의 없었다. 종종 전쟁터의 사람들은 죽음과 파괴를 초현실적인 것으로, 대중음악과 소비주의로의 탈출을 실제적인 것으로 특징지었다. "언제 당신은 현실의 세계로 돌아갈 것인가?"

블라이는 어디서부터 그러한 상황을 다룰 장치의 목록들을 발전시켰던 것일까? 그 목록들은 문학번역을 하는 과정에서 발전된 것임에 분명하다. 그가 체제를 변화시키기 위해서 위험하기 짝이 없는 형이상학적인 사고와 교화적인 태도를 타파하기 위해, 그의 시에가 나타날 수 있는 문화적 상황을 만들기 위해서, 번역을 사용했었음에 분명하다. 그가 번역을 활용한 것은 예술의 본질, 예술의 통일성과 형태에 대해 엘리트들이 지닌 관념의 토대를 침식했으며, 시인들이 추악한 정치계와 일상생활에 관해 말할 수 있는 공간을 열어주는 데 도움을 주었다. 블라이의 작업은 새로운 세대의 시인들이 도래했음을 알렸고, 형식주의자들과 엘리트 모더니즘 시의 끝이 시작되고 있음을 나타냈다. 엘리엇의 객관적인 상관물은 보다 단순한, 그러나 전혀 약화되지 않은 이미지의 형태 — 세상의 저 편에 있는 것이 아니라 내부로부터 불러들인 이미지 — 로 성공적으로 대체되었다. W.D. 스노드그래스, 앤 섹스턴(Anne Sexton), 실비아 플라스(Sylvia Plath)가 출현했다. 블라이의 영감에 맞는, 혹은 적어도 무의식적이지만 강력한 감정을 찾는데 관심을 둔 시인들 — 도날드 홀(Donald Hall), 제임스 라이트(James Wright), 걸웨이 키널(Galway Kinnell), 루이스 심프슨(Louis Simpson) — 의 작품들이 출판되기 시작했다. 지지를 받던 시의 형식은 언제나 평범한 이들과 그들의 삶에 다가갈 수 있는 세상과 관련되어 있었다. "시인이 되는 것은 더 단순해졌다 / 모든 사람들은 각각의 '영혼의 리듬'을 가지고 있다"

블라이는 한때, 누구든지 앉아서 시를 쓸 수 있다고 주장했다. 이런 생각은 큰 인기를 얻게 되었으며, 시인들이 그의 글을 읽기 시작하자, 독자들도 따랐다. 아마 가장 흥미로운 점은 번역가의 완전한 새 세대가 생겼다는 것이다. 이는 유럽과 라틴 아메리카의 작가들은 이와 같은 내적 영혼의 리듬에 다가가는 데 있어서 북미 작가들보다 앞섰던 것처럼 보였으며, 종종 압제와 기본적인 생존과 관련하여 더 많은 경험을 가지고 있었으며, 압제자의 언어를 그들의 입장을 유리하게 사용하는 문체를 발견했다.

그래서 블라이의 새로운 문체들은 단순한 항의와 대결을 나타내는 것이 아니라, 이에 참여하면서도 떨어져 있으며, 낡은 형식을 타파하고 새로운 것을 만들어 내는 양식이다. 50년대 동안 블라이가 번역 분야에서 실천했던 작업들은 시의 새로운 형식을 발전시키는데 주요한 역할을 감당했다. 그의 번역 작업 역시 그의 시와 삶 전체를 독창적이고 활기찬 시대로 이끌었다. 이 시기 동안, 그는 "반(反)-제도" 운동(반·학자적 체제, 반-문학 중심주의, 반전 운동)의 최전방에 섰으며, 그의 사례는 잇따른 문화적 위기를 일으키는 데 있어서 번역이 핵심 역할을 했다는 논제를 뒷받침해준다. 그가 번역을 통해 대안 양식을 찾아낸 후에야 그는 비로소 "자기 작품 내부로부터" 창의적으로 체제를 단절시킬 수 있다.

결론

미국의 1950년대는 연구대상으로서는 꽤 통일성 있고 규범적인 문화시기로 나타날 수도 있다. 하지만 실제로는 포착하기 어려운 힘들이 작용하던 복잡한 시대였다. 역사가들과 사회학자들은 이때가 일반 대중들의 보수적이고도 무비판적인 본성들을 일반화하려던 시기라고 말하지만, 나는 그러한 일반화가 중요한 문화적 사건을 은폐시킬 수도 있음을 말하고자 한다. 마릴린 먼로(Marilyn Monroe)는 할리우드의 기준을 따른 인물인가, 문화적으로 적합하지 않은 인물인가? 제임스 딘이 품은 침묵은 무엇을 의미하는가? 왜 로사 파크는 버스에서 다른 좌석에 앉았는가? 이 기간 동안의 번역 역시 복잡하며, 규범적인 경향으로 지양되는 것을 거부하는 것으로 보인다. 왜 랭스턴 휴즈(Langston Huges)는 대부분의 미국 백인들이 들어본 적도 없는 로르카의 시를 번역했는가? 왜 블라이는 오슬로의 도서관에서 스페인 시인들을 읽었는가? 수세기 동안 발라드/ 구전 형태로 전해지고 중세의 음유시인들에 의해 노래되던 구전들을 번역하면서 머윈(Merwin)이 스페인과 포르투칼의 산맥에서 한 일은 무엇인가? 왜 데

니스 레베르포브(Denise Lévertove)는 미 육군 병사와 함께 프랑스 전역을 무전 여행했는가? 왜 퍼팅게티(Ferlinghetti)가 멕시코 전역을 무전여행하거나 몬트파세의 지하실에서 살았는가? 오늘날 미국에서는 퍼링게티와 그의 비트가 훨씬 대중적인 문화의 근저에서 뚜렷하게 "미국적인" 목소리를 대표하고 있는 반면에, 『마음의 토끼 섬』(*Coney Island of the Mind*)(1956)의 카니발적인 이미지와 생동감 넘치는 장난기는 북미인에 "고유하거나", 앵글로 아메리카 문학 중심부에서 "태어난" 어떤 것이라기보다는 차라리 라틴 아메리카의 모더니즘과 프랑스 초월주의와 관련이 있다.

나는 보수적인 힘으로 문학 번역을 일반화하기에는 수집 자료들이 너무 충분치 않다고 PS 이론가들에게 말하고 싶다. 한 때 PS 이론가들에 의해 "강력한" 문학 다체계를 누리는 것으로 인정받았던 전(前) 소련 연방은 ─ 그리고 분명 2차 대전이 끝난 직후 이스라엘의 문학 시스템은 소련의 모델로부터 많은 문체와 장르의 영향을 받아 들였다 ─ 아마 오늘날에는 덜 그러해 보일 것이다. 소련 체제 내에서 번역의 기능과 관련된 문제는 오늘날에도 여전히 남아있다. 시 속에서 무엇을 말했으며, 번역된 것들은 소비자들에게 어떻게 읽혔는가? 많은 번역물들이 이중의 삶 ─ 정당 지지자들에 의해 한 가지 방식으로만 소비되지만, 다른 이들에 의해서는 확연히 다른 방식으로 읽혔던 ─ 을 즐겼는지도 모른다. 분명한 것은 문학 번역의 전도적이고 급진적인 활용이 이전의 많은 옛 동유럽 공산권 국가들에서도 나타나고 있다는 것이다.

미셀 드 세르토처럼 문화 연구의 모델을 사용하는 것이 당장 전(前) 소련 같이 억압적인 문화적 시스템을 분석하는 데 있어서는 적합할 수도 있지만, 미국의 "민주적인" 시스템 내의 문화 발전에서 번역이 수행한 역할을 분석하는 데에도 유용하다는 점은 언급하고 싶다.

미국의 예술과 문학은 서유럽 많은 국가의 경우와 같은 방식으로 기능하지 않는다. 블라이는 『아침 내내 말함』(*Talking All Morning*)에 실린 인터뷰에서 이 점을 지적한다. 정부와 예술 간의 관계에 대한 질문에 대한 응답으로 블라이는 스웨덴 같은 유럽국가에서는 문화가 계층적이며, 시(詩)는 정부까지 이어지는 문화 시스템에 영양을 공급한다고 주장하면서 하위 문화에 대해 언급한다. 그러나 미국에서는 자발적으로는 비상업적이며, 정치적으로는 활기찬 방식으로 행동하는 계층제도(앞의 제사 참고)에 의해 실제로는 영향 받지 않는 다른 문화가 존재한다.[33] 만약 정말 미국 내 다체계가 서구 유럽 문화들과 그토록 다르다면, 개발 도상국의 세계의 문학 시스템과는 얼마나 다르겠는가? 분명 번역상의 (그리고 초국가적의) 행동이 공식화되기 전에 더 많은 연구가 이루어져야 할 필요가 있다.

---

33) Robert Bly, *Talking All Mourning* (Ann Arbor: University of Michigan Press, 1980), p. 28.

8.

번역과 정전 만들기: 미국 드라마의 90년사

이 글의 기본 전제는 문학 작품 번역이란 문학 텍스트를 다시 쓰는 한 가지 방법이라는 데 있다. 문학 텍스트를 다시 쓰는 또 다른 유형에는 (한 작가의) 작품들을 편집하거나, 문학 비평과 문학사에 관한 저작물 발행이나 텍스트 간행이 있다. 이러한 유형들은 내 책 『번역, 다시쓰기, 그리고 문학의 명성 조작하기』(*Translation, Rewriting, and the Manipulation of Literary Fame*)에 열거했으며, 이론적 근거를 보다 광범위하게 설명했다.[1] 이와 같은 다시 쓰기의 일부는 문학 작품이 제목과 간략한 줄거리가 문학사에서 언급될 때처럼 단순히 다시 쓴 텍스트들을 언급하기 위한 것이

---

1) André Lefevere, *Translatio, Rewriting, and the Manipulation of Literary Fame* (London and New York: Routledge, 1992).

다. 다른 유형의 다시쓰기(번역)는 만화나 문학 텍스트를 영화화한 것이 원본의 플롯 라인을 재생해 내는데 성공할 때처럼 어느 정도까지는 다시 쓴 텍스트를 재생해 내는 것이다. 여전히 다른 다시쓰기들은 그들이 다시 쓰는 텍스트를 대표한다고 주장한다. 보다 전통적인 이해에 있어서 번역은 이 범위의 주요한 본보기가 될 수 있을 것이다. 사실 브레히트(Brecht)의『억척어멈』(*Mother Courage*)을 사기 위해 미국에 있는 서점들을 찾는 잠재 독자들은, 이 연극 대본의 영역본/다시 쓰여진 텍스트만 구입할 수 있을 것이다. 원본은 겨우 몇몇 서점에서만 찾을 수 있기 때문이다. 독자들이 독일어를 사용하지 않고, 독일 문학에 익숙하지도 않다면, 이런 것에 전혀 관심을 두지 않는다. 사실 독자들이 번역본, 다시쓰기의 산물을 원본처럼 읽는다면, 이런 일들은 지극히 당연하게 여겨질 것이다. 물론 비평가나 이론가들과 같이 전문적인 문학 독자들에게는 괴로운 일이 될 것이다.

그러므로, 번역이 행해지는 방식은 번역물을 필요로 하는 독자들에게는 아주 중요한 문제가 되는데 그들은 원전을 읽을 수 없기 때문이다. 아이러니한 사실은 일반적으로 원본과 번역물을 비교할 수 있기 때문에, 번역물이 전혀 필요 없는 이들이 번역을 평가하고 비판한다는 사실이다. 번역물이 나오는 방식은 중요하다. 왜냐하면 번역물은 원본을 읽지 못하는 독자들에게 원본을 대신하기 때문이다. 다시 말하자면, 번역물은 원본의 "리얼리티"에 접근하지 못하는 독자들을 위해 원본의 "이미지"를 만들어 주는 것이다. 당연히 그 이미지는 여기에서 문제가 되는 리얼리티와는 다소 다르다. 이는 번역가가 악의적으로 그 리얼리티를 왜곡시키기 때문이 아니라 그들이 속한 고유한 문화의 특정한 속박 아래서 번역물을 생산하기 때문이다. 19세기에 나온 그리스·로마 고전 번역물들은 원본의 단락을 누락시켜 모두 "모호한 것"으로 여겨지거나, 그리스어 단락을 번역물에서는 라틴어로, 라틴어 단락을 이태리어로 번역했던 때처럼 이러한 속박은 본래 이데올로기적인 것일 수 있다. 서사시는 사장되었고 독자들은 이제 단지 소설만을 원한다는 인식이 널리 퍼졌기 때문에, 50년대에 호머와 버질의 서사시가 산문으로 번역되었던 때처럼 이러한 속박은 또한 시학적인 것일 수도 있다. 현재 호머와 버질의 작품들이 다시 시의 형태로 흔하게 번역되고 있다는 사실은 이러한 속박들이 결코 영원 불변하지는 않다는 중요한 사실을 반증하는 것이라고 할 수 있다. 오히려 이러한 속박은 (번역물과 그 원본들이 양산되는) 사회-문화적 환경 속에서 "변하기 쉽다." 결국, 이러한 제한들은 명백한 경제적 성질을 가질 수도 있다. 브레히트의 『억척어멈』은 노래의 1/3이 브로드웨이 공연에서는 삭제되었는데, 그렇지 않았더라면 이 연극은 브로드웨이 연극 조합에 의해 뮤지컬로 규정되었을 것이며, 제작비용 역시 그에 상응하여 증가했었을 것이다.

만일 번역물이 독자들에게 원본의 이미지를 제공한다면, 보다 분명한 교훈적인 목적을 충족시키기 위한 드라마 선집 모음 같은 유형의 다시쓰기는 문학과, 문학 내에 존재하는 시대와 유형과 장르의 이미지를 독자/학생들에게 제공하려 한다. 예를 들면, 서술적인 산문이나 서정시와는 달리 브레히트의 서사극을 일반적인 드라마처럼 드라마의 개념의 일부로서 독자/학생들에게 제공하려 한다. 만일 선집이 번역물을 포함하고 있다면, 이런 책자는 독자들에게 이중의 이미지를 제공하는 셈이다. 거기에는 전체로서 선집에 투사하고자 하는 거대한 이미지가 존재하고 있다. 또한 선집에 실린 다른 번역물들이 또한 투사하는 미세 이미지가 있다. 우리는 이러한 사실에 눈을 뜰 때 이 이미지들의 중요성을 깨닫게 된다.

그리고 우리 중에서 문학연구에 전문적으로 연관된 이들은 일반적으로 이러한 일을 하는데 충분히 재빠르지 못한다. 이러한 선집들이 비전문가인 독자들이 ― 단지 거리의 유명한 사람들뿐 아니라, 전문적인 문학 독자가 될 의도가 없는 고교나 대학생 수준의 학생들에 역시 ― 최초로 (그리고 마지막으로) 문학을 알게 되는 수단이 된다.

여기서 논의할 드라마 선집의 유형은 그리스 시대부터 현대에 이르는 장르의 발전을 학생들에게 소개하기 위해서 미국 고등학교와 대학에서 사용되는 것들이다. 문학을 공부할 의도가 없는 학생들은 평생 이러한 이미지들을 가지게 될 것이다. 그들에게 있어서 앞표지와 뒷표지 사이에 선집된 텍스트는 드라마(혹은 시나 소설, 또는 무엇이든지 간에) 정전을 대표한다. 혹은 교육적인 목적이나 관심이나 호기심을 만족시키기 위해 선집들을 읽는 독자들에게 이 선집들이 정전으로 통하려고 애쓴다고 말하는 것이 진실에 더 가까운지도 모른다. 이러한 선집들이 행하는 권력은 그러므로 과소평가 되지 않는다. (그리고 사적인 번역물이 행사하는 힘도 마찬가지이다). 그러나 이와 같은 (그리고 다른) 다시쓰기들은 거의 연구된 바가 없거나 전혀 분석된 바가 없다. 이러한 것들은 너무 쉽게 당연한 것으로 취급되고 비가시적인 것으로 남는다. 마치 "영혼" 또는 원전에서 얻는 무엇이 어떤 삼투압의 과정으로 독자들에게 전달되는 것처럼 보인다. 만약 낭만주의 이후 문학 연구의 많은 주요 전제가 생생하게 유지되기 위해서라면, 즉 천재적인 재능을 가진 작가가 자신의 충만한 감성에서 자기 동료들에게 직접적으로 말하기 위해서라면, (심지어 작가가 다른 언어로 말한다 할지라도) 이러한 (그리고 다른) 다시쓰기들은 당연한 것으로 여겨져야만 하며, 분명하게 남아 있어야 한다. 대조적으로, 내가 논의하고자 제안하는 것은 많은 사람들에게 살아 있는 정전으로 인식되게끔 한 알려져 있지 않은 사람들 그리고 이들의 과제(감추어졌던 드러 났던 간에)에 관해서는 단 한번도 언급하지 않은 채, 정전과 정전을 만드는 것에 관해 방대한 책들이 출간되었고 계속 저술되고 있다는 것이다.

앞서 간략히 언급한 요점과 1990년에서 1998년 사이 미국에서 출간된 드라마 선집들 전체에 대해 설명하겠다. 초기(선집의)편집자 중 한 명인 브랜돈 매튜스(Brandon Matthews)는 여러 가지 면에서 선두주자인데, 1916년에 출판된 『유럽의 주요 희곡 작가들』(The Chief European Dramatists)의 도입 부분에서 스스로를 정전을 만드는 사람으로 명확히 규정짓고 있다.

> 그러나 지금까지는, 고전 드라마와 영어 외의 언어로 쓰인 드라마를 선별해 내기 위한 어떤 적절한 시도도 없었다. 일련의 연극들, 비극이나 희극, BC 50년의 그리스 때부터 AD 19세기 말의 스칸디나비아에 이르기까지의 드라마 문학 발전을 설명하고 발전시킬 수 있었을 그러한 시도가 없었다.[2]

스스로에게 부여한 과제를 기술하면서 그는 그 과제를 실행하려는 노력과 그에 상응하는 어려움들을 진술하고 있다

> 지난 240년 간 유럽 여러 국가에서 번성해 온 수많은 극작가들 중에서 드라마 예술 분야의 인정받는 거장으로서 그들의 인종과 시대를 대표하는 인물로 인정받을 자격을 갖춘 이가 누구였는가를 규명해 내는 것이 그의 의무였다.[3]

---

2) B. Mattews (ed.), *The Chief European Dramatists* (Boston: Houghton Mifflin, 1916), p. ix.
3) *Id.*

이 두 진술에서는 뒤따르는 모든 서론이 아니더라도 몇몇 특징들을 발견할 수 있다. 편집자는 선별의 고충을 떠맡아야만 한다. 어떤 권위가 편집자에게 이런 고충을 짊어지웠을까? 상당히 흥미롭게도, 그 대답은 거의 논의되지 않는다. 나의 논점은 이 질문에 대한 답이 위에서 인용된 진술과 나중에 나올 유사한 진술 속에 산재해 있는 고귀한 말투와는 잘 어울리지 않았기 때문에 이 부분이 결코 언급된 적이 없다는데 있다. 문제의 권위가 뮤즈나 다른 모호한 천상의 존재 혹은 우의적인 존재에 의해서가 아니라, 오히려 돈벌이가 되는 시장을 찾는 출판업자들에 의해 주어진다는 것이 그 대답이 될 듯하다. 여기서 논의되는 선집들의 대상은 대학 시장과 관심 있는 개인이었으며 지금도 그러하다. 심지어 1916년에도 대학 시장이 결코 하찮은 것이 아니었음이 분명하며, 1988년 그리고 그 이후로도 수적으로 볼 때 더 많이 성장세에 있는 것이 분명하다.

정말로 출판업자들이 권위의 망토를 부여하는 존재라는 전제를 수용한다면, 우리는 정전 제작자들의 선별 내부 구조가 단순히 정전의 탁월한 성과나 교육적인 특성과는 전혀 다른 요소들에 의해 제한된다는 사실 또한 인정해야 할 것이다. 선집의 페이지 수를 조정하는 일은 출판업자들에 의해 제한되며, 그러한 페이지 수들을 (고등) 학습 기관들에서 요구되는 교과과정 시간과 밀접히 결합되어 있다. 그러므로 기본적인 구조는 학기나 연 단위의 연구인데, 이때 그 시간 내에 많은 작가/ 대본이 마무리될 필요가 있고 그 시간을 경과해서는 안 된다는 정도는 아니더라고 그리 많이 넘어서는 안 된다.

만일 이것이 사실이라면, 급진적 변화의 분야에서는 학기의 구조가 비교적 거의 허용되지 않는다는 점을 분명히 해야 한다. 예를 들어, 선별된 수의 두 배가 넘는 선집을 시장에 갑자기 내놓기란 쉬운 일이 아니다. 오히려 새로운 극작가와 연극이 들어가기 위해서는 기존 극작가와 연극은 그 주어진 틈새를 비워야 한다. 따라서 매 학기 혹은 1년마다 할당된 수업 시간에 부합하는 수만큼만 선별된 작가와 극본은 비교적 제한적인 (혹은 그보다 많은) 틈새만이 보장되는 것 같다.

장르상에서도 마찬가지인데, 희극과 비극 같은 기초적인 유형들 사이의 "기본적 대립"에서뿐만 아니라, 역사극, 부르주아극, 상류사회를 다룬 희극과 드라마 역사를 거쳐 발전되어온 다른 장르들 간의 구별에서도 마찬가지다.

여기서 논의되는 대부분의 선집들이 정말로 교육 시장을 목표로 하는 것이라면 이러한 선집들 간의 경쟁하는 여분은 비교적 적을 것이며, 혁신의 가능성도 그에 따라 제한될 것이다. 그 결과—그리고 1916년에서 출판된 선집에 왜 그토록 관심을 기울이는지에 대한 이유이기도 하다—시장에 나온 첫 선집은 다음에 나올 수많은 선집의 경향을 만들어 놓은 것 같다. 말하자면 그 선집은 후대의 드라마들이 들어갈 수 있는 기준들을 제한한다. 왜냐하면 각각 다른 고등 학습 기관들이 "드라마 소개"를 읽게 하는 것을 목표로 하는 동일 교과 과정에서 무차별적으로 선별된 것들을 가르치지는 않기 때문이다.

그 결과, 여기서 논의되는 선집들은 보수성을 지향하는 내부의 진중함을 나타낼 것이고 나타내고 있다. 새로운 극작가와/나 대본, 심지어 새 번역본을 소개하는 것은 쉽지 않다. 아처(Archer)가 번역한 입센(Ibsen)의 연극은 겨우 1950년대에 이르러서야 이러한 선집들에서 확실하게 제외된다. 게다가 그들 고유의 문화 속에서 새롭고 중요한 것으로 여겨지는 연극의 번역물을 찾아내는 일이 항상 순조로운 것도 아니다. 문학의 삶에서 나타나는 이 단순한 사실은 새로운 연극과 작가들을 선집에 포함시키는 일을 수년에 걸쳐, 혹 심지어는 십 년에 걸쳐 지연시키는 시차를 만든다. 그 선집들은 아래 진술에서 분명하게 드러나듯 보수적인 쪽으로 비중이 기운다는 사실은 이미 매튜스의 서론에서도 나오는 것이다. "극작 예술의 원칙들은 시대를 거쳐 불변했으며, 2400년 전 아테네에서 그러했던 것처럼 오늘날 파리와 뉴욕에서도 동일하다."[4]

이러한 원칙들은 앞서 매튜스에 의해 언급된 바 있는 "예술의 거장들"에 의해 실천되어 온 것처럼 주로 장르 개념과 동일화하는 경향이 있다. 그 후에는 어떤 장르를 포함시키고 제외시킬 것인가 또는 브레히트의 서사극이나 피란델로(Pirandello)의 연극을 새로운 장르로 인정할 것인지의 여부가 선집의 과제이다. 사실, 많은 드라마 선집 편집자들이 60년대 초기까지는 그렇게 하지 못했다. 전반적으로, 편집자들은 고전극이나 신고전주의 비극과 (18세기 부르주아 연극에서 벗어나 발전해 온) 19세기의 잘 만들어진 연극과 같은 기성 장르들에 더 편안함을 느끼는 것처럼 보인다. 기성 장르와 새로운 장르 사이의 불편한 공존은 빈번히 신중하게 선집을 구성하게 하며, 존슨(Johnson), 비에르만(Bierman), 하트(Hart)가 쓴 『연극과 독자』(The Play and the Reader)의 소개에서 나타난 것처럼 위험스러울 정도로 기괴한 것에 가깝게 된다. "우리는 피란델로의 철학극, 브레히트의 서사극, 그리고 막스 프리시(Max Frisch)가 대표하는 부조리극의 특정 문제들은 이 책의 마지막 부분에 두었다."[5] 물론 독일어 연극의 구조나 유럽 연극계의 보다 넓은 구조 내에서는 적어도 프리시가 부조리극과 실제로는 연관이 없었다는 점도 덧붙여 언급해야 할 것이다.

---

4) *Ibid.,* p. x.
5) Stanley Johnson, Judah Bierman and James Hart (eds), *The Play and the Reader* (Englewood Cliffs: Prentice Hall, 1971), p. xi.

마지막으로, 선집 편집자들은 "그들의 인종과 시대를 절대적으로 대표하는 극작가"로 누구를 인정해야 하는가의 문제 또한 해결해야만 한다. 비록 그의 계승자 대부분이 반드시 선택하지 않았지만 매튜스는 아이스킬로스(Aeschylus), 소포클레스(Sophocles), 에우리피데스(Euripides)의 연극 한편씩을 포함시키면서 적당한 수의 고전 그리스 극의 삼위일체를 형성한다. 그는 또 100여 년 전에 존 후컴 프레레(Johm Hookhan Frere)가 번역했던 아리스토파네스(Aristophanes)의 『개구리들』(*The Frogs*)도 포함시킨다. 그러나 그의 계승자들은 분명한 이데올로기적인 이유로 이 작품들을 포함시키지 않았다. 아리스토파네스의 많은 극들은 "외설스러운" 것으로 취급받았으며, 그 결과 대부분의 선집에서 제외되거나 일부 삭제된 판으로 겨우 포함되었다. 매튜스는 또한 플라투스(Plautus)와 테렌스(Terence)의 연극 한 편씩도 포함시키고 잇다. 그 후대의 편집자들은 두 명도 아닌 단 한 명의 로마 희극 작가만을 포함했다. 중세극은 이상하게도 매튜스의 선집에서는 제외되어 있으며, 로뻬 데 베가(Lope de Vega)와 칼데론(Calderon)의 극 한 편씩만을 역사적 차원에서 싣고 있다. 그 후 많은 작품집에서도 스페인 바로크 시대극은 관심을 별로 끌지 못했다. 매튜스는 더욱이 다른 삼위일체로 코르네유(Corneille), 몰리에르(Moliere), 라신(Racine)의 연극 한 편씩을 소개하고 있는데 대부분은 이후의 작품집에서 볼 수 없는 것들이다. 이후의 작품집은 라신을 코르네유 보다 선호하는 경향을 보이는데, 이를 통해 라신을 프랑스 신고전주의 대표적 극작가로 여겼다. 또한 많은 선집에서 몰리에르는 제외되는 경우보다 포함되는 경우가 더 많다. 연대기적인 흐름을 따라, 프랑스 극은 주로 보마세르(Beaumarchais), 위고(Hugo), 알렉산더 뒤마(Alexandre Dumas) 2세와 『푸아리에씨의 사위』(*The Son-in-Law of M. Poirier*)라는 극을 쓴 잘 알려지지 않은 극작가들인 오제(Augier)와 상도(Sandeau)가 대표된다. 이러한 연극의 출현은 실수의 여지가 가장 클 수 있는 현대와 근·현대 연극들을 정전 속으로 통합되는 문제에 대해 의문점을 발생시킬 수 있다. 많은 선집들은 출판 당시에는 대중적이었지만, 그 다음 선집에서는 제외되어서 다시는 실리지 않았던 극작가나 극본들을 포함하고 있었다.

너무나도 이상한 점은, 매튜스의 드라마 선집이 알렉산더 뒤마 2세 다음에 골도니(Goldoni)를 실음으로써, 뚜렷한 이유 없이 그 때까지 지켜졌던 연대기적인 연속성을 중단시킬 뿐만 아니라, 레싱(Lessing), 괴테(Goethe), 쉴러(Schiller), 홀버그(Holberg)와 입센의 연극 한 편씩을 포함하고 있다는 것이다. 매튜스의 이러한 선택은 적어도 신고전주의 시대 이후로 프랑스 연극이 유럽 연극의 "진실" 아니 오히려 지배적인 전통이라고 받아들여진다면, 이태리, 독일, 스칸디나비아의 극은 다만 부가적인 것으로 여겨졌다. 이것 역시 1950년대까지 유지되던 양상이며, 그 후에야 약화된 형태로 살아 남은 것이라고 할 수 있다. 이는 당연히 전통적인 프랑스 연극들이 다른 유럽 연극들보다 훨씬 앞서 영국의 레퍼토리로 편입되었기 때문이다. 1933년 유력한 선집은 『세계 희곡』(World Drama)에서 베럿 H. 클락(Barret H. Clark)은 『신사가 된 평민』(The Cit turned Gentleman)이란 제목의 몰리에르의 『평민귀족』(Le bourgeois gentilhomme)의 1793년판 번역본을 싣고 있다. 정전의 보편성이 지닌 문제는 시대를 따라서 계속 제기되지만, 결코 해결되지는 않는다. 어떤 국가의 전통들은 다른 나라의 전통에 비해 분명 특권을 누린다. 일부 비서양권 전통들은 선집에 수록되는 경우가 거의 없거나 포함 대상으로 여겨진 경우도 거의 없는데, 추측컨대, 그것들을 포함시키려는 시도들은 어떤 시대에서든지 경쟁적인 선집들이 너무 많이 다르기 때문일 것이다. 이 사실이 더욱 명확히 보여주는 것은 선집자의 선택을 제한시키는 중요한 요소로 어떤 사람이 가진 권력에 대한 인상, 기관(고등 교육 기관)에 대한 인상뿐만 아니라 아마 더욱 유력하다고 할 만한 그러한 기관들의 타성에 대한 인상이라는 점이다.

1900년대에서 1988년 사이에 발행된 선집들을 연대기적으로 조사한 결과는 위에서 언급한 문제점들을 상세히 보여준다. 저자에 의해 채워지거나 비워지는 틈새의 문제는 아마도 덴마크 극작가인 홀버그의 운명으로 잘 알 수 있다. 그는 1916년과 1933년에 등장했다가 그 후로 두 번 다시 선집에 실리지 않았다. 수록이나 배제, 또는 심지어 다른 장르를 인정한다는 측면에서 볼 때, 1939년 이후로 역사극은 사라진다. 쉴러의『빌헬름 텔』(*Wilhelm Tell*)은 1916년, 1933년, 1939년에 각각 등장한다. 괴테의 『괴쯔 폰 메를리힝엔』(*Goetz von Berlichingen*)은 1916년에, 그의『에그몬트』(*Egmont*)는 1933년에만 수록된다. 빅토르 위고의『에르나니』(*Hernani*) 역시 1916년과 1931년에만 포함된다. 이 책에서 조사대상으로 삼은 선집 어디에서도 더 이상의 역사극은 찾아 볼 수 없다. 부르조아 코메디도 이와 비슷한 운명을 겪는다. 레씽의『민나 폰 바른헬름』(*Mina von Barnhelm*)은 1916년, 1933년에만 각각 나타나며, 보마셰르의『피가로의 결혼』(*The Marraige of Figaro*)도 마찬가지다. 이 장르의 다른 대표작들도 이 글에서 조사한 기간 내에 출판된 어떤 선집에서도 찾아 볼 수 없었다. 매튜스의 표현을 빌리자면 어떤 특정한 "시대"를 대표하는 작가들을 선택하는 데 있어서는 로마 희극작가 터렌스만이 유일하게 1916년, 1933년, 1946년과 1957년에 실렸다. 다른 모든 선집들은 터렌스 대신 플라우투스를 선호한다. 반대로 대표적인 희랍 극작가인 소포클레스는 1944년과 1953년, 1961년에만 제외되었다. 한편 아이스킬로스와 에우리피데스는 조사 기간 동안 각각 20여 차례나 제외되었다. 같은 맥락에서 라신(Racine)도 대표적 프랑스 신고전주의 극작가이다. 그는 사실상 1900년에서 1988년 사이에 출판된 모든 드라마 선집에 다 수록되었다. 반면 코르네유는 1916년과 1933년에만 실렸을 뿐이다. 또 "시대"와 "인종"의 견지에서 볼 때(마지막으로 한번 더 매튜스의 견지에서 말하자면), 1933년과 1939년에 실린 불어판 『마스터 파넬린』(*Master Patelin*), 1933년 불어판 『아담』(*Adam*), 1927년 라틴어판 『쿠엠 쿠아에리티스』(*Quem Quaeritis*)와 1933년 독일어판 『유랑하는 학자들』(*The Wandering Scholar*)을 빼고는 선집에 실린 모든 중세극들은 영어로 된 것이었다.

앞서 언급한 대로, 모든 "인종"을 포함하는 것은 "드라마"를 "서양의 드라마"로 암묵적으로 규정했던 대부분의 드라마 선집 구성에서는 결코 객관적이지 못했던 것으로 보인다. 사실, 비서양권의 연극들은 1933년에 5편, 1957년에 1편, 1964년에 1편이 수록되어 있는 3권의 선집에서나 겨우 찾아볼 수 있다. 5편의 비 서양권 연극이 수록된 B. H. 클락의 1993년판 2권 짜리 『세계의 희곡』6)은 모든 드라마 선집을 포함하려는 의도로 출판된 것이다. 이는 출판사가 보통 수록되는 희곡 편수의 두 배를 수록하기로 결정했기 때문만은 아니었다. 클락의 책은 다른 선집들을 쓸모없는 것으로 만든 것이 아니었지만 자신만의 영역을 구축했으며, 그 영향은 1950년대에 잘 나타났으며 어느 정도는 그 이후에도 영향을 미쳤다. 아마도 그의 책은 여기서 분석된 어느 선집보다 더 광범위하게 정전 만들기를 잘 대변한다. 클락의 드라마 선집은 4명의 희랍 극작가와―메난드로스(Menander)는 1933년에도 여전히 제자리를 찾지 못했다―3명의 라틴 극작가의 작품들과 (클락은 세네카(Seneca)의 작품을 포함시킨 몇 안

---

6) B. H. Clark (ed.), *World Drama* (New York: Dover Publications, 1993).

되는 편집자 중 한 명이다) 5편의 중세극(『아담』(*Adam*), 『두 번째 목자의 연극』(*The Second Shepherd' Play*), 『피에르 파테린의 우화』(*The Farce of Worthy Master Pierre Patelin*), 『만인』(*Everyman*)과 독일 극작가 한스 작스(Hans Sachs)의 『천국을 떠나 유랑하는 학자들』(*The Wandering Scholar from Paradise*)을 수록하고 있다. 제임스 1세 시절의 극작은 왕정복고 시대와 마찬가지로 세 편의 연극으로 대표된다. 18세기 이탈리아는 골도니뿐 아니라 베올레오(Beoleo), 스칼라(Scala)와 알피에리(Alfieri)로 대표된다. 세르반테스(Cervantes)와 르뻬 데 베가와 칼데론(Calderon)은 스페인 황금기를 대표하는 극작가들이다. 신고전주의 시대와 그 후 프랑스 연극계는 코르네유(Corneille), 몰리에르(Moliére), 라신(Racine), 보마셰르(Beaumarchais), 위고(Hugo), 알렉산더 뒤마 2세(Alexandere Dumas fils)와, 부수적으로는 계통의 문제를 야기할 수 있는 인물들인 오제(Augier)와 상드(Sandeau)를 대표적인 극작가로 들 수 있다.

일부 편집자들이 특정 연극을 수록한 것은 단순히 그 연극들이 다른 선집에 포함되어 있어서 번역하기에 용이했기 때문일까? 위에서 본 것처럼, "새로운" 극작가들과 작품들을 수록할 때 이 문제는 보다 명백해진다. 극작들은 보통 하나의 번역본으로 존재하기 마련이라서 의례적으로 후속 선집에 포함되곤 한다. 이는 대체할 만한 작품이 없기 때문이 아니다. 독일 희곡은 레씽(Lessing), 괴테(Goethe), 쉴러(Shiller)가 대표하며, 스칸디나비아 희곡은 홀버그(Holberg)와 입센(Ibsen)이, 러시아 극은 오스트로브스키(Ostrovsky)의 작품 한 편으로 대표된다. 그러나 가장 중요한 점은, 클락의 선집에 『사쿤탈라』(*Sakoontala*), 『초크 서클』(*the Chalk Circle*)과 작자 미상의 일본 연극 『추상』(*Abstraction*)과 세아미(Seami)의 『나카미츠』(*Nakamitsu*), 그리고 치카마츠(Chikamatsu)의 『운문 카드 게임을 하는 네

명의 여인들』(*Four Ladies at a Game of Poem Cards*)이 수록되어 있다는 것이다. 내 생각을 명확하게 나타내기 위해서 여기에서 함께 모아놓은 이 다섯 편의 비서양권 연극들은, 실상 "세계의 드라마"로 여겨지는 연극이 발전해 가는 연대기적인 전개 과정 속으로 완전히 통합된다. 여기서 논의되는 선집 중 그 어떤 책도 "세계의 드라마"와 같은 주장을 한 경우는 없었는데, 이 점은 드라마가 유럽에 국한되고 그 역사적 의존성에 국한되어 왔다는 점에서 "드라마 정전"이 유럽 중심적으로 남아 있다는 사실을 더욱 떠올리게 한다.

스트린드버그(Strindberg)와 오닐(O'Neill)은 언급조차 하지 않았다는 점에서 클락의 선집에 틈새가 있다는 사실은 분명하다. 오닐이 빠진 것은, 1933년에는 그가 아직 작가로서 "충분히 자리 잡지 못했거나" 혹은, 적어도 "시대의 고전들 사이에서 자리를 차지할만한 위치를 확립하지 못했기 때문"이었다고 말할 수 있다. 그러나 스트린드버그의 경우는 이런 이유가 통하지 않는다. 그러므로 내 생각에는 스트린드버그와 오닐을 언급하지 않은 것이 (신)고전극이나 잘 만들어진 연극의 흐름을 따르지 않은 연극들을 포함시키는 것에 대해 강한 거부감을 표현한 것으로 여겨진다. 정전은 언급한 범주에 반드시 국한되어야만 하는 것처럼 보인다. "다른" 측면과의 어떤 절충이 가끔 이루어진다고 해도, 의심할 여지없이, 어떤 시대든지 그 시대의 대중적인 측면의 압력을 받기 마련이고, 이러한 압력은 작품을 포함시키거나 제외하는 척도로 남아 있다. 가장 주목할 만한 사실은, 이러한 맥락에서 "다른 부류"에 속하는 것으로 보이는 극작가 중에서는 단 한 명도 1993년 이후 출간된 선집들에서는 틈새조차 차지한 적도 없고, 잘 짜지지 않는 단 한 편의 극도 몰리에르의 『타르투테』(*Tartutte*)나 소포클레스의 『오이디푸스 왕』(*Oedipus the King*)의 정도에 미치는 작품으로 그 입지를 마련하지 못했다는 것이다. 스트린드버그는 『미스 줄리에』(*Miss Julie*)로 1939년에, 그리고 1967년, 1970년, 1988년에 각각 선집에 수록되었다. 그러나 1939년에서 1967년 사이에는 단 한 차례도 수록되지 못했다. 스트린드버그의 『아버지』(*The Father*)는 1940년과 1957년에만 수록되었을 뿐, 그 이전이나 이후로는 단 한 번도 실린 적이 없다. 『유령의 소나타』(*The Ghost Sonata*)의 경우는 1961년에, 『죽음의 춤』 (*The Dance of Death*)은 1962년에 한 차례씩 포함되었다. 그의 『이방인』 (*The Stranger*)은 1970년과 1973년에 걸쳐 두 번 실렸으며, 『범죄』(*There Are Crimes and Crimes*)는 1957년에 단 한번 수록된 것이 전부다. 따라서 스트린드버그나 그의 연극은 좋은 연극을 보러 가는 극장 관객들을 훈육하는 것을 자신들의 임무로 여기는 미국의 선집 편집자들에게 정전의 일부로서도 여겨지지 않았음이 분명하다고 결론 내린다고 해도 과장은 아닐 것이다.

드라마의 아방가르드와 종종 관련되는 세 명의 다른 작가들도 스트린드버그와 유사한 운명에 처했다. 피란델로(Pirandello)는 『작가를 찾는 여섯 명의 인물들』(*Six Characters in Search of an Author*)로 1940년에 수록된 후, 당시의 주요한 이데올로기적인 이유 때문에 1946년까지는 배제되었고, 1957년, 1964년, 1968년, 1970년에서 1973년까지는 똑같은 작품으로 소개되었다. 그러나 1973년 이후로는 완전히 사라졌는데, 그 이유는 그가 60년대나 70년대까지 "현대적인 고전"으로서의 자신의 입지를 세우지 못했었기 때문이라는 주장이 꽤나 그럴싸하게 들린다. 플라투스나 라신의 경우처럼 피란델로의 연극은 30년 동안이나 공연되지 못했지만, 전자들의 연극들은 1973년 이후 출판된 선집에는 일반적으로 수록되고 있다.

브레히트(Brecht)의 경우 피란델로보다 약 20년이나 늦은 1961년에야 비로소 선집에 수록되었는데, 그 이유는 아마도 그가 극복해야 할 이데올로기적인 저항이 훨씬 더 컸기 때문일 것이다. 주목할 만한 사실은, 그가 마르크스주의와 거의 관련이 없는 극으로 해석될 수 있는 것으로 자주 언급된다는 점이다. 1957년에 수록된 『마스터 레이스의 사생활』(*The Private Life of the Master Race*)은 독일 나치에 대한 풍자극으로 여겨지기 쉽다. 번역물에서 나타나는 사려 깊은 소개와 "중재" 덕분에, 1968년과 1970년에 수록되었던 『억척어멈』(*Mother Courage*)은 다소 고전적 양식의 "비극적" 모습으로 쉽게 바뀔 수 있었다. 반면 『세추안의 선인』(*The Good Woman of Setzuan*)은 1961년, 1967년, 1972년에 각각 수록된 작품으로 단순한 우화로 바뀌었다. 이것은 정확히 여기서 논의대상이 된 드라마 선집에 실린 에릭 벤틀리(Eric Bentley)의 두 번역에도 해당되는 것으로 크게 놀랄 일이 아니다. 그러므로, 더 놀랍다고 할 만한 것은 『코카사스의 백묵원』(*The Cocasian Chalk Circle*)이 1967년, 1970년, 1971년과 1972년에 걸쳐 4번은 수록되었어야 했다는 점이다. 비록 이 경우에는 관객들 극을 구성하는 연극의 처음과 결말 장면보다는 "진짜" 연극을 기억하는 데 더 의존하는 것이 당연하다고 주장할 수 있다고 해도 말이다. 왜냐하면 원본에서의 입장에서 볼 때, 시작과 결말 장면들은 또한 쉽게 무시되거나 아예 번역에서 삭제될 수도 있기 때문이다.

이오네스코는 『교훈』(*Lesson*)이란 작품으로 1961년에 처음 소개되었다. 1967년에는 『결혼할 처녀』(*Maid to Marry*)와 『리더』(*The Leader*)로, 1972년에는 『구멍』(*The Gap*)으로 선집에 수록되었다. 놀라운 점은 잘 짜여진 연극이 아닌 것으로 치부되던 극작의 경우에는 뒤렌마트(Durrenmatt), 프리쉬(Frisch), 아다모프(Adamov)가 겨우 한 번씩만 수록되었다는 사실이다. 뒤렌마트는 1961년에 『노부인의 방문』(*The Visit*)으로, 프리쉬는 『개똥벌

레』(*The Firebugs*)로 1971년에, 그리고 아다모프는 『타라네 교수』(*Professor Tarane*)로 1972년에 각각 소개되었다. 이와 같은 맥락에서 보자면, 베켓(Beckett)이 1968년과 1988년에 『행복한 나날들』(*Happy Days*)로, 1967년에 『무언극 I』(*Act Without Words I*)로 겨우 세 차례 소개된다는 점은 당연히 놀랄 만한 일이다 (이는 분명 페이지 수를 조절해야 하는 데서 오는 희생은 크지 않을 것이지만 말이다). 『고도를 기다리며』(*Waiting for Godot*)가 60년대 드라마의 과정을 극적으로 변화시킨 것은 논의될 소지가 있지만, 이러한 인문학을 읽는 독자들은 다른 출처로부터 이 정보들을 모아야 할 것이다.

여기서 논의되는 선집들은 (좋은) 드라마를 어떻게 규정하는가의 맥락에서, 시학적 관점에서 보면 기본적으로 보수적이다. 물론 이데올로기적 측면에서도 마찬가지다. 마르크스주의는 주변을 결코 벗어나지 못하며, 그 조차도 소개와 주석에 의해 잘 포장된 형태로 훨씬 불분명한 번역으로만 가능할 뿐이다. 그러나 입센의 작품 가운데서 꽤나 중요하다고 할 수 있는 『유령』(*Ghosts*)의 경우 한 번도 선집에 포함된 적이 없다. 제외된 이유가 이 작품의 주제와 관련된 문제 때문이라는 점은 의심할 여지가 없다. 같은 이유로 아리스토파네스의 『리시스트라타』(*Lysistrata*) 역시 거의 90년 동안, 단 두 번만 선집에 수록되었다. 주목할 만한 사실은, 문학 이론과 비평 분야에서 페미니즘의 등장 또한 그리스의 희극 작가들을 선별하는 과정에 거의 영향력을 행사하지 못했다는 점이다.

여기서 논의되는 선집 대부분에 수록된 작품들이 이데올로기적 측면과 시학적 측면 모두에서 보수적이었다면, 영국과 프랑스라는 두 나라의 전통을 선호한다는 측면에서도 보수적인 성향을 나타낸다. 왜냐하면 영국은 대상으로 삼는 독자층이 가장 명백하기 때문이다. 프랑스는 다른 여러 국가 중에서 영국 무대에 처음으로 그 입지를 세웠던 국가이기 때문이다. 다른 한편으로는 프랑스와 관련된 것이라면 (또는 프랑스와 관련되었다는 소리만 나도록 만들어진 것일지라도), 무엇이든지 "고급문화"라고 여기는 미국인들의 별난 감정 때문이다. 이데올로기적인 이유로 그 시대에 프랑스와 독일 전통에 대해 취급방법이 차이나는 것은 충격적이다. 괴테의 『파우스트』(Faust)는 1900년에 처음으로, 그 이후로는 1957년에 걸쳐 단 두 번 수록되었는데, 그 이유는 이 작품이 극적 예술에 있어서 중요하지 않다거나 모호해서가 아니라, 괴테의 작품보다는 영국 문학인 말로우의 『파우스트』(Faustus)를 더 많이 선호했기 때문이다. 비록 기본적으로는 동일한 주제를 다르게 취급하고 있지만 말이다. 브레히트, 뒤렌마트, 프리쉬를 능가하는 독일어권 수록 작품 중에서, 하우프트만 (Hauptmann)의 『하넬레의 승천』(The Assumption of Hannele)은 중세 알레고리극과 가장 비슷하고, 『직공들』(The Weavers)은 문체상의 문제만 아니라면, 구조상으로는 잘 만들어진 작품이다. 헤벨(Hebbel)의 『마리아 막달레나』(Maria Maddalena) 역시 잘 만들어진 연극에 속하는 것으로, 괴테 대신에 1940년, 1946년, 1953년과 1957년에 걸쳐 네 차례나 수록되었다. 게오르그 카이저(Geogr Kaiser)의 『아침부터 한밤까지』(From Morn to Midnight)는 1962년에 처음 수록된 후, 1967년에야 다시 등장하고 있는데, 당시 독일에서는 카이저와 그의 작품에 대한 관심이 이미 사라진 때였다. 비록 시학적 측면에서는 동시대의 라이벌인 브레히트의 작품처럼 잘 짜여진 연극 부류와는 거리가 멀지만, 아마도 그의 작품을 수록한 것은 이데올로기적인 측면에서는 카이저가 브레히트보다는 더 구미에 맞는 대안이었기 때문이었을 것이다. 뷔히너(Büchner) 역시 1957년에는 『단통의 죽음』(Danton's Death)으로, 그리고 1972년에는 『보이체크』(Woyzeck)로 두 차례 소개된다. 뷔히너가 수록된 이유가 새로운 연극들을 고독 속에서 집필했던 극작가이었기 때문인지 또는 독일 표현극의 대표적인 인물로서 카이저보다 독일표현극 분야에서 더 유명했기 때문인지의 여부를 가리기란 쉽지 않다. 마지막으로, 베데킨트(Wedekind)의 『테너』(The Tenor)가 1957년에 단 한번 수록된 점은 중요한 시사점을 준다. 현재의 선집에 대해 논의 할 때, 선집자들의 개성을 무시할 수 없다. 이러한 선집자들은 한 작품을 너무 좋아하여 무슨 수를 써서라도 그것을 수록하길 원한다. 이는 정전의 범위를 확대하기 위해 엄격히 보수적이고 전통적인 선택을 하지만 출판업자들이 못마땅해 함으로써 선택되지 못하는 사실과 비교해 볼 때 놀라울 따름이다.

이러한 선집 대부분이 교실용 교과서로 만들어진 것이라는 사실은 이데올로기(선집에 들어갈 작품은 윤리적으로 반대할 만하거나 잠재적으로 전복적 성향의 것이 아니어야 한다)에 있어서나, 시학(전문적인 문학 독자가 아닌 대부분의 납세자들의 심기를 불편하게 하는 실험극은 없거나 분명히 많지 않아야 하는데, 왜냐하면 이 실험극들은 납세자들이 즉각적으로 이해할 수 없기 때문이다)에 있어서 그 선별작업의 기저에 깔린 기본적인 엄격한 보수주의를 설명한다. 1927년 발행된 선집 소개 부분에서 헤벨과 베티(Beatty)는 "외국의 극작들을 수록하고 논의하는 것 때문에 우리는 변명하지 않겠다"고 진술함으로써 다른 이유로 납세자들을 달래고 있다.7) 이 진술은 지금보다는 더 심하게 편협했던 1927년의 미국 관객들이 적어도 그러한 변명을 기대했을지도 모른다는 점을 암시한다. 헤벨과 베티의 서론은 노골적으로 교훈적이지 않다는 점에 있어서 두드러

---

7) Jay B. Hubbel and John O. Beatty (eds), *An Introduction to Drama* (New York: Macmillan, 1927), p. vii.

진다. "모든 극작가들의 주요 목적은 그의 연극을 보러 오는 관객들에게 즐거움을 선사하는 것이며, 관객들을 무엇보다도 즐거움을 누리기 위해 공연장에 온다"8)고 언급한 그들의 진술은 다른 소개 부분에서 언급한 것과 명백한 대조를 이룬다. 그러나 이들은 또한 다른 곳에서 더욱 공공연하게 교훈적인 소개를 하고 있다. "영구적이고 일시적인 전통은 분명하게 구별될 필요가 있는데 그 이유는 그와 같은 전통들이 쉽게 혼동을 초래하기 때문이다."9) 약 40년 후 스몰(Small)과 서튼(Sutton)은 다음과 같은 말로 이들의 의견에 동의하고 있다.

> 각 문화, 각 독자, 그리고 심지어 동일한 독자가 세월을 거쳐 동일 문학작품을 다르게 읽는다고 해도, 문학 작품과 그 시대에 관해 실제로 알려진 것에 대한 지식은 결국 그 정체성의 연속성을 깨뜨릴 수 있는 해석의 무질서한 주관성으로부터 피난처를 제공한다.10)

명료하고 질서정연함에 대한 동기가 교육적으로 부여된 이 열망들은 1962년에 호간(Hogan)과 몰린(Molin)이 쓴 도입부에서 가장 분명하게 나타난다. "하지만 극장을 메우는 관중들이 특별히 식자층은 아니다". 그러므로 편집자들은 가장 보수적인 방식으로 "연극적 유산과 경험의 부재가 반영하는 비평적 균열을 극복하는 것을 그들의 과업으로 삼고 있는 것이다."11) 오늘날 장르에 대한 생각들은 복잡하며, 혼란을 주기 때문에 호간

---

8) *Ibid,* p. 1.

9) *Ibid,* p. 16.

10) Norman M. Small and Maurice L Sutton, *The Making of Drama. Idea and Performance* (Boston: Holbrook Press Inc, 1972), p. 4.

11) Robert Hogan and Steven Eric Molin (eds), *Drama: The Major Genres* (New York and Toronto: Dodd, Mead, and Company, 1962), p. xiii.

과 몰린은 "이해와 판단의 열쇠"12)를 제공하는 "아리스토텔레스의 장르 개념"에 주목한다. 다시 말해, 아리스토텔레스의 시학은 아직도 모든 후대 드라마들을 평가할 만한 "참된" 척도로 여겨지고 있다. 물론 이 척도는 교육적 목적에 국한되지 않는다. 아리스토텔레스는 대부분의 수록 작품 선별 과정의 기저에 놓여있는 보수적인 방침을 정당화하는 데 이용되고 모든 의심을 넘어 추앙 받는 이름이 된다. 비록 이러한 방침이 때로는 "정의 내리는 위험을 무릅쓰는 것은 젤리 사발을 움켜잡는 것과 같다"13)와 같은 '친근한' 문체로 가장하고 있지만 말이다

그러나 선집이 고집하는 보수주의는 학생과 일반 교사들 모두에게 호소력이 있는 방식으로 포장되어 있어야만 한다. 과거를 시사화(時事化 topicalization)하는 것은 가장 분명한 방법이다. 이 전략의 가장 극단적인 경우는 아마 엘리스 베네즈키 그리핀(Alice Venzky Griffin)이 출판한 1953년도의 책 『살아있는 연극』(*Living Theater*)이 플라투스(Plautus)의 『모스텔라리아』(*Mostellaria*)를 소개하는 데서 찾아볼 수 있다. 그리핀은 "플라투스는 그 시대의 로저스(Rogers)와 해머스타인(Hammerstein)이었다"14)고 묘사하면서 플라투스가 드라마 발전에 공헌한 바를 정확하게 알리고자 했다. 밀레트(Millet)와 벤틀리(Bentley)도 1933년 『연극의 핵심』(*The Play's the Thing*)에서 플라투스를 소개하는데 있어서 그리핀과 본질적으로 같은 입장을 취하고 있다. "아마도 그의 가장 주목할 만한 (번역본에서는 볼 수 없는) 혁신성은 서정미가 있는 단락과 플루트 연주에 맞추어 노래를 부를 수 있게 한 서창부를 전개한 것이다".15) 두 진술의 표현

---

12) *Ibid,* p. xiv.
13) Small and Sutton, *op. cit.*, p. x.
14) Alice Venezky Griffin (ed.), *Living Theatre* (New York: Twayne, 1953), p. 85.
15) Frd B. Millet and Gerald Eades Bentley (eds), *The Play's the Thing* (New York and

방식은 더할 나위 없이 차이가 난다. 밀렛과 벤틀리는 플라투스의 중요한 공적들이 번역본에서 상실되었다고 주장하는 반면에, 엘리스 베네즈킨 그리핀은 플라투스의 텍스트를 독자와 학생들이 익숙하게 여기는 뮤지컬의 전통에 위치시킴으로써 그들의 상상력에 호소하고 있다. 그리핀은 계속해서 "『오클라호마』가 미국 뮤지컬 코미디의 경향에 큰 영향력을 끼친 것처럼, 그리스 극작가 메난더(Menander)의 작품들도 로마극작가들에게는 하나의 모델이 되었다"[16]고 언급한다.

시사화 전략은 논의할 선집 내에 포함된 실제 번역본에서도 찾아볼 수 있다. 나는 플라투스의 『모스트렐리아』(Mostellaria)의 두 번역서를 간단히 비교함으로써 이 글을 매듭짓고자 한다. (이 전략은 플라투스를 그의 시대에 "그대로" 두고, 그의 텍스트를 다소 고풍스럽고 고전적 문체로 번역하면서 많은 각주를 붙이는 전략과는 반대이다). 하나는 린 보엘 미첼(Lynn Boal Michell)의 번역서로 그리핀의 선집에 수록된 것이며, 다른 하나는 A. S. 도우너(Downer)가 약 30년 후 출판한 선집 『세계 걸작 연극』(Great World Theater)에 수록된 것이다.[17]

드라마 선집 『살아있는 연극』에 도움을 준 번역가 미첼은 플라투스를 잘 만든 연극의 극작가로 변모시키려는 있어 더욱 급진적인 태도를 나타내며, 그를 버나드 쇼(Bernard Shaw) 식의 범주에 두고자 한다. 따라서 그녀는 3장을 시작하는 장면에서 다음과 같은 무대지시를 덧붙이고 있다.

> 데오프로파이즈(Theopropides)의 집 앞에는 보석, 화장품, 향수, 네일 관리사의 연마봉 등을 담은 상자들이 놓인 테이블 하나가 있다. 테이블 근처

London: D. Appleton-Century Company, 1933), p. 161a.

16) A. V. Griffin, *op. cit.*, p. x.

17) Alan S. Downer (ed.), *Great World Theater* (New York: Harper and Row, 1964).

에는 두 개의 긴 소파가 있으며, 필로라체스(Philolaches)와 가장 멀리 떨어진 곳에는 필레마텀(Philematum)이 앉아있다. 스카피아(Scaphia)가 뒤에 서서 필레마텀의 머리를 손질한다.[18]

원본에는 없던 무대지시는 그 길이와 그 목적의 다양성 때문에 응접실 희곡의 전통으로, 특히 쇼(Shaw)의 연극의 일종으로 번역물을 확정한다. 번역물은 또한 원본의 말장난(punning)을 유지하고 있다. 도우너는 각주에서 무대지시와 마찬가지로 자신의 입장을 정당화하려 했다. "번역가와 달리 말장난을 싫어하는 독자들을 위해 영어 텍스트 역시 꼼꼼하게 번역되도록 했다는 점을 밝혀둔다."[19] 아마도 그는 "지적인 척" 애썼던 것에 대해 사죄해야 한다고 느꼈을 것이다. 혹은 로마인들이 말장난과 상관없다고 여기는 독자들의 생각을 바꾸고 싶었을 것이다.

두 번역가 모두 *"detexit, tecutus qua fui"*에 나타난 cover/roof 사이의 말장난을 제대로 번역하지는 못했다(이 구절은 『로엡 고전 문학 선집』163 행에 있는 것이다.[20] *Mostellaira*는 『유령의 집』(*Hounted House*)으로 번역되었다). 연인을 숨겨주는/보호해주던(covered/roofed) 지붕을 노출시키고, 망쳐버린 폭풍 앞의 연인처럼, *"neque iam umquam optigere possum*(164행)"을 다시-숨겨주고/다시-보호해(re-cover/re-roof) 줄 수는 없을 것이다.

미첼은 "내 지붕을 휩쓸어 가버린 비바람... 그 피해를 수리할 수도 없다"(That rainstorm which unroofed me... Nor can I now repair the damages)[21]고 번역한다. 도우너는 "겸손의 지붕을 벗겼다... 고치기에는

---

18) *Living Theatre*, p. 90
19) A. S. Downer, *op. cit.*, p. 88.
20) Pau Nixon (ed. and trans.), *Plautus*, vol. 3 (London: Heinemann and New York: G. P. Putnam's 1924. The Loeb Classical Library).

너무 늦었다'(Ripped off the roof of modestry... too late to repair it)[22]고 번역한다. 257행은 두 사람 모두 성공적으로 번역했다고 할 수 있다. "*Nunc adsentatrix scelestaest, dudum adversatrix erat*"는 "지금까지 적이었던 악녀는 이제 동지가 되었다'(Now the wicked woman is a 'consentress', who was an adversary until now)는 의미이다. 도우너는 이 문장을 "지금은 그녀가 '예'라고 하지만, 1분전까지만 해도 '아니요'(Is now a Yes-woman, a minute age she was a No-woman)라고만 말했었다'[23]고 번역하고 있다. 미첼의 경우는 "그녀는 '아니요'만 말하던 사람이었는데, 이제는 '예'라고만 한다'(She was a No-no-er, now she is a 'Yes-yes-er')[24]고 번역한다. "*Te ille desert aetate et satietate*(196행)"은 "네가 나이 들었고 그가 싫증내기 때문에 그는 너를 버릴 것이다'(He will desert you because of your age and his satiety)는 뜻을 가지고 있는데, 도우너는 "네가 나이 들면 그가 싫증을 낸다'(When you're dated and he is sated)[25]고 번역한 반면에, 미첼은 간단히 "그의 사랑이 식어갔다'(When his love's gown cold)[26]로 표현함으로써 쇼(Shaw)의 연극적 기회를 살리지 못했다.

시종일관 미첼은 플라투스의 텍스트를 잠재 독자가 지닐 것이라 추정하는 로마의 이미지들과 로마적인 것들에 일치하려 한다. "머리를 정리하라'(fix up your hair)는 뜻의 "*capiundas crines*(226행)"를 도우너는 "머리를 올려라'(put your hair up)[27]는 뜻으로 번역하고, 미첼은 여주인공이

---

21) Mitchell, *apud* Griffin, *op. cit.*, p. 90a.
22) Downer, *op. cit.*, p. 95.
23) *Ibid,* p. 97.
24) *Apud* Griffin, *op. cit.*, p. 91a.
25) Downer, *op. cit.*, p. 96.
26) *Apud* Griffin, *op. cit.,* p. 91b.
27) Downer, *op. cit.*, p. 97

"그를 위해 오렌지 빛 화관을 쓴다"(wear orange blossoms for him)[28]고 번역한다. 왜냐하면 그림이나 조각상에 나타난 로마의 소녀들은 종종 머리에 화관을 쓴 모습을 하고 있기 때문이다. 같은 이유로 미첼은 이 장면의 마지막 부분에 다른 무대 지시를 덧붙인다. 이 무대 지시에서, 미첼은 여주인공의 주인이자 연인인 필로라체스(Philolaches)가 다른 노예 스파에리오(Sphaerio)를 다음과 같이 대하는 것으로 서술하고 있다. "스파에리오는. . . 무릎을 꿇는다. 필로라체스는 손을 씻은 후 스파에리오의 머리카락에다가 그 손에 묻은 물을 닦아낸다."[29] 미첼은 이같은 무대지시를 통해 고대 로마를 다룬 인기 있는 역사 소설가들이자, 작품에서 적어도 하나 이상의 위의 상황과 같은 장면을 묘사했던 셴케비치(Sienkiewicz), 불워 리튼(Bulwer Lytton), 그 밖의 다른 작가들의 색깔을 환기시킨다. 도우너는 플라투스의 원본의 묘미를 살리는 번역을 선호했거나 독자들의 상상력을 신뢰했기 때문에 이 장면에서 아무것도 덧붙이지 않고 있다.

미첼은 어법에 있어서도 쇼(Shaw)의 연극적 요소와 가깝다. 원본의 "*lepida*(170행)"가 "매우 영리한"(deucedly smart)[30]으로 번역된 것과 달리, 도우너의 번역에서는 여주인공이 "그저"(merely) "갖은 술수를 부리는" (knows a bag of tricks)[31] 여자가 된다. 미첼은 더 나아가 플라투스의 어법에 보다 직접적인 접근이 용이하도록 하거나 적어도 대사가 보다 직접적으로 관객들에게 영향을 미치는 방식으로 번역을 한다. 주인/연인이 그의 노예 소녀/사랑하는 이를 자유롭게 놓아주자, 그 노예 소녀와 이전의 동료 노예는 다음과 같은 대화를 나눈다. "*ille te nisi amavit untro/id pro*

---

28) *Apud* Griffin, *op. cit.*, p. 91b.
29) *Ibid*, p. 93a.
30) *Ibid*, p. 90b.
31) Downer, *op. cit.*, p. 95

tuo capite quod dedit perdiderit tantum argenti(210-11행)". 이 라틴어는 "만일 그 사람(노예 소녀의 주인/연인)이 너를 더 이상 사랑하지 않게 되면(혹은 계속 너를 사랑하지 않으면), 그가 너 하나를 위해 준 모든 돈을 잃게 될 것이다'(Unless he [your master/love] will love you beyond this [or: go on loving you], he will have lost all that money that he gave for your head)는 의미이다. 미첼은 이를 "그가 너의 자유를 위해 투자한 돈을 되찾기 위해서 꾸물대고 있다"(He is hanging around to be repaid for the money he invested in your freedom)[32]고 표현하고 있는데 관중들은 이 대사를 판독하려고 애쓸 필요가 전혀 없다. 반면, 도우너는 좀 더 문자적으로 번역함으로써, 관중들이 더 많은 생각을 하게끔 한다. 주인/연인의 말 *"quae pro me causam diceret, patronum liberavi'*는 "내 소송 건을 맡아줄 변호사를 놓아주었다'(I have freed a lawer who will plead my cause)는 의미인데, 미첼은 "아테네 여신"처럼 익숙한 이름을 이용하여 "나를 변호해줄 아테네 여신이 있다'(I have an Athena to defend me)[33]라고 번역한다. 도우너는 이와 같이 하지 않는다.

미첼이 정부(mistress)라는 뜻의 *"meretricium*(190행)"을 "게이샤"[34]로 번역할 때는 지나치게 시사화 될 수도 있다. 어떤 사람이 "게이샤"라는 일본 단어를 "매춘부"라는 뜻이 있는 두 번째 의미로 축소하지 않고 생각한다면, 잇따른 "문화 충돌"이 엄청날 것은 당연하다. 라틴어를 "문화적으로 변용 시키려는" 시도는 종종 두 번역가 모두를 헤매도록 만든다. 플라투스의 극중 인물 하나가 다른 인물에게 "눕다"(lie down)는 뜻의

---

32) *Apud* Griffin, *op. cit.,* p. 91a
33) *Ibid.,* p. 92a.
34) *Ibid.,* p. 90b.

"*accumbe*(308행)"라고 말하는 것은 로마인들이 누워서 식사를 하기 때문이었는데, 미첼은 "네 자리에 앉아라"[35]라고 번역함으로써 문맥 안에서 다소 모호하고 혼란스럽게 만든다. 반면 도우너는 단순히 "앉으라"[36]는 말로 번역하여 극의 낭만적인 요소를 축소시키고 있지만, 번역서를 읽을 독자들이 플라투스의 극에 쉽게 다가갈 수 있게 한다.

289행의 "*pulchar mulier nuda erit quam purpurata pulchrior*"는 "아름다운 여인은 자주색 옷을 입었을 때보다 벗었을 때가 더 아름다울 것이다"(a beautiful woman will be more beautiful naked than dressed in purple)는 의미인데, 미첼과 도우너는 이 부분에 대해서 부연설명이 필요하다는 것을 인식했다. 도우너는 "본연의 매력이 부족하다면 장신구가 빛을 발하지 못한다. 매력이 없는 여인들은 그저 아름다운 옷만 망칠 뿐이다"[37]라고 덧붙이고 있다. 미첼의 경우 좀 더 나아가, "게이샤의 연인을 위해 금과 자주빛 예복을 사라... 자주색 옷은 늙은 나이를 감추기에 알맞고, 금은 못생긴 여인을 위한 것(외모에 대한 생각에서 벗어나기 위해서)이다.... 게다가 그녀가 평범한 성격이라면, 성장의 고통도 사랑할 것이다"[38]고 부연한다. 관객들이 도우너의 부연설명을 통해 극을 더 잘 이해할 수 있을 것인가에 대해서는 다소 의심의 여지가 있지만, 미첼의 경우 여인을 늙은이로 묘사하는 것에 만족하지 않고, 괴팍한 모습까지 덧붙인다. 비록 이러한 인물의 모습이 일반적으로는 알려진 것이라고 해도 플라투스의 원본에서는 전혀 찾아볼 수 없다.

엄격한 표현으로 두 사람의 번역을 대조시키려는 것은 별 의미가 없다.

---

35) *Ibid,* p. 91b.
36) Downer, *op. cit.*, p. 99.
37) *Ibid,* p. 98.
38) Mitchell, *apud* Griffin, *op. cit.*, pp. 92b/93a.

결국은, 도우너와 미첼 모두 단순히 자신들의 전략대로 번역하며, 또 그들 나름의 표현방식대로 번역하고 있을 뿐이다. 304행과 305행의 번역을 살펴보자. "*Bene igitur ratio acceptiatque expensi inter nos convenit;/ tu me amas, ergo te amo; merito id fieri uterque existmat.*"의 뜻을 풀어보면, "우리 사이는 서로 가진 것과 줄 것의 비율이 잘 맞는구나,/ 네가 나를 사랑하니까 나도 너를 사랑한다; 우린 둘 다 이것이 그리되어야 한다고 생각한다"(The ratio of what is taken in and what is paid out fits well among us; / you love me, therefore I love you; we both think that is how it should be)는 뜻이다. 미첼은 이 문장을 "너는 나를 사랑해(그것은 영수증이지); 나는 너를 사랑해(그것은 지불액이야. 이 두 가지는 결국 똑같은 거지)"(You love me (that is a receipt); I love you (that is disbursement. The two are identical in amount)[39]로 표현하면서 상인의 거래에 비유하고 있다. 도우너는 "우리의 대변과 차변(지출과 수입)이 정확히 맞아떨어지는군; 당신의 사랑과 내 사랑이 제대로 짝을 이루고 있으니까"(Our credit and debits thus balance precisely; / You love me and my love pair off very nicely)[40]로 번역하고 있는데 이는 미첼의 번역에서나 나올 법한 표현이다. 도우너는 이 대사가 장면의 끝 무렵에 나온다는 점을 고려하여, 여기서 셰익스피어적인 비유를 쓰고 있다.

반면 미첼이 번역한 것은 오히려 도우너식 표현과 더 가까운 듯하지만, 두 사람 모두 각자 자신들의 번역답게 표현하고 있기 때문에 두 번역 모두 정확히 자기 자리에 있는 셈이다.

이제 이 글의 기저에 놓인 방법론에 대해 주의를 기울이는 것으로 매

---

39) *Ibid,* p.93a.
40) Downer, *op. cit.*, p. 99.

듭짓고자 한다. 그 방법론은 기계적인 방식으로는 절대 적용되어서는 안 된다. 하지만 이러한 주의가 이전에 진행되어 온 기본 전제들을 빗나가는 것은 아니다. 이 기본 전제는 원작자의 문학과는 달리 문학을 다시 쓰는 이들이 행사하는 크지만 숨겨진 힘이라는 점이며, 다시 쓰는 과정에서 정확히 일어난 사건과 그 이유, 그리고 텍스트, 문학, 다시쓰기 프로젝트의 장르의 이미지가 무엇이며 왜 그러한가를 검사해야 할 필요성이 중요한 점이다.

■ 역자 후기

번역이란 한 텍스트를 다른 텍스트로 전환하는 것, 혹은 원천 텍스트에서 목표 텍스트로 전이하는 것을 뜻한다. 이 과정은 단순히 한 텍스트를 다른 텍스트로 옮기는 것으로 그치지 않고 그 텍스트의 낯섦음과 접하고 그 낯섦음을 옮기는 과정이 된다. 이 낯섦음은 통사(統辭)적인 애매성에서뿐만 아니라 문화 간의 차이와 이질성에서도 비롯된다. 번역은 단어 대 단어의 전환뿐만 아니라 의미 대 의미의 전환이 개입된다. 이 의미를 결정하는 중요한 요소의 하나가 문화이다.

최근의 번역연구는 단어 대 단어의 전환에 초점을 둔 과학적이고 규정적인 방법론에서 문화 중심적인 기술적(記述的 descriptive)인 방법론으로 그 강조점을 옮겨가고 있다. 번역연구는 문화 권력 및 이데올로기의 문제를 더 이상 번역에 부차적인 것으로 간주하지 않고 일차적이고 직접적인 문제로 인식한다. 상이한 문화가 접촉하는 장인 번역은 중립적이지 않으며 의식적이던 아니던 문화 권력을 재생산하고 확산하는데 참여한다. 언제나 문화가 개입하며 어떤 텍스트로 고립된 의미를 지니지 않기에, 번역과정은 주어진 사회가 작품, 작가, 문학, 문화를 받아들이는 방식을 구성하며 그런 한에서 중립적일 수 없다. 번역이 발생하는 상황이 있으며, 하나의 텍스트가 출현하고 전용되는 것에서 발생하는 역사가 있으며, 번역의 색채를 결정하는 이데올로기와 권력의 게임이 있다. 따라서 텍스트 번역에서 문화 간의 전환은 간단한 치환이 아니며 각 문화의 자아상 간의 긴장과 갈등을 낳는다. 문화 권력과 이데올로기적 요소로 인해 번역행위는 이처럼 개인적인 행위에 한정되지 않고 문화의 상호작용이라는 큰 틀에 위치한다. 수잔 바넷의 말처럼 "번역연구와 실행은 텍스트 작업 내에서의 권력 관계를 불가피하게 탐구하게 되는데, 이 권력관계는 좀 더 넓은 문화적 맥락 속에서 권력구조를 반영한다."

원천 텍스트가 어떤 것인지 경험하지 못한 독자들에게 번역은 원본의 이미지를 만들어 낸다. 번역을 통해 번역가는 원천 텍스트의 수용 문맥을 인공적으로 만들어 낼 수 있으며, 원천 텍스트의 문화 이미지를 무의적이던 의식적이던 왜곡하고 조작할 수 있다. 이 때문에 번역과정은 문화 권력과 이데올로기를 반영하며 각 문화에 존재하는 차이와 타자성을 지울 위험성이 있다. 이 위험성을 대처하기 위해 번역연구는 원천 텍스트의 타자성을 바르게 위치시키고 있는 그대로를 전하려한다. 그리고 번역의 전복적인 힘도 이러한 타자성을 드러낼 때 발생함을 잊지 않는다.

탈식민주의 문학 번역은 문화의 차이와 타자성을 특징적으로 드러내는 예가 된다. 식민주의 문학 번역이 어떻게 동양을 이데올로기로 조작하여 인공의 지형 및 상상의 공간을 만들어내고 문화의 차이와 타자성을 지워왔는지를 탈식민주의는 보여준다. 한 단어를 다른 단어 대신 선택하거나 그 문화의 익숙한 부분 또는 가장 이국적인 면을 더 강조함으로써 번역행위는 왜곡되고 이상화된 자아를 텍스트에 제시할 수 있다. 이 제시된 텍스트에서 독자는 그 자아상과 자신을 일치하거나 스스로를 우월한 자아로 받아들일 수 있다. 이 위험을 인식한 최근의 번역 이론은 타문화를 목표 문화로 동화시키면서도 그 한계를 제시한다. 그리고 이를 통해 타문화의 타자성을 존중하는 쪽으로 나아간다. 원천 텍스트를 번역할때, 번역가는 그 텍스트를 동화하며 자신의 문화적 배경을 바탕으로 이해하며 읽는다. 번역은 이처럼 언제나 목표 텍스트로의 동화를 전제하지만 완전한 동화는 결코 성취될 수 없다. 번역된 텍스트에 존재하는 타문화는 환원될 수 없는 타자로 남아 있으며, 목표 텍스트의 문화와 동일시될 수 없다. 다른 한편, 타문화는 그 자체로는 존재하지 않는다. 번역과정을 거친 텍스트의 타문화는 원천 문화도 목표 문화도 아니다. 그것은 차라리 언제나 목표문화로 동화되기를 거부하며 타자로 남아있는 이질적인 문화이다. 이러한 관점에서 볼 때 번역행위는 결코 도달할 수 없는 낯설음에 다가가는 행위이며 결코 목표 문화와는 동일시 될 수 없다는 것을 인식하는 과정이다.

알루아레즈와 비달이 엮은 『번역, 권력, 전복』은 번역의 이러한 특징들을 모범적으로 보여주는 저서이다. 이 저서는 여러 관점에서 번역, 문화 권력 및 이데올로기가 맺는 관계를 조명한다. 과학적 방법론에서 기술적 방법론으로 전환하고 있는 번역연구를 적극적으로 개진하면서, 번역과 문화 간의 상호작용과 이 작용에서 발생하는 권력 관계 및 전복 가능성을 설득력 있게 제시한다. 필자들이 공통점으로 삼는 출발점은 번역가가 다루거나 사용하는 언어는 결코 중립적이지 않다는 점이다. 이들은 통사(統辭)에 중심을 둔 옮김만으로는 더 이상 번역과정을 포괄할 수 없다는 사실을 명확히 한다. 이들은 또한 주어진 문화에서 지식 생산이 어떻게 생산되는지 그 과정을 심도 있게 보여주며 목표 문화에서 그 지식이

전달, 재배치, 재이해 되는 방식을 자세히 드러낸다. 또한 번역이 명백히 권력의 생산과 권력의 드러냄과 관련이 있으며, 다른 문화를 나타내기 위해서 사용된 전략과도 관련이 있음을 밝힌다.

사실, 애초에 특정 텍스트를 번역하기로 결정하는 단계에서부터 번역은 문화 권력 및 이데올로기와 밀접한 관련을 갖는다. 텍스트의 결정은 "누가 그것을 선택했는가, 그것은 왜 그리고 어떻게 선택되었는가" 하는 문제를 제기하며 이것은 불가피하게 권력의 문제를 동반한다. 이 문제는 또한 정치적 실천의 문제("번역가는 문화 권력 및 이데올로기에서 얼마나 자유로울 수 있는가, 텍스트에서 드러나는 타문화의 왜곡을 최소한으로 줄이고 그 차이와 타자성을 드러낼 수 있는 방법은 무엇인가"라는 문제)로 나아간다. 『번역, 권력, 전복』은 이들 질문에 대해 견실하고 상세한 대답을 한다. 그 대답은 번역과정에서 하나의 '더 나은' 문화가 다른 문화에 대해 압력을 가하지 않으면서, 언어내용뿐 아니라 타문화의 타자성을 드러내는 방식과 다르지 않다. 번역 행위는 결코 순수할 수 없으며 문화 변용까지 포함한다. 중요한 것은 번역을 통해 목표 문화로 '타자'를 동화시킬 때 그 허용 한계를 확인하는 것이다. 번역연구는 번역행위 과정에서 문화 권력 및 이데올로기가 개입되는 과정을 기술하지만 수동적인 행위로 그치지 않고, 권력이 어떤 식으로 자리 잡는지를 보여주어야 한다. 번역은 그럼으로써 기술(description)의 영역을 넘어 타문화의 타자성을 드러내는 비기술적인 실천(non-descriptive practice)이 된다. 『번역, 권력, 전복』은 이러한 실천의 결과물이다.

끝으로 이 책을 옮기는데 여러분의 협조가 있었음을 밝혀둔다. 유성이, 이민아, 박선화는 이 책의 초벌 번역에 도움을 주었다. 그리고 도서출판 동인의 편집부 여러분과 이 출판을 맡아주신 이성모 사장님께 감사를 드린다. 번역은 전복 행위일 수밖에 없지만, 이 책에 미비한 점에 대한 모든 책임은 전적으로 옮긴이에게 있음을 밝혀둔다. 독자 여러분의 너그러운 지도를 바라마지 않는다.

2008년 9월 장전동 서재에서
옮긴이

저자 소개 ● ● ●

수잔 바스넷은 워릭 대학의 비교문학과 교수이자 영국과 비교문화 연구 센터의 책임자이다. 『번역연구』(*Translation Studies*)(1980, 1991)과 『비교문학』(*Comparative Literature*)(1993)에 주요 논문들이 수록되어 있다. 안드레 르페브르와 『번역, 역사 그리고 문화』(*Translation, History and Culture*)(1992)를 공동 저술했다. 바스넷은 전 세계를 무대로 강연활동을 하고 있으며, 비교문학 연구, 연극, 문화연구, 여성학과 번역학 분야의 다양한 글들을 쓰고 있다. 현재 번역가로도 활동 중이다.

테오 허만스는 1985년에 『문학의 조작』(*The Manipulation of Literature*)이라는 유명한 선집을 편찬했으며, 번역 이론에 관한 상당수의 논문을 쓰기도 했다. 현재 런던 대학 칼리지에 재직 중이다.

하비에르 프랑코는 프리랜서 번역가로 스페인의 알칸테 대학에서 번역학 석사 과정의 학생들을 지도하고 있다.

오비디오 카르보넬은 살라만카 대학의 번역학부에서 번역이론을 가르친다. 그는 번역과 후기 식민주의 연구에 관한 글들을 쓰고 있다.

엔리케 알카라즈는 알칸테 대학 영어학과 학과장이자, 번역학과 석사 과정의 책임자이다. 그는 런던과 브뤼셀에서 번역에 관한 강의를 했으며, 『언어학 연구의 세 가지 패러다임』(*Tres paradigmas de la investigacion lingusitica*)(1991), 『법률 영어』(*El ingles juridico*)(1994) 등 언어학, 실용학과 번역 관련 책들을 썼다. 그는 법률 영어를 수록한 영-서/서-영 사전의 저자이기도 하다.

에드윈 젠쯜러는 『현대 번역 이론』(*Contemporary Translation Theories*)(1993)의 저자로, 매사추세츠/암허스트 대학의 비교문학과에 재직 중이다.

안드레 르페브르(1945-1996)는 오스틴 소재 텍사스 대학의 독일어과 교수이자, 워릭 대학 번역학과의 명예 교수였다. 그의 주요 저자에는 『문학 지식: 본성, 성장, 연관성과 전이(轉移)에 관한 반론과 프로그램 글』(1977) (*A Polemical and Programmatic Essay on its Nature, Growth, Relevance and Transmission*), 『문학 번역하기: 독일의 전통』(*Translating Literature: The German Tradition*)(1977)』, 『시 번역하기: 일곱 가지 전략과 하나의 청사진』(*Translating Poetry: Seven Strategies and a Blueprint*)(1975), 『서유럽의 문학 번역 전통: 독자』(*The Tradition of Literary Translation in Western Europe: A Reader*)(1991), 『번역/역사/문화: 사료집』(*Translation/History/Culture: A Sourcebook*) (1992), 『번역, 다시쓰기와 문학 명성의 조작』(*Translation, Rewriting and the Manipulation of Literary Fame*)(1992), 『문학 번역: 비교문학 맥락에서의 실천과 이론』(*Translating Literature: Practice and Theory in a Comparative Literature Context*)(1992) 등이 있다.

로만 알바레즈는 살라만카 대학에서 근무하고 있으며, 6년간 영어과 학과장을 역임했고, 현재는 대학 내 영국 협의회(British Council)의 책임자로 일하고 있다. 그는 영문학의 다양한 양상에 관한 서적과 글을 출판했으며, 저널 『앵글로-아메리칸 연구』(*Anglo-American Studies*)의 공동 편집인으로 10년째 일해 오고 있다. 그는 최근 포스트 모더니즘 관련 선집과 (영국 스페인) 비교문화 연구에 관한 글을 수록한 책을 펴냈다.

M. 카르멘 아프리카 비달은 (스페인 살라만카 대학) 번역학부에서 학생들을 지도한다. 그녀는 번역에 관한 책들 『번역, 조작, 해체』(*Traduccion, Manipulacion, Desconstruccion*)(1995) 및 『포스트 모더니즘이란 무엇인가』(*Que es el postmodernismo?*) (1985), 『희망의 형이상학 시대』(*Hacia una patafisica de la esperanza*)(1990), 『물들인 포스트모던의 스페인 여성』(*Pitura posmoderna espanola*)(1991), 『예술과 문학: 20세기의

염색과 문학 사이의 상호관계』(*Arte y literatura: Interrelaciones entre la pintura y la literatura del siglo XX*)(1992), 『미래 이전: 시대의 목표를 둘러싼 문헌학 반영』(*Futuro anterior: Reflexiones filologicas sobre el fin de siglo*)(1994) 등의 다른 이론 비평서를 출간했다. 그녀는 『이상한 애호가들: 포스트모던 문화 속의 아내들을 감싸는 시도』(*Abanicos excentricos: ensayos sobre la mujer en la cultra postmoderna*)(1993)와 『포스트모더니즘: 지구촌의 이슈』(*Postmodernism: A Global Issue*)(1995)의 공동 편집자이다. 또 12권의 영어 서적을 스페인어로 번역한 것 외에도 수많은 글들을 번역했다.

옮긴이 윤일환

뉴욕주립대(버팔로) 영문학 박사(2000년)

부산대학교 영어영문학과 교수(2004 ~ 현재)

대표 논문으로는 「Visionary Landscape in Coleridge and Yeats」와 「데리다의 은유론:
명사중심주의와 태양중심주의의 해체」 등이 있다.

역저로는 『초록기사의 슬픔』(공역), 『쿨 호수의 야생백조』(공역) 등이 있으며, 저서로는 『교양
으로 읽는 영미문학』(공저)이 있다.

번역, 권력, 전복

알바레즈 및 비달 엮음 / 윤일환 옮김

발행일•2008년 12월 30일

발행인•이성모 / 발행처•도서출판 동인 / 등록•제1-1599호

주소•서울시 종로구 명륜동2가 아남주상복합@ 118호

TEL•(02) 765-7145, 55 / FAX•(02) 765-7165

E-mail•dongin60@chol.com / Homepage•donginbook.co.kr

ISBN 978-89-5506-374-5

정가 16,000원

※ 잘못 만들어진 책은 교환해드립니다.